MIJN LEVEN, MIJN GELOOF I

"Ik heb lief wie mij liefhebben,
wie mij ijverig zoeken,
zullen mij vinden"
(Spreuken 8:17).

MIJN LEVEN, MIJN GELOOF I

Dr. Jaerock Lee

URIM BOOKS

MIJN LEVEN MIJN GELOOF: Deel 1 door Dr. Jaerock Lee
Gepubliceerd door Urim Books (Vertegenwoordiger: Seongnam Vin)
73, Yeouidaebang-ro 22-gil, Dongjak-gu, Seoul, Korea
www.urimbooks.com

Tenzij anders vermeld, zijn alle schriftgedeeltes overgenomen van de heilige Bijbel, NBG vertaling. ®, Copyright © 1951.

Copyright©2011 door Dr. Jaerock Lee
ISBN: 978-89-7557-463-4 (04230), ISBN 978-89-7557-462-7 (04230)
Vertaling Copyright©2010 door Dr. Esther K. Chung. Gebruikt met toestemming.

Voorheen gepubliceerd in 2006 in het Koreaans door de Christian Press, Seoul, Korea

Eerste uitgave Augustus 2011

Bewerkt door Eunmi Lee
Ontworpen door de uitgeverij van Urim Books
Voor meer informatie neem contact op via:
urimbook@hotmail.com

Diepe geestelijke geur

Er wordt gezegd dat we de meest geurende parfum van de roos kunnen verkrijgen uit de rozen van het Balkan Gebergte. Hoe dan ook we kunnen het niet zomaar uit welke roos dan ook van het Balkan gebergte halen. Om de hoogste kwaliteit van parfum te verkrijgen, moeten we het extract uit de rozen perzen, die geplukt zijn om 2 uur 's morgens, wat de koudste en donksterste tijd is.

'*Mijn Leven, Mijn Geloof,*' de autobiografie van Dr. Jaerock Lee, voorziet ook in de meest geurende geestelijke geur voor zijn lezers. Dat komt omdat zijn leven uitgeperst is van de liefde van God, terwijl hij de duistere golven, koude juk en diepste wanhoop heeft ervaren.

Waarom kon Dr. Lee geen tijd hebben, zoals andere jonge mensen, om te dromen van een helder en glanzend leven? Er was een streven in hem om op een dag af te studeren aan een goede universiteit, te studeren in het buitenland en een volleerd en groot man te worden. Maar in tegenstelling tot zijn droom, begon zijn leven af te dalen naar de vallei van wanhoop. Zijn lichaam was bedekt met wonden door ziektes. In plaats van gunst te verkrijgen, werd hij verwaarloosd en de mensen die het dichtste bij hem stonden keken op hem neer. Hij realiseerde zich zeer diep van binnen hoe zinloos de liefde van deze wereld was. Hij realiseerde zich de betekenis van armoede en hoe hartverscheurend het is om krachteloos te zijn als hoofd van het gezin. Hij heeft zelfs twee pogingen tot zelfmoord gedaan.

Terwijl hij in de vallei van wanhoop was, waar hij zelfs niet meer kon ademen, ontmoette hij God. Tot die tijd, had hij alleen gestreden, maar de almachtige God, die vol van liefde is, kwam tot hem, en begon met hem te wandelen. God bevrijdde hem van wanhoop en vulde hem met de hoop van het hemelse Koninkrijk! 'Hoe kan ik die genade van God terugbetalen?' dat werd alles in het leven van Dr. Lee. Hij deed de "Doen" wat God hem opdroeg. Hij deed niet wat God hem verbood. Hij ging wanneer God zei, "Ga." Hij werd een gevangene van Gods hoge en grote liefde en het uiterste doel van zijn leven werd om Vader, God te behagen.

De belijdenis van de diepe liefde van de apostel Paulus is ook Rev. Dr. Lee's belijdenis.

"Wie zal ons scheiden van de liefde van Christus? Verdrukking of benauwdheid, of vervolging of honger, of naaktheid, of gevaar, of het zwaard? Gelijk geschreven staat: Om Uwentwil worden wij de ganse dag gedood, wij zijn gerekend als

slachtschapen. Maar in dit alles zijn wij meer dan overwinnaars door Hem, die ons heeft liefgehad. Want ik ben verzekerd, dat noch dood noch leven, noch engelen noch machten, noch heden noch toekomst, noch krachten, noch hoogte noch diepte, noch enig ander schepsel ons zal kunnen scheiden van de liefde Gods, welke is in Christus Jezus, onze Here." (Romeinen 8:35-39)

Zoals geschreven staat in Spreuken 8: 17, *"Ik heb lief wie mij liefhebben, wie mij ijverig zoeken, zullen mij vinden"*, als het de wil van God was, antwoordde Dr. Lee alleen "Ja" en "Amen" met zijn hele hart, in wat voor situatie ook. God heeft hem bekleed met Zijn kracht en heeft hem in een positie in de wereld geplaatst. Zijn kerk Manmin (Elke schepping) Joong-ang (moeder) kerk bid voor alle mensen in alle naties wat de naam "Manmin" betekent. Het brengt de door God gegeven visie één voor één tot stand en is de centrale plaats van gebeurtenissen van het vurige werk van de Heilige Geest geworden.

Omdat Rev. Dr. Lee zelf veel geleden heeft aan vele soorten ziektes, begrijpt hij ook de pijn van hen die ziek zijn. Omdat hijzelf ook veracht en bespot was, begrijpt hij het hart van hen die gebroken van hart zijn. Omdat hij sobere armoede heeft ervaren, begrijpt hij het hart van hen die lijden onder het zware gewicht van armoede. Daarom verzamelen duizenden van zijn kerkleden zich rondom hem, om hem van aangezicht tot aangezicht te zien.

Rev. Dr. Lee's leven is een van de meest aangrijpende voorbeelden van hoe een leven van iemand kan veranderen voor en na het kennen van God. Zijn leven laat ons zien hoe een leven van volledige gehoorzaamheid aan God en volledige toewijding zoveel geestelijk en materieel vrucht kan dragen.

De wandel in zijn leven vertelt ons sterk dat het geheim van al deze zegeningen er zijn om iemand te heiligen en puur als kristal te maken, net zoals God de Vader, heilig is, soms als een brullende leeuw, en andere keren als de zachte en vriendelijke handen van een moeder. Net zoals het leven van Dr. Lee een diepe geur heeft, hoop ik dat alle lezers van dit boek ook in staat zullen zijn om de geur te geven die dieper is dan de parfum van de rozen van het Balkan gebergte.

10 December, 2006
Dr. Esther K. Chung
Voormalige president van Seoul Women's University, Seoel, Korea
President van Manmin International Seminary, Seoul, Korea
Ere Professor, Universidad Nacional de San Antonio Abad del Cusco, Peru

Vurige beproeving en kracht

"Mijn Leven, Mijn Geloof" geeft een duidelijk antwoord op de vraag, "Hoe leid ik een christelijk leven?" En daarom, is het een boek voor iedereen die Jezus Christus aanneemt en gelooft in Zijn bloed door het kruis.

Eerlijk gezegd, Dr. Jaerock Lee, Senior Pastor van Manmin Centrale kerk is een persoon die ik niet zo goed kende. Op een dag heeft een collega van mij zijn boek aan mij gegeven *"Mijn Leven, Mijn Geloof,"* Ik kon niet lezen zonder tranen te laten vloeien over zijn lijden aan allerhande ziektes, armoede, en gezinsproblemen, welke vergeleken konden worden met het lijden van Job. Het was ook een soort uniek en Koreaans gevoel van verdriet. Zijn ziektes waren zo erg dat hij zijn redmiddel zelfs zocht in het drinken van menselijke uitwerpselen, en zelfs tijdens twee verschillende gelegenheden een poging tot zelfmoord deed. Ik ben ook door veel lijden gegaan in mijn leven, maar het was bovenmate pijnlijk voor mij om te stoppen met huilen.

De meeste Koreanen die de sobere lente van de jaren 50 en de jaren 60 hebben doorstaan, zijn door veel lijden gegaan. Maar zelfs vandaag, zijn er nog steeds mensen die zich geen verwarming of drie maaltijden per dag kunnen permitteren. Er zijn ook velen die ziektes hebben, maar zich geen ziekenhuisbehandeling kunnen veroorloven. Er zijn er die lijden in tijdelijke verblijfplaatsen, nadat er een overstroming of een andere ramp is gebeurd. Wij, Koreanen zijn nog niet volledig vrij van armoede en lijden.

Maar, Rev. Dr. Jaerock Lee leefde zijn leven op een hele andere wijze na het doorstaan van al dit lijden en pijn, en dit boek beschrijft iedere stap van hem op een ontroerende wijze. Maar dat betekent niet dat het boek geschreven is met verbeeldingen en bloemrijke woorden en met letterkundig aroma. Maar het waren eerder de eerlijke en simpele zinnen die mijn hart aanraakten.

Zal ik zeggen 'De geur van waarheid'? Zijn belijdenis die de waarheid van Gods redding bevat en die alle glorie aan Jezus Christus geeft, kan er voor zorgen dat de lezers dezelfde genade van God voelen.

Misschien was het omdat ik niet met andere 'echte goede boeken' kon komen, maar hoe dan ook, de reden waarom dit boek mij zo heeft aangeraakt, was zijn leven na zijn bekering van alle zonden na zijn ontmoeting met Jezus, zijn gehoorzaamheid aan Gods roeping en het volgen van een seminarie universiteit om een voorganger te worden, en zelfs te proberen om een 'steenkool werker' te redden, was een soort geloofsbelijdenis voor mijn leven en het leven van mijn buren, kinderen die gezinshoofd zijn, en degene die vechten tegen de handicap in hun lichaam. Na het lezen van dit boek, moest ik de richting van mijn christelijke leven echt veranderen. Ik geloof dat Rev. Dr. Jaerock Lee's leven een voorbeeld kan zijn voor ons christelijke leven. Wij geloven dat we heilig zijn als we naar de preken luisteren in de kerk, maar wanneer we terug gaan in de wereld maken we compromissen en blijven we de zonde opnieuw doen. Dit was de vicieuze cirkel in ons geloofsleven.

Zo, *'Mijn Leven, Mijn Geloof'* geeft een duidelijk antwoord op de vraag, "Hoe moeten we ons christelijke leven leiden?" Rev. Dr. Jaerock Lee spoort ons door dit boek heen aan om het uit te roepen in gebed. 'Gebed om geheiligd te worden en om bruikbaar te zijn voor Gods doel,' 'Gebed om Gods kracht te ontvangen,' 'Gebed om verschillende gaven te ontvangen van de Heilige Geest,' 'Gebed voor je kerk, je voorganger, en andere dienstknechten van God,' 'Gebed voor het Koninkrijk en de gerechtigheid van God,' en 'Gebed voor geestelijke liefde.' Zijn belijdenis van het geloof komt voort uit zijn eigen ervaringen en raakt onze levens aan.

De wonderen die plaatsvinden nadat hij een kerk opende inclusief de wonderen van zovele genezingen, opwekkingen van degenen die stervende waren en zelfs de opwekking van hen die reeds dood waren, zouden andere voorgangers jaloers kunnen maken. Hij heeft gestudeerd aan de Orthodoxe Holiness Seminary en was aangesteld door hen, en waarom heeft de denominatie hem in de kerkelijke ban gedaan? Het onrechtvaardige proces die de denominatie volgde is ook uitgelegd tot in detail.

We kunnen de werkelijkheid van iets bestaands zien aan de vrucht. Vandaag, brand het vuur van de Heilige Geest elke week in de Manmin Centrale kerk, en zovele zieke mensen met ongeneeslijke ziektes ontvangen genezing. Grote campagnes zijn gehouden in de Verenigde Staten, Rusland, Afrika, Midden Oosten, Europa, en Latijns Amerika, en terwijl veel mensen van over de gehele wereld kijken naar de wonderen en tekenen die plaatsvinden. Korea wordt het "Zendingscentrum" van de wereld!

Zelfs nadat De Manmin Centrale kerk ontstond als een van de grootste van de wereld, leeft hij alleen door te bidden op de Bergen en door vastend bidden. Zelfs toen zijn dochters in levensbedreigende toestand waren, en zelfs toen hij op de rand van de dood stond door een bloeding gedurende vele dagen mede door overinspanning die zich buitensporig had opgehoopt, overwon hij al deze beproevingen alleen door geloof. Toch, schept hij nooit op over deze dingen. Zijn geloof is wat we moeten nastreven.

Het is een mysterie op zich, hoe Jezus het water in wijn veranderde op de bruiloft, de bloedende en melaatsen genas, en Lazarus opwekte uit de dood. Waarom dan, zijn er sommige mensen die het genezende werk en kracht van God bekritiseren die zich manifesteren door Rev. Dr. Jaerock Lee? Kunnen we spreken over 100 jaar Koreaans Christendom, zonder te spreken over de genezingen?

Korea heeft de meeste kerken van de hele wereld. Het is een land waar we mensen samen luid zien bidden, hun lichamen schudden tijdens het gebed en danst zelfs als ze lofprijs geven; kankers zijn genezen tijdens de "Berg Gebed" gebedssessies, en stervende mensen werden opgewekt. Korea heeft een groot aantal zendelingen uitgezonden vandaag. Terwijl ik het boek lees van Rev. Dr. Jaerock Lee, kan ik opnieuw voelen dat Korea zo'n gezegend land is.

Tegenwoordig, preekt Rev. Dr. Jaerock Lee over de 'Hemel', en we weten niet wanneer het gaat eindigen. Als iedereen over dit onderwerp zou spreken, zou hij niets meer hebben om over te spreken na een paar weken. Maar, Rev. Dr. Jaerock Lee, spreekt daar levendiger over en in meer details, terwijl de dagen voorbij gaan. Ik denk dat het komt omdat hij de gave van profetie en vele andere gaven heeft ontvangen, dus al deze preken komen voortdurend voort zoals zijde voortkomt uit zijdecoconnen.

Zoals Koning Salomo sprak in beeldspraak in Spreuken, zo zijn de boodschappen van Rev. Dr. Jaerock Lee rustig gesproken en makkelijk te begrijpen, profeterende het woord van God zoals gouden appelen op zilveren schalen (spreuken 25: 11). Hij openbaart de kracht van wonderen nadat hij zelf door vurige beproevingen is gegaan.

Februari 2007
Yoorim Han
TV schrijver

Inhoudsopgave

Hoofdstuk 3
Mijn roeping

Hoofdstuk 4
God's roeping

Inhoudsopgave

Hoofdstuk 5
Het begin van de kerk

Hoofdstuk 6
Groei van de kerk en testen

Hoofdstuk 7
God verruimde de grenzen van de bediening

Hoofdstuk 1

De gedachte dat een stomme baby was geboren

Mijn ouders onderwezen mij Goedheid en Rechtvaardigheid

"St, st ... een stomme baby is geboren. Waarom kan hij niet huilen?" Omdat ik niet huilde nadat ik geboren was, maakten mijn ouders zich zorgen, en gaven me een tikje. Zelfs dan, huilde ik niet, maar lachte eerder. Mijn familie was zeer bedroeft, omdat ze dachten dat ik stom was.

Na de genade van God ervaren te hebben, vroeg ik me af waarom ik niet huilde als baby.

Misschien was het omdat mijn geest wist dat ik een gezegend leven zou leiden als dienstknecht van God, om vele zielen te redden. Op 20 april, 1943, (volgens de Lunar kalender) was ik het jongste kind (van 3 zonen, en 3 dochters) van mijn vader, Chabeom Lee, en mijn moeder, Gamjang Cho. Mijn geboorteplaats is een klein dorp in Haeje Myeon, Muan Goon, Jeollanam – de provincie. Mijn vader was een geleerde in Chinese klassieken, en hij hield van elegantie en muziek. Gedurende het Japanse bewind over Korea, bezocht hij Japan vele malen voor zijn werk, maar nadat Korea onafhankelijk werd, pakte hij zijn zaken bijeen, en zocht een rustige plaats om te leven. Toen ik drie jaar was verhuisde mijn familie naar Changsung, wat een dorp is nabij Boon – hyang Ri, Nam Myeon, Chansung Goon. Het was een exclusief dorp. Mensen zeiden dat er alleen maar 'Chun' families konden wonen, maar mijn familie was er op de een of andere manier al gauw thuis.

Mijn vader, zoals ik hem herinner uit mijn kindertijd, was iemand die alle contact met de wereld verloor en die thuis heel veel boeken las. Zelfs toen, kan ik mij herinneren kregen we regelmatig bezoek thuis. Wanneer mijn vader bezoek had dronk hij samen met hen en droeg oude gedichten voor, of ze wedijverden samen in hun Chinese klassiekers.

Mijn vader wilde me altijd laten opgroeien om een groot man te worden

Zo vertelde hij me altijd, "Jaerock, een man moet getrouw zijn. Eens zul je een groot man kunnen zijn in deze wereld." Alle ouders willen waarschijnlijk dat hun kinderen goed opgroeien en slagen in alles wat ze doen. Maar ik herinner me toen ik opgroeide dat mijn vader speciaal erg zijn best deed om me waarden mee te geven, en mijn moeder was altijd gedienstig en offerde zichzelf op voor de familie.

Mijn vader begon mij toen ik slechts vijf jaar was de "duizend Chinese karaktertekens" te leren. Hij vertelde me ook veel verhalen over bekende helden. Toen ik de verhalen hoorde over "de drie Koninkrijken"over Guan Yu, Zhang Fei, en Zhao Yun, die hun levens riskeerden in een gevecht om hun meester Liu Bei te beschermen, of het verhaal over Zhu Ge Lian die de wind liet waaien, voelde ik me zo opgewonden dat mijn handen ervan begonnen te zweten. Mijn vader vertelde me over de leerstellingen van wijze mannen zoals Confucius en Mencius, of over de integriteit van grote mannen. Het verhaal van Mongju Jung die dienst deed bij de Koryo dynastie (alhoewel het voorbestemd was om vernietigd te worden) tot op het einde wetende dat hij gedood zou worden, en het verhaal van Admiraal Soonshin Lee die het land redde op de rand van de vernietiging, dit waren verhalen die mijn hart bewogen ongeacht hoe vaak ik ze hoorde. De verhalen van grote mannen die hun positie behielden in getrouwheid – zelfs in levensbedreigende situaties, waren gegraveerd in het hart van dit jonge kind. Al luisterend naar deze verhalen, hield ik in gedachten dat ik mijn ouders moest respecteren, de juiste weg moest bewandelen, en vriendelijk, beleefd, en genade vol zijn voor wat ik mocht ontvangen voor de rest van mijn leven zonder ergens halverwege te veranderen.

Dromen om een lid van het congres te worden

Ik ging naar de lagere school met de droom om een lid van het congres te worden, en mijn vader nam me vaak mee naar toespraken van verkiezingscampagnes. We wandelden wel 10 tot 15 km tot de plaats van een campagne. Hij nam me mee naar de provinciale campagnes, de generale campagnes, en de presidentiele campagnes. Hij wilde me opvoeden tot een politicus die grote werken kon doen voor het land.

In die tijd, was de vrijheidspartij machtig, en vele mensen

woonden de toespraken bij.

De sprekers waren heel aardig voor me, en zij leken grote mannen. Ik dacht bij mezelf,

"Ik wil zo worden als een van hen wanneer ik groot ben ..." Luisterend naar de kandidaten, en de toespraken, droomde ik er elke dag van om een lid van het congres te worden. Ik bleef deze droom behouden tot ik naar de middelbare school ging en de universiteit. Ik ging op eigen kracht naar toespraken en naar kandidaten luisteren.

Voor ik naar de lagere school ging, had ik de tafels van vermenigvuldiging al geleerd en Hangul (Koreaans schrift) van mijn broers en zussen, dus school vond ik niet zo interessant. Ik speelde liever met mijn vrienden na schooltijd. Ik hield van nogal gewelddadige spelletjes, zoals soldaatje spelen, worstelen, en boksen. Ik was in verhouding sterker dan vrienden van mijn leeftijd, en ik wilde altijd in alles winnen. Ik was nogal koppig en trots. Ik moest altijd het spel verder spelen tot ik het gewonnen had. Ik was gezond. Zelfs bij financiele moeilijkheden, gaf mijn moeder me nog altijd versterkende kruiden die vrij duur waren. Het was heel ongewoon op het platteland in die tijd om zulke medicijnen te gebruiken. Mijn moeders liefde voor haar jongste zoon was zeer groot. Wanneer ik naar buiten ging met mijn moeder hand in hand, zeiden de oudere mensen in het dorp dingen als "Deze jongen lijkt heel verstandig ... Hij wordt nog wat in de toekomst ... Ik kan van zijn gezicht aflezen dat hij nog een groot man wordt in de toekomst ... Zorg goed voor hem!" Als mijn moeder zulke opmerkingen hoorde was zij zeer gelukkig. Ik groeide op en zag haar zo nu en dan een Boeddistische tempel bezoeken met rijstoffers, en biddende voor zegen voor de familie.

Mijn moeder bad vurig

's Avonds nam mijn moeder een douche, deed haar witte Hanbok (een Koreaanse traditionele jurk) aan, ging naar buiten, plaatste een kom met water op een kruik, en bad tegen de sterren. Als jongste, probeerde ik wakker te blijven tot zij terug kwam. Op sommige nachten, wanneer zij langer weg bleef, keek ik naar haar door een klein gaatje in ons papieren raam tot ik in slaap viel.

Eens vroeg ik, "Moeder, waarom buig je en bid je zoveel?" en ze zei, "Omdat toen ik bad tot de Grote Doper, jou grote broer veilig terug kwam van de Koreaanse oorlog, en de reden waarom jullie kinderen zo gezond zijn en zo hard groeien is omdat ik zo hard bid". Maar later in mijn leven, toen ik ziek werd gedurende meerdere jaren, bad zij tot de sterren van de hemel, voor mijn gezondheid, maar haar gebeden werkten niet meer. Maar, zodra zij hoorde dat ik ineens volledig genezen werd door Gods kracht, begon zij uit zichzelf naar de kerk te gaan. "Ik bad veel tegen de sterren en Boedha gedurende lange tijd, maar Boedha en de Grote Doper konden mijn zoon niet genezen. Maar sinds mijn zoon genezen werd in een kerk, ga ik naar de kerk." Nadat ze dit gezegd had gooide zij al haar afgoden weg, en werd een trouwe gelovige, alleen God dienende.

Mijn ouders' scherpe blik op opvoeding

Als jongste, had ik meer de neiging om te gehoorzamen, dus op een speciale manier hielden mijn ouders van mij. Mijn ouders waren zeer streng aangaande opvoeding en discipline op alle gebied van het leven. Zij leerden mijn verwanten en mij niet alleen de basis van menselijke relaties, maar ook van algemene etiquette en beleefdheid, de deftige manier van wandelen, spreken, kleden, eten aan tafel, de lepel vasthouden, slapen en opstaan. Zij legden er ook de nadruk op dat terwijl we spraken, we onze stem niet zouden verheffen; dat we niet zouden beginnen te spreken voor de andere persoon klaar was met praten; dat we niet rechtstreeks in de ogen zouden kijken van ouderen wanneer zij tegen ons spreken; dat we onze buren niet storen bij bezoek; en hoe arm we ook mogen zijn, als een bedelaar ons bezoekt, laat hem niet gaan met lege handen, enz ...

Zij leerden ons ook te handelen met goedheid en geduld. Ik denk omdat mijn ouders me op deze manier opvoedden, zelfs voor ik God kende, was ik in staat om me te laten leiden door mijn geweten, en de mensen kenden me als "de man die de wet niet nodig heeft." Nadat ik de Heer had aanvaardt, was het denk ik dankzij mijn ouders' strikte en correcte manier van opvoeden dat ik gemakkelijk "AMEN" kon zeggen en er naar kon handelen, welk gebod er ook van Gods woord kwam.

Als geleerde van Chinese klassieken, studeerde mijn vader gelaatkunde, wat fysische karakterontleding betekend, en handlezen. Hij gebruikte het om precies te voorspellen betreffende belangrijke gebeurtenissen die zouden gebeuren in de natie, en verschillende dingen die zouden gebeuren in het dorp.

Hij zei me, "Jaerock, jij wordt nog een groot man. Alles lijkt goed, maar uw levenslijn is een beetje kort en onderbroken in het midden, dus ben je voorbestemd om vroeg te sterven. Maar, er is een vrij dunne verbindingslijn naast uw levenslijn, dus als je voorbij de 30 geraakt, wordt je een zegen voor velen".

Mijn vader was heel gelukkig na het lezen van mijn gelaat en handpalmen. Hij zei dat ik jong kon sterven, maar als ik ouder dan 30 zou worden, zou ik nog naar vele werelddelen reizen en het respect verdienen van vele mensen. Toen ik 30 was, was ik ondergedompeld in ziektes. Ik vond mezelf aan de rand van de dood bij verschillende gelegenheden. Dikwijls wist ik zelfs niet of ik het zou overleven tot de volgende dag. Levende in zo'n conditie, kon ik er zelfs niet van dromen om ooit een groot man te worden. Mijn vader had medelijden met me omdat hij dacht dat ik vroeg zou sterven, dus deed hij heel erg zijn best om me te leren en te voorzien van goede dingen. Mijn moeder leefde ook een heel ijverig en gelovig leven voor me, evenals de hele familie.

Een ongeluk op de lagere school

Sinds ik een kind was, was ik heel gezond. Omdat ik haar jongste was, hield mijn moeder zoveel van me, en gaf ze me honing met allerlei natuurlijke voedingssupplementen en extracten. Dus was ik gewoonlijk sterker dan andere kinderen van mijn leeftijd. Zelfs toen ik nog jong was, zou ik al medailles verzamelen in Koreaans worstelen, en de mensen noemden me "Sterke Man". Veel kinderen volgden me overal en zagen me als hun leider.

Zoals kinderen beïnvloed door de Koreaanse oorlog, speelden mijn vrienden en ik graag gewelddadige spelletjes. We speelden graag oorlog, zwaard vechten, boksen, worstelen, en een spel genaamd 'Sahbi' wat leidt tot het proberen om de tegenstander te laten stikken door onderwerping. Bij het worstelen, wanneer kinderen tegen elkaar worstelden, staken ze hun handen op als teken van overgave als ze zich in een toestand van stikken bevonden. Ik viel een keer flauw omdat ik weigerde over te geven. Welke wedstrijd het ook was, ik streed tot ik won, omdat ik trots en koppig was. Op een keer in de 4de graad, speelde ik met een vriend uit de middelbare school, en kwetste één van mijn ribben. We konden het ons niet veroorloven om naar het ziekenhuis te gaan in die tijd, dus mijn ouders gaven me kruiden, en was het wachten op genezing. Maar elke zomer bleef de blessure pijn doen. Ik had een stekende pijn in mijn zij, had moeite met ademen, en kon niet rennen. Omdat er geen speciale genezing voor was, duwde mijn vader 2 gifslangen in 'Soju' likeur en liet me dat 's morgens en 's avonds dagelijks drinken. Zo leerde ik al drinken op zo'n jonge leeftijd.

Op een andere keer in de 4de graad, was er een leraar, die de bijnaam had 'de gekke leraar'. Ik speelde het worstelspel 'Sabi' op het speelplein met mijn vrienden, en deze leraar dacht dat we met elkaar aan het vechten waren. Hij riep ons naar de lerarenkamer. Hij gaf ons een uitbrander en een klap. Toen, moesten we om beurt elkaar 20 keer slaan. Ik kreeg niet alleen klappen van de leraar maar ook van mijn vriend. Als resultaat zwol mijn gezicht op, en één van mijn trommelvliezen scheurde. Er kwam etter uit mijn oor, en er ontwikkelde zich een gehoorprobleem. De leraar werd later van school ontslagen, maar ik bleef lijden aan de gevolgen van dat incident.

Mijn Puberteit

Ik was introvert en schuchter. In 1959, beëindigde ik de middelbare school in Kwangju stad en ging naar Seoul naar de universiteit. Ik verbleef bij mijn oudere zus in Shindang Dong, Seongdong Gu, Seoul Korea. Ik mistte eens gedurende mijn laatste jaar 40 dagen op school wegens ziekte. Ik lag in bed, en iemand die ik nog nooit gezien had kwam thuis om te evangeliseren en me Christus te laten aanvaarden. Ik dacht, "Wat een gek mens is dat! Waar is deze God waar hij het over heeft? Ik geloof toch niet in Jezus, maar als ik het wel deed, hoe zou het voor mij mogelijk zijn om zo rond te lopen en het evangelie te verkondigen? Ik ben daar te verlegen voor."

Ik voelde medelijden voor de mensen die rond gingen om zo over Jezus te vertellen. Een atheïst zijnde, schuchter en introvert van nature, dacht ik "Nu is er nog een andere reden waarom ik niet zou willen geloven in God – omdat ik niet zo rond wil gaan om te prediken". Mijn vader, die geleerde was in

Op de Middelbare school

Op de lagere school

Chinese klassieken, zei me, "Jij bent van nature zo geboren, dat je niet in staat bent om te vragen om een beetje zout te mogen lenen". Zelfs toen mensen arm waren op het platteland, was zout heel gewoon. Wat hij me probeerde te vertellen was dat ik een persoonlijkheid had die niet toestond om te gaan lenen, of anderen lastig te vallen.

In de middelbare school, toen ik de schoolrekening ontving, kon ik het niet aan mijn ouders laten zien. Ik mistte altijd de vervaldatum, en dan gaf mijn leraar me een strenge uitbrander, en zei dat ik mijn ouders moest meebrengen – alleen dan gaf ik de rekening aan mijn moeder. De rekening bekijkende, gaf mijn moeder het geld onmiddellijk. Ik wist dat ze me het geld zou geven, maar het was moeilijk voor me om het haar te vragen. Dat zegt hoe introvert en schuw ik was. Deze persoonlijkheid van mij had ook effect op mijn latere bediening.

Zelfmoordpoging na geheugenverlies

Ik kon niet zo goed studeren op de universiteit omdat ik door mijn ziek zijn zoveel dagen had gemist. Ik had me tot doel gesteld om het toelatingsexamen te doen voor de ingenieursschool aan de Nationale Universiteit van Seoul. Ik nam iedere dag stimulerende pillen om wakker te kunnen blijven en meer te studeren. Maar na verloop van tijd raakte ik gewend aan de pillen, en moest ik de hoeveelheid vermeerderen. Later vertoonde ik symptomen van verslaving, en moest ik de pillen voortdurend blijven nemen. Zonder, werd ik loom en kon ik me niet concentreren. Ik sliep 4 uur per dag en ik studeerde elke dag in de Nationale Bibliotheek waar nu de Lotte department store gelegen is. Na zo te studeren gedurende

1 jaar, kreeg ik meer het vertrouwen dat ik zou kunnen slagen voor het examen aan de ingenieursschool in Seoul Nationale Universiteit.

In November 1962, dichterbij het examen komende, merkte ik dat ik mijn geheugen verloor. Ik las de krant tijdens de lunchpauze, en opeens kon ik me de naam van de Koreaanse president in die tijd niet meer herinneren, Dr. Synman Rhee. Verder kon ik me geen Engelse woorden en rekenformules meer herinneren waarvoor ik zo hard had gestudeerd. Ik kon me niets herinneren. Dit was niet tijdelijk. Ik probeerde alles te herinneren waarvoor ik zo hard had gestudeerd, maar ik wist zelfs de basis niet meer. Een tijd, voelde ik me vallen in een bodemloze put. Ik had geen hoop voor de toekomst, en ik stond aan de rand van een diepe depressie. Met zo'n introverte en schuwe persoonlijkheid, spendeerde ik een extra jaar alleen om te studeren voor het toelatingsexamen, en nu stond ik daar met geheugenverlies.

Hoe kon ik mijn ouders onder ogen komen, na al hun steun en moeilijkheden die zij hadden ondergaan voor mij? Ik was te beschaamd om te blijven leven. Ik besloot om zelfmoord te plegen en begon Amerikaanse slaappillen te verzamelen van verschillende drogisterijen waarvan mensen zeiden dat de pillen het sterkst en meest effectief waren. In die tijd huurde ik een kamer naast mijn zusters huis om te studeren, en ik at de maaltijden bij mijn zuster thuis.

Ik zei haar, "Zus, ik ga naar het huis van mijn vriend om te studeren vanavond. Dus ik kom hier niet dineren. Wacht alsjeblieft niet op me".

Mijn zus was zich niet bewust van mijn plan, en knikte. Na

mijn spullen te hebben gepakt, en een laatste brief te hebben geschreven aan mijn ouders, zussen, en broers, sloot ik de deur aan de binnenkant. Ik legde het deken in de kamer, slikte veel pillen en ging liggen. Gedurende enige tijd was ik heel helder, maar op een ogenblik verloor ik mijn bewustzijn. Maar, een gezegde zegt: "Dood in dit leven is enkel het begin van een volgend".

Mijn broer en schoonbroer hadden een winkel in linnengoed aan de Dongdaemoon markt. Zij sloten de zaak normaal om 22 u., handelden nog een aantal andere zaken af, en kwamen naar huis rond middernacht. Maar raar, die dag, zeiden mijn broer en schoonbroer dat ze vroeger naar huis wilden komen dan gewoonlijk.

Mijn broer zei tegen mijn oudere schoonbroer, "Broer, ik denk dat we de zaak moeten sluiten en vroeger naar huis gaan vanavond".

"Echt? Ik wilde ook al vroeger terug gaan," antwoordde hij.

Die dag, sloot mijn broer de zaak vroeger. Gewoonlijk wanneer hij bij mijn zuster arriveerde, kwam hij me nooit bezoeken op mijn kamer om mij in mijn studies niet te storen, maar op die ene dag, wilde hij me om de één of andere reden zien.

"Waar is Jaerock?" vroeg hij. "Hij zei dat hij naar zijn vriend ging om daar te studeren", antwoordde mijn zuster. En toch, kwam mijn broer nog naar mijn kamer. Hij zag dat de deur gesloten was, en voelde dat er iets ergs gebeurde. Hij brak de kamer binnen en vond me al met een koud lichaam. Mijn broer vertelde mijn schoonbroer, "Hij kan leven als we hem naar het ziekenhuis brengen en een maagspoeling geven". Mijn broer en schoonbroer gingen in spoed met me naar het ziekenhuis, maar omdat ik zoveel pillen genomen had, zei de dokter dat de overlevingskansen klein waren. Maar na enkele dagen, werd ik wakker. Echter, als resultaat van de zelfmoordpoging, verloor ik zelfs het kleine beetje geheugen dat ik nog over had. Zelfs na 1 jaar, was mijn geheugen nog niet volledig herstelt. Maar na nog één keer hard gestudeerd te hebben, kwam ik door het toelatingsexamen, en in maart 1964, ging ik binnen in de Hanyang Universiteit om voor ingenieur te studeren.

Mijn huwelijk en mijn geloof

Terwijl ik op de universiteit zat, was ik dienstplichtig, en ik ging in het leger op 29 oktober 1964. Tegen het einde van mijn diensttijd, stelde één van mijn familieleden me voor aan een vriendin, degene die mijn vrouw zou worden.

Ik verloor mijn erfenis

In mei 1967, beëindigde ik mijn militaire dienst en werd ontslagen uit het leger. Maar er gebeurde iets onverwachts. Voor dat ik in het leger ging, ontving ik van mijn ouders van te voren het lesgeld voor het tweede trimester. Ik leende dit geld aan één van mijn familieleden met de belofte dat hij me zou terugbetalen met intrest tegen het einde van mijn militaire dienst. Maar, de aanverwante familie had problemen en ik kreeg zelfs het basisbedrag niet terug. Mijn broer en schoonbroer kwamen echter achter deze situatie, en zij gaven me het lesgeld. Na de militaire dienst ontmoette ik mijn vriendin, die nu mijn vrouw is, en werd prompt verliefd op haar. We beloofden elkaar te trouwen.

Zij was een dame met grote, klare ogen als een rivier. Zij kwam erachter dat ik lesgeld ontving en vroeg me om het haar voor even te willen lenen. Ze leende het, maar ze kon het me niet terug betalen zoals ze beloofd had. Als resultaat, kon ik me niet opgeven voor het 2de trimester, en moest ik een aantal maanden wachten. Dus besloot ik om terug te keren naar huis. Ik vertelde mijn ouders, "Moeder, Vader, ik zal vlug gaan trouwen, dus geef mij mijn erfdeel maar van te voren. Dan zal ik er geld van gebruiken voor mijn huwelijk, en omdat mijn verloofde kapster is, zullen we een kapsalon openen om geld te verdienen. Ik zal de rest van het geld op de bank storten en de interesten sparen. Ik zal verder studeren met mijn studiebeurs. En ook, nadat ik afgestudeerd ben ga ik naar de Verenigde Staten en kom ik terug met een doctoraat." Ik legde mijn toekomstplannen uit alsof ik een blauwdruk toonde, en overtuigde mijn ouders. Zij konden het niet helpen dat ze naar hun zoon luisterden, en met enige tegenzin gaven zij mij mijn erfdeel. Ik ging terug naar Seoul en droomde van een roze toekomst met de reusachtige som van mijn erfenis. Maar de dingen begonnen verkeerd te lopen. Mijn verloofde en ik zouden elkaar ontmoeten aan het station van Seoul, maar zij daagde niet op. Ik kon haar gedurende 1 week nergens bereiken.

Mijn zus belde en zei, "Broer, ik hoorde dat jij je erfdeel ontvangen hebt! Wel, hoeveel interest krijg je bij de bank? Een van mijn beste vrienden heeft een handelszaak, en als je met haar investeert, krijg je een hoop geld terug. Ik geef jou ook de veiligheid dus moet je je geen zorgen maken." Naïef zijnde, luisterde ik naar mijn zus. En omdat er geen nieuws was van mijn verloofde, huurde ik een huis, en gaf de rest van het geld aan mijn zus.

Na enkele dagen, kwam mijn verloofde tevoorschijn. Haar familie was niet akkoord dat zij met mij trouwde, dus al die tijd had zij geprobeert om hen te overtuigen. Uiteindelijk probeerde zij ook zelfmoord te plegen met slaappillen. Zij was naar het ziekenhuis overgebracht en had het amper overleefd. Zij was pas ontslagen uit het ziekenhuis.

Toen, gaf mijn zus me 2 maanden interest van het geld dat ik haar had gegeven, en daarna was er geen nieuws meer van haar. Ik belde haar op en zei, "Zus, ik moet mijn lesgeld betalen voor het nieuwe semester, dus geef me alstublieft mijn geld terug." Zij antwoordde niet. Na Nieuw Jaar, ging ik naar mijn zus, en vroeg het geld om mijn studies verder te zetten. Ik kon zien dat ze het moeilijk had. Ze zei, "Broer, ik dacht dat mijn vriendin aan wie ik het geld leende een handelszaak had, maar nu blijkt het dat zij er heimelijk mee vandoor is gegaan. Zij werd gepakt, en zit nu in de gevangenis. Ik kan het geld niet terug krijgen." Ik was ontmoedigd. Ik dacht bij mezelf, "Hoe afschuwelijk! En ik ben nog niet eens afgestudeerd! Nu wat voor een ramp is dit?" Omdat mijn zus mij onmogelijk het geld kon terug geven, verloor ik zomaar in een enkel moment mijn hele erfenis. Ik besloot om te gaan werken om geld te verdienen en naar de avondschool te gaan. Ik kreeg werk als journalist voor een krant, en in januari 1968, trouwde ik met mijn dierbare verloofde.

Tijdens zijn werk als een reporter voor de krant

Ik was vertrouwd met drinken

Na mijn huwelijk, in maart 1968, hadden we een feestje ter inwijding van ons huis op een zondag. Het feestje voorbereidend, kochten we 40 flessen whisky van Dongdaemoon, en mijn vrienden brachten ook allerlei drank mee. 's Morgens ontmoette ik mijn collega's, en 's middags ontmoette ik mijn vrienden in Seoul, en 's avonds mijn vrienden van thuis. Ik had plezier in het feestje tot laat in de nacht. Ik had er vertrouwen in dat ik goed tegen alcohol kon, dus ik weigerde geen enkel drankje dat mijn vrienden me aanboden, zelfs tot in de vroege ochtenduren. Ik moet zeker 7 flessen whisky gedronken hebben. Omdat ik zoveel sterke drank dronk, kreeg ik echt wel een probleem met mijn maag. Na laat in de nacht afscheid te hebben genomen van al mijn gasten, lag ik in bed met een gevoel van opluchting dat het een succesvolle party geweest was.

Opeens, begon het plafond rond te draaien. De electrische

lampjes begonnen rond te draaien, en alles begon te draaien. Toen begon ik te braken. Ik braakte zoveel dat ik het gevoel kreeg dat mijn ingewanden omhoog kwamen tot in mijn keel. Mijn vrouw gaf me medicatie van de apotheker, maar ik braakte het al uit voordat ik het had ingeslikt. Ik kon zelfs geen water drinken. Ik had heel veel pijn. Vanaf toen kon ik geen behoorlijk voedsel meer eten. Vanwege mijn maagproblemen kon ik geen eten verteren. Ik probeerde van alles, kruiden inbegrepen. Maar niets hielp. Mijn vrouw en ik dachten dat het wel in orde zou komen als we het wat tijd zouden geven, maar naarmate de tijd vorderde, werd het alleen maar erger, en geraakte mijn lichaam uit balans.

Proberen om beter te worden

Ik moest mijn werk opgeven. Ik nam allerlei medicijnen, en ik ging naar verschillende ziekenhuizen om een degelijke diagnose te krijgen. Maar buiten een maagzweer was er geen speciale ziekte. Maar ik bleef vermageren, en er waren veel complicaties. Na 3 of 4 jaar, was er amper iets gezond aan mijn lichaam. Ik leek een "wandelende winkel van ziektes." Ik probeerde al de medicijnen die goed schenen te zijn. Ik leed aan jeuk vanwege voetschimmel in de zomer, en bevriezing in de winter. Ik had eczeem over heel mijn lichaam, en elke morgen, waren de ontstekingen aan het zweren en slibten de wonden dicht. Vanwege ozena voelde mijn hoofd altijd zwaar aan. Mijn neus zat altijd dicht, en mijn geheugen werd slechter en slechter.

Ik had ook een lymfatisch probleem. In het begin leek het een kleine bal in mijn nek, maar het werd groter en groter, en het kreeg de grootte van een stuk fruit. Door de lymfe ontsteking, kon ik mijn nek niet goed draaien. De Oosterse arts zei dat hij me geen apart geneesmiddel kon geven voor lymfe ontsteking omdat ik reeds zoveel medicijnen nam. Niet alleen had ik lymfe ontsteking, maar ik leed ook aan een zenuwinzinking, slapeloosheid, eczeem, bloedarmoede, oorontsteking, en mijn inwendige organen, de maag inbegrepen, en de dikke en de dunne darm werkten niet goed.

Ik probeerde om mijn naam te veranderen

Mijn vrouw ging voor mij allerhande medicijnen halen, en probeerde volkse remedies om mijn ziektes te genezen. Maar omdat al haar moeite voor niets leek, zelfs na al die jaren, nam ze haar toevlucht tot allerhande bijgeloof. Sommige mensen zeiden haar "Hij kan genezen. Je zou een duivel uitdrijver moeten uitnodigen, en duivel uitdrijving proberen". Anderen zeiden, "Het zal helpen met een Boeddhistische monnik om de slechte geest uit te drijven". Mijn vrouw ging naar bekende monniken en probeerde enige duivelen uitdrijving zoals de monniken hadden aanbevolen. Uiteindelijk, veranderden we zelfs onze naam.

Sommige mensen zeiden ons dat als we onze namen veranderden, dat dan ons geloof ook kon veranderen. Wij dachten dat dat zin had. Destijds, naast het centrale overheidsgebouw, waren er veel kantoren met naam. 's Morgens vroeg, gingen we naar het Bongsoo Kim Naming Kantoor. We moesten van 's morgens tot 's middags op hem wachten. "Jullie namen zijn slecht. Waarom veranderen jullie, jullie namen niet?" Van toen af aan, begonnen we de namen te gebruiken die hij ons gaf, maar het zou van geen nut zijn.

De angst van een zieke vader

Als een zeer introverte persoon, probeerde ik mijn verslechterende lichamelijke toestand te verbergen, zelfs voor mijn vrouw. En terwijl mijn gezin dieper en dieper in schulden kwam, kon ik niet zomaar blijven zitten en toekijken. Dus ging ik van de een naar het ander om werk te zoeken. Maar met het probleem van mijn oren dat ik niet kon horen, kreeg ik geen werk. Mijn gehoor werd zo slecht, dat ik geen telefoon kon gebruiken, wat het moeilijk maakte om te werken.

Ik moest uitzien naar een meer onafhankelijk werk. Als resultaat begon ik kleine tafels te verkopen. Ik ging de straat op om ze te verkopen, maar met mijn verlegen persoonlijkheid, kon ik niet roepen, "Tafels, tafels te koop!" Na enkele dagen gewerkt te hebben zonder succes, begon ik geleidelijk aan vertrouwen te krijgen, en begon te verkopen.

Op een dag in 1972, was ik op weg om tafels te verkopen. Opeens, begon ik verlamming te voelen in mijn voet, en het werd een folterende pijn bij het lopen. Ik liet mijn tafels er in de buurt staan en ging met de bus naar huis. Vanaf toen, was ik bedlegerig. Ik bleek gewrichtsreuma te hebben. Ik voelde erge pijn telkens als ik liep, en spoedig werd ik afhankelijk van een stok. Echter, groter dan de lichamelijke pijn, was de geestelijke pijn. Ik was diep bedroefd over het feit dat ik niet kon horen. Ik had mijn trommelvlies al eens gescheurd, ten gevolge van een ongeluk tijdens de lagere school, zoals ik al eens verteld heb. Maar omwille van de sterke medicijnen die ik gedurende 5 of 6 jaar nam, werd mijn ander oor slechter. Niettegenstaande hoe hard ik ook probeerde om te liplezen, als het rumoerig was in de buurt, kon ik niet verstaan wat ze zeiden. Ik kon aan mijn familieleden zelfs niet vertellen dat ik doof aan het worden was. Ik was bang dat ze me een 'gehandicapte' zouden noemen. Wanneer anderen tot me spraken, gaf ik hen een verkeerd antwoord, omdat ik hen niet kon horen, of helemaal niet kon antwoorden, en werd ik rood in mijn gezicht van schaamte- en minderwaardigheids-gevoel.

Voor mijn vrouw was het een moeilijke tijd om voor mij te zorgen, en om te proberen om de intrest terug te betalen van onze schulden. Omdat we op de goedkoopste plaatsen huurden, waren we vaak aan het verhuizen. We verhuisden van Ah-hyeong Dong naar Kimpo, naar Sangdo Dong, naar Chongno, naar Ddooksum, enzovoort.

Soms, wanneer we echt wanhopig waren, bleven we in het huis van mijn vrouw haar ouders, of haar zusters. Tenslotte, na al het verhuizen, bleven we in een bergdorp in Keumho Dong. Ons huis was gemaakt van steen, en het leek op een blok. Wanneer we door de voordeur naar buiten kwamen, konden we in de verte de Han River zien.

Mijn schoonmoeder is nu overleden, maar ze huilde veel omwille van mij. Zij nam me mee naar het ziekenhuis en naar de kruidendokter voor acupunctuur of kruiden. Maar omdat ik niet kon lopen, droegen mijn vrienden me op hun rug de berg af naar beneden zodat ik de taxi kon nemen met mijn schoonmoeder, om met haar naar het ziekenhuis te gaan. Op onze terugweg van het ziekenhuis, kocht mijn schoonmoeder rijstlikeur voor me – waarschijnlijk uit medelijden. "Zoon, ik weet dat je pijn hebt, maar neem een borrel en wees blij."

Mijn vrouw was wanhopig

Mijn vrouw ging hier en daar om geld te lenen voor mijn medicijnen. Intussen, hoopte onze schuld zich op als sneeuw. Wanneer we dringend geld nodig hadden, ging zij naar haar ouders, haar zuster, of broer om geld te lenen. Ze betaalde dan de aangroeiende intrest van onze schuld, en gebruikte wat er van over was voor mijn medicijnen. Al gauw, was ik gebrandmerkt als een zeer slecht persoon bij de familie van mijn vrouw. Vanuit hun standpunt, omdat ik niet voorzag voor mijn gezin zoals het een goede echtgenoot betaamd, liet ik hun jongste en geliefde dochter zitten met zoveel ontberingen. Omdat ik onmiddellijk ziek werd na ons huwelijk, konden we zelfs het 1st jaar van ons huwelijk niet genieten als pas getrouwden. Mijn vrouw werd in de rol geduwd van zowel broodwinner als verzorgende voor het gezin. Ze moest 2 dochters opvoeden, en scharrelen om toe te komen. Zij was uitgeput, en haar eens vriendelijke, zachtaardige persoonlijkheid werd ruw, en ze was gehard door de verantwoordelijkheden voor het leven die haar opgedrongen werden.

Toendertijd, had zij al 5 tot 6 jaar voor mij gezorgd met de enige hoop dat ik zou genezen, maar al ziende werd mijn conditie juist slechter en slechter, en kon zij het niet helpen dat ze wanhopig werd. Bij het minste raakte ze gefrustreerd over iets, ze pakte haar spullen bijeen en vertrok naar haar ouders huis.

"Ik heb geen liefde nodig. Geld heb ik nu nodig. Ga geld verdienen!" Ze moest de schulden terug betalen van privé geldleners met een hoge dagelijkse intrest. Dus telkens wanneer ze gedwongen werd om te betalen, kon ze het niet verdragen en verliet ze het huis al zeggende dat ze het huwelijk niet meer aankon. Maar na enkele dagen kwam ze altijd terug.

Op een dag, met de hulp van haar zus, opende ze een kleine snackbar op Keumho Dong markt. Zij was een goede kok, dus had ze veel klanten. Ze ging werken op de markt van 's morgens vroeg tot 's avonds laat. Om 12 u. 's nachts kwam ze moe en uitgeput thuis. Ze forceerde zichzelf om zoveel mogelijk van onze schuld terug te betalen. Maar als ze thuis kwam en mij er ziek zag liggen, verloor ze alle hoop, en werd ze prikkelbaar over de kleinste dingen. Onze 2 dochters waren al kinderen die verworpen werden door de maatschappij. Sinds mijn vrouw haar kapsalon opende, deed ik moeite om voor onze oudste dochter Miyoung te zorgen, en Mikyung onze 2de dochter, bleef bij mijn moeder in mijn broers huis.

"Hoe komt het dat ze zo op haar vader lijkt?"

Was het omdat ze zo op haar zieke vader leek? Mikyung

kreeg zelfs geen kans om veel liefde van ons te ontvangen vanwege van onze situatie. Soms wanneer ik naar mijn broers huis ging, en haar er zag spelen met een zakdoek in haar mond, brak mijn hart.

Maar omwille van mijn toestand, kon ik haar niet mee naar huis nemen om er zelf voor te zorgen. Ik was vervuld van angst. In die tijd was ik een zenuwlijder, en heel gevoelig zelfs voor de kleinste dingen. Als mijn vrouw ooit een opmerking maakte dat mijn trots kwetste, kwam er een discussie van, en zei mijn vrouw dat ze een scheiding wilde, pakte haar spullen bijeen en ging ze opnieuw naar haar ouders huis.

"Hoe kun jij dit zo volhouden? Om bestwil van jullie beiden, denk ik dat jullie beter scheiden."

De familieleden van mijn vrouw kwamen naar mij en lieten me zien dat ze me afkeurden, en lazen me de les zo luid dat al onze buren het konden horen. Mijn gezicht werd rood van boosheid en schaamte. Mijn vrouw die het huis verlaten had kwam terug en zei "Ik kwam niet terug om jou te zien. Ik kom naar mijn dochter kijken. Als je ooit nog gezond wordt, zal ik van je scheiden. Ik zou het nu wel willen, maar als ik het nu doe, gaan de mensen me met de vinger nawijzen en zeggen dat ik een zieke man in de steek liet. Dus, nu niet!"

Vleselijke liefde verandert

In 1972, keek ik naar mezelf, en vond mezelf een lichaam vol ongeneeslijke ziektes.

Omdat ik zoveel sterke medicijnen had genomen, werkten

injecties en medicijnen nu niet meer. Mijn ouders, broers, zussen en familieleden begonnen me met de vinger na te wijzen, en namen afstand van me. Mijn vrouw vermeed me. Zelfs mijn moeder gaf me op. Mijn moeder, die toen 70 was, kwam me bezoeken. Naar haar bedlegerige zoon kijkende, begon ze bittere tranen te huilen. Zij dacht dat ik hopeloos was.

"Oh! Oh! Het zou beter voor je zijn om snel te sterven. Zo kun je mij eren."

Hoe verschrikkelijk was mijn situatie dat mijn eigen moeder die van me hield, verkoos dat ik zou sterven om haar te eren? Ik dacht dat mijn moeder me nooit in de steek zou laten, zelfs al was de hele wereld tegen mij. Op dat ogenblik, besefte ik dat menselijke liefde vergankelijk is. Als de situaties niet juist zijn, kan die liefde omslaan.

Sinds mijn eigen moeder mijn lijden niet begreep, wat zou een broer er dan van afweten? Op een dag bezocht mijn broer me terwijl hij dronken was, zeggende dat hij me wilde troosten. Maar in plaats van het me gemakkelijker te maken, deden zij woorden me juist meer lijden.

De mislukking van een tweede zelfmoordpoging

Ik voelde me als een klein vogeltje dat wanhopig probeert te vliegen om in leven te blijven, maar het was hopeloos. In het begin, toen mijn vrouw haar spullen pakte en naar haar ouders terug ging, ging ik er naar toe en bracht haar terug. Maar toen ze het opnieuw deed, durfde ik haar niet terug te brengen omwille van de minachting en de verachting waar ik mee moest afrekenen van haar familieleden. Telkens wanneer ik nadacht over de toekomst van mijn jonge dochters, sprong een sterke overlevingsdrang op zoals aan een waterbron, maar als ik aan de formidabele muur stond van de realiteit, voelde ik me machteloos. Nadat ik dacht dat er geen weg was om mezelf te bevrijden van de schaduw van de dood, begon ik opnieuw slaaptabletten te verzamelen met het verlangen om zo snel mogelijk een einde te maken aan mijn miserabele leven. Het was al erg genoeg dat ik tijdens mijn leven leed door ziektes, maar wat het nog erger maakte was dat mijn eigen vrouw niet vriendelijk was tegen me, en me eerder kwetste. Ik verloor alle wil en verlangen om nog te leven. Ik dacht, in plaats van mijn vrouw terug te brengen van haar ouders' huis, is het waarschijnlijk beter dat ik sterf. Dus nam ik de 20 slaaptabletten die ik had verzameld.

De dag dat ik de slaaptabletten in nam, was mijn vrouw bij haar ouders. Zij kon niet slapen en was zeer nerveus. Ze zei dat ze het idee niet van zich kon afzetten dat er iets heel ergs thuis aan het gebeuren was. Nog nerveuzer zijnde, nam zij een taxi en kwam naar huis waar ze me half dood vond. Ze bracht me vlug naar het ziekenhuis waar ik werd behandeld, en ik leefde weer. "Ik kan zelfs mijn leven niet beëindigen zoals ik het wil. Ik kon het beter niet meer proberen om nog eens zelfmoord te plegen." Nadat ik terug bij mijn zinnen kwam in het ziekenhuis, terug denkende aan mijn twee mislukte zelfmoordpogingen, voelde ik alsof er een hogere macht tussen kwam in mijn leven. Dus, besloot ik om nooit meer te proberen om zelfmoord te plegen.

Katten zouden goed moeten zijn voor gewrichtsreuma

Soms, wanneer mijn lichaam een beetje beter was, liep ik rond met een stok. Maar op momenten wanneer mijn toestand verergerde, was ik bedlegerig en kon geen spier bewegen. Iemand moest mijn opvangen. Mijn vrouw hoorde dat katten goed waren voor gewrichtsreuma, dus kocht ze niet alleen katten op al de markten in ons Sungdong Ku gebied, maar ook op andere markten, zoals Dongdaemoon en de Joongbu markt. Ze kookte hen voor mij om te eten. Maar soms, wanneer ze niet goed klaargemaakt waren, rook het zo slecht, dat ik liever doodging dan het op te eten.

Mijn moeder en mijn vrouw brachten van alles mee waarvan de mensen zeiden dat het goed was. Zij kookten duizendpoot, moederskruid, en de huid van een rups voor me. Ze lieten me ook de galblaas eten van honden en beren. Ik probeerde zelfs likeur gemaakt van slangen. Mijn strijd tegen al de ziektes ging door. Er werd gezegd dat de Duitse pillen tegen lepra een soort vergif waren om lepra te genezen. Sinds ik aan een huidziekte leed die mijn hele lichaam bedekte, nam ik deze pillen met de hoop op genezing, maar het resultaat was zielig.

Ik dronk uitwerpselen gedurende 15 dagen

Ik probeerde allerlei medicijnen, medische behandelingen, volks remedies, kruiden remedies, en zelfs bijgeloof en duiveluitdrijving, maar het leek alsof mijn gezondheid dieper en dieper weg gleed in een bodemloze put.

"Jaerock, een zeer bekende dokter is in de stad. Wat denk je van een diagnose van hem?"

"Ja, waarom niet? Ik had niets te verliezen". Ik aanvaarde het advies van mijn vrienden in Keumho Dong en ging naar die dokter. De dokter controleerde mijn hartslag en onderzocht me. Hij zei, "het is een wonder dat je leeft. Je hart schijnt te kloppen, maar ze klopt niet. Het is een wonder dat je leeft. Er is één weg om je ziektes te genezen. Je speelde een hoop harde sporten toen je jong was, juist? Werd je veel geslagen tijdens deze activiteiten? Je hebt vlekken over je hele lichaam van dode bloedcellen, en geklonterde bloedcellen, of bloeduitstortingen. Dat is wat je in deze gezondheidstoestand heeft gebracht."

"Oh, echt waar? Wat is het voorschrift?"

"In een station op het platteland, zijn er openbare toiletten. Het sap van uitwerpselen op de bodem van deze toiletten ligt er al langer te rotten dan 10 jaar. Schep het eruit, en drink het uit een bierkroes drie keer per dag gedurende 15 dagen. Dan zullen alle vlekken van bloeduitstortingen uit je lichaam verdwijnen, en zul je weer gezond zijn."

De dokter gaf gedetailleerde instructies over hoe we aan het sap van de uitwerpselen moesten komen. Alles wat ik moest doen was dennenaalden rond de opening van een pot binden om een filter te maken, en dan een steen aan de pot vastbinden, en de pot laten zakken in het toilet. Dan zou het sap van de uitwerpselen de pot vullen. Als ik dit sap dronk, en genas, beloofde ik de dokter een flinke som geld te betalen. Mijn vrouw en ik waren zo gelukkig denkende dat dit de ultieme oplossing was, dat we ons haasten naar het station op het platteland, dansend van vreugde. Mijn moeder hoorde me uitleggen hoe ik deze remedie moest nemen, dus was ze de hele nacht bezig om het sap van de uitwerpselen te verzamelen in een mooie kom, en ze bracht het me met veel zorg.

Dus gedurende 15 dagen, dronk ik het uitwerpselensap zonder één keer over te slaan. De verschrikkelijke geur maakte het moeilijk om het zelf maar één keer door te slikken, maar aangedreven door mijn sterke wil om te genezen, dronk ik het met een rietje, poetste dan mijn tanden, en nam een snoepje dat mijn moeder me gaf. Maar de geur ging niet weg. Op het einde van de 15de dag, ondervond ik dat dit ook niet hielp.

"Moeder, als ik sterf, ga ik terug naar mijn huis in Seoul om daar te sterven."

Hoofdstuk 2

God leeft werkelijk!

Wanneer het laatste bloemblad valt, zal mijn leven ook vallen

Hoe mijn tweede zuster me beëvangeliseerde

Toen onze laatste hoop, het drinken van het uitwerpselensap, tevergeefs was, keerden mijn vrouw en ik terug naar Seoul in nog grotere wanhoop. Het enige verlangen dat me bleef was om snel te sterven, dus lag ik in bed tijd te verspillen. Mijn dagelijkse routine in ons licht betonnen huis was het lezen van verhalen of het drinken van Koreaanse rijst likeur. In het kleine, éénkamer huis was een vat voor de rijst likeur, en er lagen overal potten met medicijnen en geleende boeken verspreidt.

In mijn familie, was mijn tweede zuster de enige gelovige. Door hoge koorts in haar jeugd was zij het zicht in één oog verloren. Zij huwde een jonge man uit een nabij gelegen dorp en bracht 3 zonen groot en 2 dochters. Zij leidde een gelovig leven. Op een zekere dag , evangeliseerde iemand bij haar, en begon zij naar de kerk te gaan. Mijn moeder en broers dachten dat zij een fanatieke gelovige was, en zij hielden er niet van dat zij diensten bijwoonde. "Je werkt zo hard in de landbouw, en dan geef je alles aan de kerk. Je werkt zelfs niet op zondag om naar de kerk te kunnen gaan. Je zult nooit aan de armoede kunnen ontsnappen. Wanneer denk je dat je ooit rijk zult zijn?" Zelfs als mijn moeder tegen haar bezig was, lachte ze alleen maar en zei, "Moeder, het is zo een vreugde om in Jezus te geloven. Waarom, kom je ook niet naar de kerk?"

Op zondagen, deed ze haar huishoudelijk werk vroeg in de morgen en ging dan naar de kerk. Zij veegde de preekstoel schoon en diende in de kerk. Als ze soms het eerste fruit had of iets speciaals, liet ze het in het geheim achter in het huis van de voorganger en liep weg. Zij hield ervan om een dienaar van God op deze manier te dienen. Zij woonde ijverig opwekkingsdiensten bij en zocht vurig Gods genade. Ze gaf zelfs haar gouden ring – wat in die tijd als zeer waardevol werd beschouwd – als een offer.

"God, geef me geloof zo dierbaar als goud. Geef me geloof als goud dat na verloop van tijd nooit verandert."

Sinds mijn jeugd was mijn tweede zus mijn favoriete zus. Toen is studeerde in Seoul, woonde ik zo goed als bij haar thuis tijdens de vakanties. Zij probeerde het evangelie met me te delen telkens als ze de kans ertoe had. Zelfs nadat ik ziek werk, vond ze het jammer voor me. Zij spoordde me steeds maar aan om naar de kerk te gaan, zeggende, "Broer, als je naar de kerk gaat, zal God je genezen. Je zult weer gezond zijn."

"Zus, doe alsjeblieft niet belachelijk. We leven in een tijdperk waar mensen het ruimteschip nemen naar de maan. Waar in de wereld is God? Als Hij leeft, toon het me."

Mijn zus zette me vaak aan om in God te geloven, maar omdat ik koppig was, drong ik erop aan dat als Hij werkelijk bestond, zij Hem mij moest tonen.

Wanneer het laatste bloemblad valt, zal mijn leven ook vallen

Ik voelde me als de held in een bekend verhaal. In het verhaal leefde de held in constante wanhoop zonder enige hoop voor morgen. Zij geloofde dat wanneer op een dag het laatste blad van een zekere muurplant viel door een windvlaag, dat haar leven dan ook voorbij was. Ik leefde ook in voortdurende wanhoop, zonder hoop voor morgen.

In april 1974, kleurden roze azalea's en gele goudklokjes de heuvels en velden van het gehele platteland. Zij gaven overal hun geur af. Maar, mijn leven was aan het weg kwijnen en iedere keer dat ik ademde leek me dichter bij de dood te brengen.

"Alles in de schepping beweegt zich voort met zoveel leven in deze tijd van het jaar. Maar wanneer gaat mijn leven, dat er hangt zoals dat blad, eindigen?"

Niemand was blij om me te zien. Ik kon geen rijst of vlees eten, maar ik kon wel alcohol drinken. Alcohol was mijn enige vriend die ik had. Het was toen, dat ik nauwelijks enige houvast had, dat ik van dag tot dag afhankelijk was van alcohol. Mijn ouders, broers, en zussen bezochtten me minder en minder. Al gauw verwachtte ik niemand meer, tot op een dag iemand op de deur klopte. Het was mijn tweede zus, de zus van wie ik heel veel hield.

"Zus, wat brengt jou hier naar Seoul? Kom binnen!"

"Ik had iets te doen in Seoul."

Omdat het de drukste tijd was voor de landbouw, was ik blij – en zeer verwonderd – om haar te zien.

Gevraagd worden om haar te begeleiden

"Broer, doe me een plezier. Je moet me met iets helpen. Er is een plaats die ik al lang wilde bezoeken. Neem me er alsjeblieft mee naartoe."

"Wat? Wat bedoel je? Je weet dat ik niet goed kan lopen." "Ik weet het. Ik weet het. Maar ik wil deze plaats zo graag bezoeken, dat ik jou om hulp vraag".

Ik weigerde eerst, zeggende dat ik haar niet kon begeleiden met mijn zieke lichaam. Maar ze was zo vurig aan het pleiten dat ik me slecht voelde, en tenslotte kon ik niet langer weigeren om haar te begeleiden.

De plaats die zij wilde bezoeken was één van de genezingscampagnes geleidt door Senior diaken Shin-ae Hyun. Zij stond bekend voor haar gave van goddelijke genezing. Het was omdat mijn zus voortdurend voor me bad en een weg zocht om me naar de kerk te brengen, en dat ik kennismaakte met senior diaken Hyun. Mijn zus wist dat als ze me aanspoorde om genezing te ontvangen in de kerk, ik zou weigeren om aanwezig te zijn. Terwijl ze bad had mijn zus de wijsheid gekregen van God om me mee naar de kerk te brengen door te vragen om haar te willen begeleiden.

Alvorens in God te geloven

Omdat ik de Darwinleer kreeg in school, was ik atheïst. Ik kon stoutmoedig zeggen dat er niet zoiets was als geesten. Aan de andere kant, diep van binnen, kon ik niet ontkennen dat God bestaat. Zoveel dingen in beschouwing genomen, kon ik de gedachte niet uitwissen dat er leven is na de dood. Diep in mijn hart, moest ik het bestaan van God de Schepper eigenlijk toegeven. Ik had gedacht, "Als er werkelijk een God is, dan bestaat er waarschijnlijk ook een hel, de hel zoals ik eens in een film gezien had. Hoe gaat het dan zijn in mijn leven na dit?"

Omdat ik het bestaan van God diep in mijn hart niet kon ontkennen, moest ik het bestaan van leven na de dood ook toegeven. In een hoekje van mijn hart, was ik bang van de hel. Dat is waarom zelfs voor ik in God geloofde, ik een goed en rechtvaardig leven wilde leven.

In ieder geval, sinds mijn zus me niet meer vroeg om de kerk mee te bezoeken om genezing te ontvangen, maar me alleen vroeg om haar te begeleiden naar een Christelijke bijeenkomst, gaf ik toe aan haar vraag. Op 17 april 1974, stond ze op en was vroeg in de morgen klaar, zeggende dat ze vroeg moest gaan zodat ze vooraan kon zitten. Dit was de eerste keer dat ik het huis verliet sinds lange tijd. Het was heel moeilijk voor me om naar beneden te gaan, van het heuvelachtige stadje Keumho Dong, het duurde lang. We namen de bus naar Seodaemoon en kwamen aan bij de kerk van senior diaken Shin-ae Hyun.

Is iedereen hier gek?

Ondanks dat er twee van mijn trommelvliezen gescheurd waren destijds, kon ik geluid horen, maar enkel zwak. De tweede verdieping zat al vol met mensen, dus gingen we naar de derde verdieping. De treden waren gemaakt met een zachte helling als accomodatie voor de gehandicapten. Omdat ik met een stok liep was het moeilijk voor me om mijn zus bij te houden.

Het was waarschijnlijk tijd voor groepsgebed. De mensen rondom mij staken hun handen omhoog en riepen heel luid. Ik had zoiets nog nooit gezien, dus wist ik niet wat te doen, en ik keek gewoon wat rond. Het viel mij toen op dat mijn zus geknield zat en ook bad met trillende handen, en omhoog gericht.

Iedereen leek gek, mijn zus inbegrepen. Ik voelde me wat

gloeien, en mijn gezicht bloosde. Ik wilde daar weg. Maar meer en meer mensen kwamen er binnen en gingen achter mij zitten, dus kon ik niet weg. Ik wou er onmiddellijk weg, maar wat kon ik doen? Ik kon mijn zus niet achterlaten en alleen naar huis gaan! Omdat ik nog nooit iemand zo had zien bidden, laat staan zo bidden in een groep – voelde ik me verward door alleen al naar de mensen te kijken die met hun handen zwaaiden en met luide stem riepen in gebed. Maar omdat ik niet alleen terug kon gaan, bleef ik. Ik dacht dat ik dan evengoed ook beter kon knielen. Ik knielde neer en sloot mijn ogen. Opeens, begon ik op mijn rug te zweten, en het zweet liep zo van mijn rug naar beneden. Het was een voorjaarsdag maar het was niet warm. Ik was een heel mager mens – bijna vel over been – dus was het onmogelijk voor mij om zo te zweten. Het was heel raar en ik dacht, "Ik moet me heel beschaamd en verward voelen hier. Dat is waarschijnlijk waarom ik zoveel zweet!"

Het was pas na enige tijd dat ik besefte dat vanaf dat ik neerknielde, die dag, God al mijn ziektes aanraakte met het vuur van de Heilige Geest. Op een preekstoel die ver weg was, stond diaken Shin-ae Hyun gekleed in het wit, gepassioneerd te prediken. Het geluid uit de luidsprekers was heel luid, maar ik kon het helemaal niet goed horen. Ik kon hier en daar wat woorden horen. "Hoe leuk zou het niet zijn als ik klaar en duidelijk kon horen wat die dame te vertellen heeft!" dacht ik.

Er was wat in mijn hart veranderd nadat ik zo gezweet had (in werkelijkheid was ik aangeraakt door de Heilige Geest). Ik wilde de boodschap van senior diakones Shin-ae Hyun horen. Mijn zus zei, "Broer, waarom zou je geen gebed ontvangen zoals de andere mensen die hier zijn?"

Na de preek, gloeide mijn zus haar gezicht, terwijl ze me aanspoorde om gebed te ontvangen. Op mijn zus haar instructies, stond ik op – al duwende tussen een hoop andere mensen – naar de plaats waar de senior diaken zat.

Enig geluid bleef uit de luidsprekers komen, wat het geluid was van getuigenissen van hen die genezen waren door gebed. Ik kon de inhoud horen met stukken, en iemand zei dat ze het "Vuur van de Heilige Geest" ontvangen had en genezen was na de handoplegging van senior diakones Shin-ae Hyun.

"Zij moeten genezen zijn door gebed. Maar ik kon het nog niet geloven."

Senior diakones Shin-ae Hyun tikte met haar hand één keer op het hoofd en dan op de rug van elk persoon terwijl ze hen vooruit duwde. Dat was het. Ze tikte op mijn hoofd en rug, en duwde me weg, zoals bij de andere mensen. Ik dacht, "Ze behandelt de mensen als bagage! Ik denk dat ze de mensen oplicht." Het moet komen door het grote aantal mensen, maar ze bad niet voor elk persoon, maar raakte hen enkel aan en duwde hen weg, ik voelde me beledigd.

Op dat ogenblik, herinnerde ik mij een voorval uit de lagere school periode. Een vrouw uit het Jung – eup gebied stond bekend om haar gave van genezing. Wanneer haar bijeenkomst gepubliceerd stond in de krant, kwamen veel mensen bijeen in Jung – eup. Mijn neef woonde ook een van haar bijeenkomsten bij omdat hij een oorzweer had. Na 15 dagen werd bekend dat zij een oplichtster was. Zij werd gearresteerd. Sommige kranten maakten ook toekomstige verhalen van dit soort nieuws. Ik vroeg me af of deze vrouw ook mensen bedroog, juist zoals die vrouw uit het Jung-eup gebied had gedaan. Diep in gedachten, bevond ik me al beneden.

"Dat is raar! Ik kwam hier naar beneden zonder enige pijn of moeilijkheden."

Ik kan horen! Ik kan horen!

Mijn zus was zo gelukkig, want het was alsof haar wensen in vervulling gingen. We namen de bus. Opeens, hoorde ik heel harde geluiden, zoals het geluid van donder. Ik dacht, "Hoe gek! Waarom hoor ik zulke luide geluiden in mijn oren?"

Het donderend geluid hield op toen ik uit de bus stapte aan de Keumho markt. Ik nam afscheid van mijn zus, en ging binnen in de snackbar die mijn vrouw uitbaatte op de markt. Er lag veel verschillend voedsel in het vak, vlees inbegrepen. Ik kon de gesprekken van de klanten horen terwijl zij aan het eten en drinken waren. Ik was zo gelukkig dat ik op de tafel sloeg met mijn vuist.

"Ik kan horen! Ik kan horen!"

Mijn verrastte vrouw vroeg me, "Wat, kan jij horen? Wat hoor je dan en waarom kun je nu horen?"

"Ik kan deze klanten duidelijk horen praten. Schat, ik heb nu honger. Ik wil iets eten. Wil je me wat rijst geven met vlees?"

"Wat? Je zal een indigestie krijgen en overal uitslag!"

"Ik ben OK. Ik voel alsof alles al verteerd is. Wees niet ongerust en geef me wat te eten."

Ik at de rijst en het vlees op zodra mijn vrouw het bracht. Meestal kon ik alleen een beetje rijst eten, en het was een wonderbaarlijke verandering. Ik voelde dat ik het eten zeer goed kon verteren. Eigenlijk, had ik geen enkel probleem.

Onmiskenbaar, een wonder!

De volgende dag, toen ik 's morgens wakker werd, ging ik zoals gewoonlijk naar de badkamer. Het eerste deel van mijn ochtendroutine was dat ik naar de badkamer ging, een beetje watten rond een lucifersstokje deed en de etter uit mijn oren wreef. Ik deed dat omdat ik niet wou dat mijn vrouw zich zorgen zou maken als ze het zag. Ik wilde het eruit wrijven zoals gewoonlijk, maar er was niets. Het was zuiver. Nog vreemder was, dat wanneer ik wakker werd, ik gewoonlijk bloedarmoede had. Ik had zo'n bloedarmoede dat ik mezelf een ogenblik moest vermannen om dan naar de badkamer te gaan. Maar die dag, ging ik onmiddellijk naar de badkamer zodra ik wakker was. Dat was nog niet alles. Omwille van ernstige arthritis, had ik etter aan mijn hand, ellebogen, knieën, enkels en andere gewrichten. Maar die dag, was de witte etter veranderd in zwarte korstjes.

"Ik kan dit niet begrijpen. Hoe vreemd!"

Ineens begon mijn hart te bonzen. Nog altijd opgewonden, ging ik terug naar de kamer. Ik deed mijn kleren uit, en onderzocht mijn lichaam zorgvuldig. Wanneer ik sliep, kon ik mijn nek niet goed bewegen en ik moest op één zijde slapen door de lymfhatische ontstekingen. Maar de knobbel ter grootte van een vrucht in mijn lymfeklier was volledig verdwenen. Verder, herinner ik me iets dat voordien gebeurde, toen ik nog ziek was. Het was tijdens de winter, en we hadden altijd een pot met heet water in de keuken. Zoals altijd, bukte ik me om 's morgens wat heet water te nemen. De pot was ongeveer half vol, de schoorsteen was open, zodat er een grote zuurstoftoevoer was naar het houtskool. Het water kookte volop.

Terwijl ik het water nam, bedekte hete stoom mijn gezicht. Toen ik de hete stoom probeerde te ontwijken, kwam het hete water op mijn lichaam terecht. Ik was verbrand op mijn armen en borstkas. Deze brandwonden bleven lelijke littekens, en ik zou normaal mijn shirt nooit uitdoen. Maar zelfs deze littekens waren verdwenen! Het was zo een ongelooflijk wonder. Er was niets mis meer met mijn lichaam.

Op dat ogenblik, herinnerde ik me wat er gebeurd was de vorige dag. Ik kon de trap op en af zonder problemen. Op de terugweg naar huis, hoorde ik een donderend geluid. Ik kon de klanten horen praten in de snackbar van mijn vrouw. Ik had die morgen geen bloedarmoede. Er waren geen etterende wonden meer, en had geen pijn als ik mijn knie boog.

"Heeft God mij echt genezen?"

De realiteit onder ogen ziende dat zelfs ik die niet kon geloven, was zo verwonderd. Ik nam geen enkele medicijn en had geen enkele operatie, niets! Maar alle ziektes waren genezen! Meer dan 10 verschillende ziektes die niet konden genezen met allerlei medische behandelingen waren plotseling genezen!

"God leeft echt."

Ik was een dom mens, maar hoe kon ik nu nog langer twijfelen? Ik knielde neer en hief mijn handen naar omhoog.

"Ah, God! U leeft echt! Hoe kon U mij zo ineens genezen? Vergeef alsjeblieft deze domme man. Ik wees al de predikanten af toen zij mij aanspoorden om in God te geloven. Maar U leeft echt en U maakte me weer helemaal gezond!"

Ik probeerde te twijfelen al denkende dat het toeval was, maar kon niet twijfelen. Het voelde alsof ik zweefde. Maar ik kon de realiteit ervan nog niet geloven. Mijn vrouw, die buiten was, hoorde me bidden, en kwam heel verbaasd binnen.

"Schat, kom en kijk naar mijn lichaam. God heeft me genezen!"

Verbaasd, bekeek mijn vrouw mijn hele lichaam, en zij moest ook wel geloven dat God me genezen had. Zij was zo blij en omhelsde me, en begon luid te wenen. We weenden lange tijd. Al de spijt en pijn smolten weg en we werden gevuld met vreugde en dank.

Degene die me genas

Op het ogenblik dat ik knielde in de kerk, genas God al mijn ziektes ineens met het vuur van de Heilige Geest. Zelfs voor dat senior diakones Shin-ae Hyun voor me bad, had God me al genezen door het vuur van de Heilige Geest. Ik was een atheïst, en had geen enkel geloof in God. Ik vroeg God zelfs niet om genezing, dus waarom genas Hij mij? Ik denk dat het Gods antwoord was op het gebed van mijn zus die lange tijd vastte en bad voor mijn verlossing. Waarschijnlijk was het ook wel omdat God wist dat als ik de levende God kende, ik Hem niet zou verraden, maar alleen door Zijn woord zou leven door van Hem te houden tot aan het einde.

Echtscheiding en terugkeer van mijn vrouw

Geluk voor 3 maanden

Zoals in het verhaal van de "Blauwe vogel van geluk," voelde ik alsof er een blauwe vogel van geluk in het gezin gekomen was. De meest opmerkelijke verandering in mijn gezin was dat we naar een dichtbij gelegen kerk gingen om aanbidding diensten bij te wonen op zondag. Het was door de genade van de levende God dat ik genezen was, en we voelden dat we iets moesten terug doen vanwege die genade.

Maar de grote financiele schuld was er nog steeds, en andere situaties veranderden niet. Maar we waren nog altijd gelukkig en vreugdevol. Ik was dankbaar dat ik bevrijd was van de pijnen van de ziektes. Het was omdat ik de hoop en droom had dat ik eindelijk hard zou kunnen werken om een leven op te bouwen op eigen kracht.

Ik besprak de toekomst met mijn vrouw. Omdat al de

ziektes verdwenen waren in een paar maanden tijd, zou ik weer kunnen werken. Dan zouden we de schuld kunnen terug betalen en de winkel uitbreiden. We zouden samen hard werken, veel geld verdienen, en een groot restaurant leiden. In deze tijd, was er een persoon die in staat was om duikpakken te maken. Dus, werkte ik als assistent, en dacht om zo ook de toestand van mijn lichaam te kunnen verbeteren. In het begin, was ik heel moe, van een beetje werken, maar ik won snel aan energie. Ik verdiende een beetje geld, en plande mijn toekomst en we hadden een verjaardagsfeestje voor mijn vader. Het was ongeveer 90 dagen nadat ik genezen was.

Uw zoon werd ziek door mij?

Op 10 juli, 1974, op mijn vaders verjaardag, kwam de hele familie tesamen in onze geboortestad. Ik ging er een paar dagen eerder naartoe, en omdat mijn vrouw moest werken in de winkel, kwam zij de avond voor zijn verjaardag.

Alhoewel het geen triomfantelijke terugkeer was, was ik toch heel blij. Toen ik naar huis ging, toen ik ziek was, was ik bijna beperkt tot mijn kamer, en probeerde ik de ogen van de mensen te ontwijken. Ik nam enkel medicijnen en keerde terug naar Seoul. Ik was bang dat mijn buren naar mij zouden wijzen als de gehandicapte man. Nu, hoe gelukkig was ik dat ik een totaal gezonde man was!

Ik getuigde van God zeggende, "Ik wachtte enkel op de dood, wat te wijten was aan zoveel ongeneeslijke ziektes. Maar ik ging met mijn oudere zus naar Shin-ae Hyun Altar en ontving dit soort genezing".

Ik getuigde dat God mij ontmoette en genas. Ik had weinig kennis van het Woord van God, de Bijbel, maar ik getuigde dat God werkelijk leeft en deelde de vreugde met mijn ouders en broers.

Na de lunch op mijn vaders verjaardag, was mijn vrouw aan het inpakken om terug naar Seoul te gaan. Ik dronk nog wat met mijn broers voordat ik moest vertrekken. Ondertussen werd er ophef gemaakt buiten. Ik hoorde een deur hard dichtslaan. Ik keek buiten, en mijn vrouw liep er met haar bagage, en ze zei dat ze een echtscheiding wilde. Mijn zus en schoonzuster volgden haar om haar tegen te houden. Dit is hoe het allemaal gebeurde.

"Mijn dochter, mijn zoon werd ziek vlak nadat hij met je trouwde, en je leed heel veel. Maar, goede dagen komen er nu aan als je vanaf nu hard werkt." Mijn moeder was zo blij dat haar jongste zoon, van wie ze dacht dat hij elk moment kon sterven, opnieuw genas. Dus, gaf zij zo advies aan haar schoondochter. Maar, mijn vrouw begreep dat ik ziek ben geworden en geleden heb door haar, en haar gezicht werd bleek.

"Zeg je nu dat je zoon ziek werd door mij? OK! Ik verlaat deze familie. Ik zal echtscheiden. Ja, dat zal ik!"

"Zuster, er is een misverstand. Je weet dat moeder het niet zo bedoelde zoals jij het begrepen hebt!"

Mijn vrouw keerde onmiddellijk terug naar Seoul. Omdat mijn vrouw het huis zo verliet, veranderde de sfeer van een feest algauw in een sfeer van een begrafenis. Mijn moeder was woedend. Ze zei: "Je kon zo een lange tijd niet genezen omdat je zulk een vrouw trouwde! Jaerock, vergeet alles. Wij hebben een lekker diner klaar. Laat het ons smaken!"

"Het vergeten?" Ik zei, "Hoe kun je zoiets zeggen. Hoe kan ik het zo maar vergeten?"

Mijn broers en zussen zeiden dingen om me te troosten, maar wat ze zeiden maakte het alleen maar erger. Ik was zo boos door wat mijn broers zeiden dat ik naar de keuken ging. Ik pakte en dronk een hele fles Soju ineens leeg.

Mijn vader was geschokt omdat ik zoveel ophef maakte. Hij zag goed en had een goede gezondheid zelfs na zijn 70ste. Hij kon Chinese boeken en kranten lezen. Maar vanwege de shock van dit alles, verloor hij zijn zicht. Tot hij stierf, zag hij niets meer. Het a- typische gedrag waarmee ik me in de situatie gedroeg werd door mijn vader als heel respectloos gezien. Deze situatie bezorgde me heel veel pijn, en dat zou zo zijn voor de rest van mijn leven.

Van mijn vrouw haar standpunt gezien, vond ze dat ze gedurende 7 jaar zoveel leed en moeilijkheden in haar leven had moeten doorstaan door voor haar zieke man te zorgen en door geld te moeten verdienen voor het gezin. Zij dacht dat haar schoonmoeder bedoelde dat het allemaal door haar gebeurd was. Zij moet zich zo teleurgesteld hebben gevoeld. De spijt die ze voelde die haar herinnerde, aan de uitputting en het wanhopige leven gedurende 7 jaar waarbij ze met zoveel rekening moest houden. Het feit dat er voor haar niemand was waarmee ze vrij kon praten, moet haar zo vervuld hebben dat het voor haar te moeilijk was om het te verkroppen.

Na vier maanden van pijn

De volgende dag, ging ik terug naar Seoul met mijn oudste dochter, Miyoung. Ik zocht mijn vrouw, maar ze was niet thuis, en ze was ook niet in de winkel. De volgende dag kwam ze thuis, maar ze was een totaal andere persoon.

Ze zei, "Nu, wil ik van je scheiden. We moeten voor de echtscheiding naar onze geboortestad. Kom met me mee om de documenten te ondertekenen." Ik probeerde haar van gedacht te laten veranderen, maar het had geen zin. Op verzoek van mijn vrouw, ging ik naar onze geboortestad en tekende de papieren.

Omdat het een kleine stad was, verspreidde het gerucht zich al snel. Ik vond het heel erg voor mijn ouders, en ik was beschaamd om mijn buren te zien. Ik keerde snel terug naar Seoul alsof ik ontsnapte. Ik had nooit gedacht dat mijn vrouw werkelijk zou scheiden. Ik wachtte nog steeds op de thuiskomst van mijn vrouw, en na enkele dagen kwam ze met haar familieleden.

Ik hoorde, "Nu dat jullie gescheiden zijn, willen we de huwelijksgeschenken terug. We nemen ook de borgstelling terug van de winkel op de markt."

Omdat we 17 keer waren verhuisd toen ik ziek was, hadden wij geen normaal huishoudelijk gerei. Toch, nam mijn vrouw en haar familie alles wat zij hadden meegebracht. Ik voelde verschrikkelijke minachting voor hen allemaal. Terwijl zij verder de dingen inpakten, ging ik naar de Keumho Dong markt om de borgstelling te halen van de winkel.

De markt was vol met mensen. In die tijd, begreep de 5 – jarige Miyoung goed wat er aan de hand was. Ze hield haar moeders rokken vast.

"Mama, ga niet weg! Blijf bij me! Verlaat me niet! Ik ga dood als je gaat!" Miyoung huilde en volgde haar. Haar schoenen waren uitgegaan. Maar mijn vrouw schudde haar koud af.

"Papa, zij is mijn moeder niet meer. Ik noem haar van nu af aan geen mama meer. Laat haar nooit meer thuis komen." Door de angst in haar hart, kwamen de woorden als ijskoude naalden uit mijn kleine dochter haar mond.

In die tijd, leerde ik werken in de bouw waar ik mijn vrienden volgde. Zelfs toen ik niet bij mijn vrouw bleef, mistte ik geen van de aanbiddings diensten op zondag. Omdat ik op zondag naar de kerk ging, rookte en dronk ik niet vanaf 's zaterdags omdat ik bang was dat mijn adem anders slecht zou ruiken in de kerk op zondag. Alleen na de ochtend- en avond-dienst, keerde ik naar huis terug, en dan kon ik roken en drinken, wat ik de hele dag probeerde niet te doen.

Ik wist zelfs niet hoe te bidden, maar ik knielde neer en bad met luide stem. "God, U weet toch alles? Ik werd gezond, en ik kan nu voor mezelf zorgen, maar de dingen zijn nu zo geworden. Stuur mijn vrouw alsjeblieft terug naar mij. Ik kan haar gelukkig maken zonder haar nog te laten lijden. Laat haar alsjeblieft snel terug komen zodat we een gelukkig gezin zijn."

Ik at 's morgens vroeg ontbijt, ik liet Miyoung bij mijn oudere broer en ging werken.

Ik haalde Miyoung 's avonds op na het werk. Elke dag was hetzelfde. Naderhand, moest ik haar naar haar grootmoeder sturen in mijn geboorte stad. Maar al gauw nadat ik haar naar mijn ouders stuurde, belde mijn moeder me. Miyoung had etterende zweren van kop tot teen, en het was zo ernstig dat medicijnen niet hielpen. Het was zo ernstig dat ze hevig bloedde, en ze had maden in haar haren. Ze stuurden haar naar het ziekenhuis, maar het zag er naar uit dat ze niet zou overleven.

Zelfs bewusteloos, keek ze en riep ze haar mama. Ze vroegen me om haar mama nog één keer te laten zien voordat ze zou sterven. Ik was me niet bewust van het feit dat we wettelijk gescheiden waren, en ik ging naar het huis van de oudere broer van mijn vrouw in Keumho Dong. Gelukkig, was mijn schoonmoeder daar, dus ik vertelde haar het verhaal en vroeg toestemming om mijn vrouw te zien. Maar haar antwoord was koel. "Laat haar met rust" Als uw dochter sterft, kun je beter hertrouwen." Als resultaat, kreeg Miyoung haar moeder niet te zien, ze overleefde het nauwelijks.

Een huwelijks ontmoeting

Ik leefde me uit in roken en drinken om de sombere realiteit van mijn leven te vergeten. Ik was terleurgesteld in mijn vrouw die het huis verliet omwille van één woord van mijn moeder. Maar ik haatte de familie van mijn vrouw nog meer omdat ze haar aanspoorden om te scheiden. Om diegene die ik haatte te vergeten, moest ik drinken. Ik had eens al mijn geld geïnvesteerd in mijn zus en verloor alles door haar stommiteit, dus ging ik naar haar toe en vroeg haar om wat geld om een zaak te kunnen beginnen. Maar ik bracht mijn dagen door in een bar tot dat geld op was. Ik had niet de kracht noch de wil om mijn leven verder te zetten.

Mijn familieleden trachtten een manier te bedenken om me te redden. Mijn zus zei, "Moeder, we kunnen er beter voor zorgen dat hij opnieuw trouwt. Als je hem zo laat, wordt hij als een dood mens, zoals hij vroeger was." Tenslotte, belde mijn moeder me. Ze zei dat er een goede dame voor me was, en zei dat ik naar mijn geboortestad moest komen om haar te ontmoeten.

Ik geloofde, "Mijn vrouw zal terug komen. Ik wil nooit met een andere vrouw leven!" Ik dacht ook dat de liefde voor mijn vrouw nooit zou veranderen, en ik kon het me zelfs niet voorstellen om met een anderen vrouw te leven.

"Zoon, maar één keer! Het is mijn laatste hoop," pleitte mijn moeder, en ik kon niet langer de vraag van mijn moeder weigeren om de andere dame maar één keer te ontmoeten. Dus deed ik het. Ik besloot om enkel de formele groeten uit te wisselen en dan terug te komen. Maar de Goddelijke voorzienigheid is grondig!

Toen ik naar de ontmoetingsplaats ging om de dame te ontmoeten, ziedaar, daar was deze meest perfecte, ideale vrouw. Degene over wie ik altijd gedroomd had. Ik hield van wit gekleurde kleding, en zij was gekleed in een wit mantelpakje. Zij had lang haar, dat golfde over haar schouders tot onderaan haar rug. Ze zat daar als op een foto. Ik kon mijn ogen niet geloven. Omdat haar moeder zeer bijgelovig was, geloofde ze, toen een waarzegger zei dat, voor haar dochter om gelukkig te zijn, zij moest trouwen met een man die voor de tweede keer trouwde. Dat is waarom haar moeder een ontmoeting regelde met mij. We vonden elkaar aardig, en de beide families waren snel om een huwelijk voor te bereiden.

Tot op het moment dat ik deze ontmoeting had ik op de terugkeer van mijn vrouw gewacht. Nooit keek ik naar een andere vrouw. Maar ik veranderde van gedachte om alleen te leven met mijn vrouw. Het was ook een shock voor mij dat ik zo snel van gedachte kon veranderen. De datum was vast gelegd en we wisselden de geschenken uit. Toen, kwam plotseling mijn vrouw. Ze had gehoord dat ik opnieuw ging trouwen, en ze wilde weten hoe mijn houding was en wat er in mijn hart was. Toen ze ontdekte dat zij niet langer in mijn hart was en ik besloten had om met een andere vrouw te trouwen, was ze verwonderd.

Mijn vrouw vergeven

Tot dan, geloofde mijn vrouw zeer vast, in tegenstelling tot andere mensen, dat ik mijn liefde voor haar nooit zou veranderen. Ze leek geschokt om te horen dat ik zou trouwen met een mooie ongetrouwde dame. Ze besefte dat mijn hart haar al had verlaten. Maar vroeg, de volgende ochtend, kwam ze met haar bagage. Ik lag thuis te slapen, en hoorde ineens een plof op de vloer. Mijn vrouw kwam naar huis terug met haar bagage. Maar was het niet te laat? Ik had al beloofd om met een andere vrouw te trouwen, dus gooide ik haar bagage het huis uit. Er ontstond veel tumult terwijl we de bagage in en uit het huis aan het sleuren waren.

Ik zei haar, "Ik voel grote wrok tegen uw familieleden,

en ik zal beschaamd staan tegenover mezelf en mijn familie. Bovendien hebben we al een trouwdatum vastgelegd voor ons huwelijk, en wat gaat die familie zeggen?"

"Ik zal vergiffenis vragen en ontvangen van iedereen langs de twee kanten van de familie. In de toekomst zal ik altijd gehoorzaam zijn aan alles wat je zegt."

"Zelfs als ik je vergeef, mijn ouders,broers en zussen zullen je niet vergeven!"

Ze was koppig.

"Ik zal alle vergeving ontvangen. Ik zal sterven in deze familie."

Ze was opmerkelijk veranderd, als een zacht schaap. Al mijn liefde voor haar was verdwenen, maar ik dacht aan mijn twee dochters. Ik dacht dat het beter zou zijn voor hun om grootgebracht te worden door hun eigen moeder. Dus, was ik akkoord om haar te vergeven onder bepaalde voorwaarden. Ze moest akkoord gaan om me onvoorwaardelijk te gehoorzamen, en ze moest vergeving ontvangen van alle familieleden en verwanten. Ik eistte ook dat haar familieleden zich bij mij kwamen verontschuldigen. Tenslotte, aanvaarde ik mijn ex–vrouw en we kwamen opnieuw bijeen. Het was 120 dagen nadat zij de woning verliet.

Ik vertelde mijn verhaal eerlijk aan de moeder van de vrouw met wie ik zou gaan trouwen, en vroeg om haar begrip. Onverwacht begreep zij mijn situatie heel goed. Maar, het was pas na lange tijd dat ik besefte dat het allemaal in Gods plan lag.

Waarom moest mijn vrouw scheiden?

Terwijl mijn vrouw moest zien te overleven en tegelijkertijd voor haar zieke man zorgen, had ze geen hoop op leven. Intussen, verdween haar vriendelijke en pure hart en haar persoonlijkheid werd ruw.

"Dood en leven zijn in de macht der tong, wie aan haar toegeeft, zal haar vrucht eten" (Spreuken 18 : 21).

"Van de vrucht zijns monds zal iemand het goede eten, maar de begeerte der trouwelozen gaat uit naar geweld. Wie zijn mond in toom houdt, bewaart zijn leven; wie zijn lippen openspert, hem wacht het verderf" (Spreuken 13: 2–3).

Omdat ze wist dat ik met een oprecht hart van haar hield, zelfs nadat ze een aantal keren het huis had verlaten, kwam ze terug. We kenden elkanders oprechte hart. Zij verliet haar man niet, toen die geen hoop op leven had. Alhoewel ze herhaaldelijk zei dat ze zou scheiden als ik genezen was. Omdat haar negatieve woorden zich opstapelden, werd het een val van Satan, en het werd werkelijkheid op mijn vaders verjaardag. Als we negatieve woorden uitspreken, beschuldigd de duivelse vijand ons van wat we zeiden, dus moet de God van rechtvaardigheid het toelaten volgens de geestelijke regels van het Koninkrijk. Mijn vrouw kon haar gedachten en gevoelens niet controleren, en scheidde van me. Maar, God begeleidde ons om weer samen te komen en het werkte uit ten goede voor alles.

Hoofdstuk 3

Mijn roeping

Het begin van een ernstig Christelijk leven

Tijdens een opwekking realiseerde ik me dat ik een zondaar was.

God veranderde het temperament van mijn vrouw zodat het werd als dat van een schaap. Nadat we opnieuw samenkwamen in het huwelijk, hadden we vrede en geluk voor de eerste keer sinds lange tijd. Nadat ze opnieuw thuiskwam, deed ze haar best om iedereen te dienen, en met een verontschuldigend hart, wijdde ze zich toe aan haar gezinsleden. Maar mijn eerste dochter, Miyoung, sprak haar absoluut niet aan als "Mama" en ze was zeer koud naar haar toe. Mijn vrouw probeerde het een lange tijd, en huilde vele tranen om het hart en denken van Miyoung te veranderen. Op 25 November, 1974, na het aandringen van de eigenaar van mijn nieuwe huis op dat moment, woonden we een opwekkingssamenkomst bij die gehouden werd in de Sungdong Kerk in Oksu Dong. Mijn vrouw en ik bezochten ijverig alle ochtend- -, middag- en avond-samenkomsten. Pastor Byeong-ho Park, van de Korean Evangelical Holiness Church, was de spreker. Hij predikte de boodschap met de titel: "Geef alles en wordt een bedelaar." Hij gaf zijn getuigenis dat wanneer hij alles gaf wat hij had, God hem grote zegeningen gaf. Toen hij zijn alles gaf, en een kerk bouwde, zegende God, die alles weet, hem overvloedig. Mijn vrouw en ik zaten op de eerste rij en ontvingen zoveel genade. Door de boodschappen, leerde ik dat we de bijbel moesten lezen, dat Jezus Christus de Redder is, en dat ik moest stoppen met roken en drinken. Ik leerde ook hoe te bidden en hoe mijn tienden en dankoffers te geven. Ik leerde het basisprincipe van christen zijn.

Ik was trots op mezelf, omdat ik altijd probeerde om een goed leven te leiden. Er waren andere mensen die zeiden dat ik het soort van persoon was die "geen wet nodig had." Hoe dan ook, vanaf de eerste dag dat ik mij realiseerde dat ik een zondaar was, door mezelf te spiegelen aan het woord van God, begon ik mij te bekeren met tranen en een lopende neus. Ik was een zeer verlegen en introvert persoon. Het was ondenkbaar voor mij om te huilen en een loopneus te hebben in het bijzijn van andere mensen. Maar het was mogelijk, omdat God sterk werkte en mij genade gaf.

Het begin van een ernstig Christelijk leven

Op de laatste dag van de opwekkingssamenkomsten, deed ik een belofte om een offer te geven voor de constructie van de kerk. Op dat moment, woonde ik in een huis dat ik huurde voor een 100,000 won huur (ongeveer $100 US) Ik was dankbaar voor de genade van God, dat ik Hem alles wilde geven wat ik had, maar ik had niets om te geven. Ik werd erdoor gekweld in mijn hart en maakte uiteindelijk de belofte om 300,000 won te geven.

Ik besprak het met mijn vrouw, en ook zij had het verlangen in haar hart om 300,000 won te offeren. We besloten het te offeren binnen 3 maanden.

De beloofde datum kwam dichterbij, maar we hadden nog steeds niet het geld. Dus, moesten we aan een hoge intrestkoers lenen en daarmee gaven we onze 300,000 won als een offer voor de constructie van de kerk. Omdat het belangrijk was om de belofte te vervullen aan God, moesten we ons aan de datum houden, ook al moesten we een hoge intrestkoers betalen voor de lening. Vanaf de dag dat mijn vrouw en ik de opwekkings samenkomsten hebben bijgewoond, was ons ernstige christelijke leven begonnen. Terwijl we het woord van God leerden, gaven we onze tienden en dankoffers. Ik stopte met roken en drinken, en begon deel te nemen aan de ochtend bidstonden. Aangezien ik werkte als een constructie werker. Op de dagen dat ik geen werk had, ging ik vroeg in de morgen naar de berghelling en bad. Ik had niet voldoende geestelijke kennis om te begrijpen dat het Gods wil was om het uit te roepen in gebed en te vasten. Ik gehoorzaamde enkel de aandrang van mijn hart.

Roep Mij aan, en Ik zal antwoorden!

In 1975, vroeg in de morgen, ging ik naar de Chilbo berg in Suwon. Ik legde een laken op een rots en daar bad ik. Plotseling hoorde ik een stem vanuit de hemel. Het was duidelijk, en toch sterk en had autoriteit, zeggende. *"Kijk in Lucas hoofdstuk 22 vers 44!"* Ik opende snel mijn bijbel en las het.

"En Hij werd dodelijk beangst en bad des te vuriger. En Zijn zweet werd als bloeddruppels, die op de aarde vielen."

Het is dat soort van gebed waarin God behagen heeft, dat we het vurig uit roepen in gebed. Ik bad om te begrijpen waarom God mij dit vers gaf, en in een duidelijke inspiratie, had ik de uitleg.

Israel is gelegen in een woestijn gebied, dus de temperatuur daalt drastisch in de nacht. Ook, toen Jezus gekruisigd werd, het was april, de temperatuur in die tijd maakt het bijna onmogelijk om te zweten 's nachts. Dus, hoe ernstig en vurig bad Jezus dan, dat Zijn zweet werd als bloeddruppels die op de grond vielen? Zijn gebed was zo beangstigend vurig en sterk, dat de inspanningskracht die Hij gebruikte, er de oorzaak van was dat bloedvaten sprongen en bloed vloeide, die de druppels vormden die op de grond vielen vanaf de buitenkant van Zijn huid. Als Hij in stilte had gebeden, had zoiets nooit kunnen gebeuren.

Het geheim van het uitroepen in gebed

Sinds die tijd, terwijl ik de bijbel las, vond ik dat er veel verzen waren zowel in het Oude als in het Nieuwe Testament die ons zeggen om het uit te roepen in gebed. Ook, realiseerde ik mij die voorvaders van geloof die hun antwoord ontvingen door het uit te roepen in gebed. Het is de wil van God voor ons om het uit te roepen in gebed. *"Roep tot Mij en Ik zal u antwoorden en u grote, ondoorgrondelijke dingen verkondigen, waarvan gij niet weet" (Jeremia 33:3).* Jona was ongehoorzaam aan God en werd opgesloten in de maag van een grote vis, maar in Jona 2: 2 staat opgeschreven dat hij gered werd, doordat hij het uitriep tot God. In Johannes 11: 43-44 staat geschreven dat toen Jezus bevel gaf met een luidde stem, de dode Lazarus opstond. Lazarus was al 4 dagen dood, en toch kwam hij tot leven, nog steeds met zijn handen en voeten gebonden in de grafdoeken. Of het nu een luide of een zachte stem was, het had geen verschil uitgemaakt, want Lazarus was dood. Maar omdat het de wil van God was, riep Jezus het uit in Zijn gebed. Genesis 3:17 zegt, *"Omdat gij naar uw vrouw hebt geluisterd en van de boom gegeten, waarvan Ik u geboden had: gij zult daarvan niet eten, is de aardbodem om uwentwil vervloekt; al zwoegende zult gij daarvan eten zolang gij leeft."*

Voordat de mens at van de boom van kennis van goed en kwaad, leefden ze in overvloed in het hof van Eden, met de dingen die God voor hen had voorzien. Maar omdat ze God ongehoorzaam waren door van de boom te eten, kwam zonde in de mens. Dus werd de communicatie met God moeilijk, en nu moesten ze fruit eten door hun eigen zweet en harde inspanning. Dus hoeveel te meer zouden wij ons moeten inspannen en zweten in onze gebeden aan God om iets te ontvangen wat niet gedaan kan worden door menselijke bekwaamheid?

De geestelijke betekenis van bidden in de "Binnenkamer"

Sommige van jullie vragen zich misschien af, "Jezus heeft ons gezegd om in de binnenkamer te gaan en in het verborgene te bidden, dus waarom moeten we dan luid bidden? Hoort de

Almachtige God ons niet als we stil bidden?" In Matteüs 6: 6 zegt Jezus, *"Maar gij, wanneer gij bidt, ga in uw binnenkamer, sluit de deur en bid tot uw Vader in het verborgene; en uw Vader, die in het verborgene ziet, zal het u vergelden."* Maar nergens in de bijbel kunnen we terugvinden dat Jezus bad in een binnenkamer. Overeenkomstig Marcus 1: 35 bad Jezus niet in een binnenkamer, maar vroeg in de morgen ging Hij weg naar een verlaten plaats om te bidden. Lucas 6: 12 zegt dat Hij bad in de gebergtes.

Daniel opende zijn venster en bad met zijn aangezicht naar Jeruzalem (Daniel 6:10), Petrus bad op het dak (Act 10:9), en de apostel Paulus bad 'in een gebedsplaats'. De reden dat ze speciale gebedsplaatsen hadden was dat ze konden bidden met hun hele hart en ziel en konden uitroepen in gebed. Bidden in de binnenkamer symboliseert dat we moeten bidden met ons hele hart en vanuit het diepste van ons hart. Een kamer verwijst geestelijk naar het hart van de mens. Wanneer we naar de binnenkamer gaan en de deur sluiten, dan worden we afgesneden van alle wereldse gesprekken en uiterlijke contacten. Op dezelfde wijze, wanneer wij bidden, moeten we eerst al onze gedachten, zorgen en betrokkenheid van deze wereld doorsnijden, en bidden met ons hele hart en in volledige concentratie.

God kent de zwakheid van mensen

In het begin, vindt iedereen het moeilijk om het uit te roepen in gebed. Maar als we voortdurend iedere dag bidden, zullen we spoedig de kracht van boven ontvangen om gemakkelijk te bidden en zullen we in staat zijn om goed te bidden. Ook, omdat we de volheid van de Heilige Geest ontvangen, zullen we ook de gave van het spreken in tongen ontvangen. Maar wanneer we stil bidden, is het heel waarschijnlijk dat nutteloze gedachten de concentratie van ons denken gevangen nemen en de zorgen en betrokkenheid van de wereld binnenkomen. Dan moeten we waarschijnlijk gaan strijden tegen de nutteloze gedachten en zorgen over onze echtgeno(o)t(e), kinderen, persoonlijke en financiële zaken. We worden makkelijk moe en vallen in slaap. Maar wanneer we het uitroepen in gebed met ons hele hart, is er geen plaats voor nutteloze gedachten om binnen te komen, en kan vermoeidheid en slaperigheid ons zo niet overweldigen. We zullen overwinningen hebben in ons gebedsleven.

Omdat God de zwakheden kent van het mensen leven, heeft Hij ons bevolen om het uit te roepen in gebed, zodat we kunnen overwinnen. Omdat ik mij realiseerde dat dit de wil van God was, begon ik het uit te roepen in gebed. Wanneer ik nachtbidstonden deed in de kerk, riep ik het zo uit, dat mijn voorganger mij niet meer toe stond om zo luid te bidden, omdat het klachten van de buren kon veroorzaken. Wanneer de voorganger in de kerk was, kon ik niet zoveel bidden als ik echt wilde bidden. Daarom ging ik naar plaatsen genoemd "Gebedsbergen" wanneer ik ook maar tijd had. Aan de ene kant vond ik het jammer omdat, als de voorganger mij luid liet bidden in de kerk, de vijand, duivel uitgedreven zou zijn door het gebed, en het vuur van gebed, zich zou hebben uitgespreid over vele kerkleden zodat de kerk sneller zou groeien. Maar omdat ik een persoonlijk karakter had, welke introvert was, ging ik naar de heuveltoppen en ging verder met het uitroepen in gebed van 's morgens vroeg tot 's avonds.

God leidde mij naar een lage positie

Ik koos constructie werk om de dag van de Here te onderhouden

Gedurende de maanden dat mijn vrouw het huis verlaten had, nam de rente toe, en ik had meer financiële moeilijkheden. Ik begon te werken als een constructie werker, naar aanleiding van een suggestie van een man die ging over de arbeiders. Hij stelde voor dat ik de kracht van lichaam zou herstellen door niet al te hard te werken in zijn constructiewerk. Ik wilde mijn gezondheid snel herstellen, na 7 jaren van lijden. Ik koos er ook voor, om de dag des Heren vrij te houden. Omdat ik niet iedere dag hoefde te werken, wanneer ik ook maar tijd had, bad ik en vastte ik, en ging ik werken als er werk was.

De rente over mijn schuld nam toe, maar ik geloofde zeker dat God mij zou zegenen, alleen maar als ik Hem zou behagen. Mijn broers en zussen wilden mij geld geven zodat ik een eigen zaak kon beginnen, maar ik weigerde het. Ik wilde beginnen vanaf het begin, en het rechte pad volgen. Omdat ik opgegroeid ben op het platteland als de jongste zoon, had ik nooit echt zwaar werk gedaan. Toen ik begon te werken als een constructie werker, had ik veel doorzettingsvermogen nodig, en soms moest ik wel huilen. Om naar de tweede verdieping te gaan en zware dingen te dragen, begonnen mijn benen te trillen, en ik viel vele keren. Maar ik stond iedere keer weer op en ging verder met mijn werk. Gedurende die tijd, werd ik gemaakt tot een persoon die alles kon doen en mijn gezondheid werd volledig hersteld.

Ik legde bakstenen, schepte en trok ook de handkar. Wanneer er geen werk was in de winter, werkte ik als manager en zorgde voor de levering van de steenkolen. Ik werkte ook bij de watermaatschappij. Ik ervoer vele dingen. Mijn vrouw verkocht zoute mosselsaus en zeewier, en ze raapte ook stenen bij een constructiebedrijf. Het was de leiding van de Heilige Geest dat ik werkte als een dwangarbeider, maar ik realiseerde dat toen nog niet. Het was lichamelijk moeilijk, maar ik ervoer de moeilijkheden van constructie arbeiders die leefden in een moeilijke omgeving. Ik begon hun hart te begrijpen. Wanneer ik ook maar de tijd had, getuigde ik over mijn ervaringen met God en verkondigde het evangelie aan hen.

In de zomer van 1975, werd mijn derde dochter Soojin geboren. Ze werd geboren terwijl we de genade van God ervoeren en vele opwekkingssamenkomsten bijwoonden. Toen zij geboren werd, huilde ze ook niet, net zoals ook ik niet huilde toen ik geboren werd. Ze had altijd een glimlach op haar gezicht. Ik zag haar nooit huilen totdat ze zes jaar was. Gedurende een korte periode, verzamelden mijn vrouw en ik rotsblokken in een berggebied waar enkele gebouwen werden gebouwd. Soojin was maar twee maanden oud, en we hadden niemand om op haar te passen. Dus plaatsten we een paraplu op een hoek van de aanbouw en legden haar daar neer. Een enkele paraplu kon niet alle zonneschijn blokkeren, maar ze huilde niet. Maar toen we hoorden dat onze huizen zouden worden gesloopt, zijn we gestopt met dat werk.

We woonden op een helling van een dorp op de grens van Keumbo Dong en Oksu Dong. De eigenaar van het huis liet ons weten dat hij een bericht had gekregen van de regering dat het huis zou worden gesloopt, en hij zei ons om te verhuizen. In die tijd was de maandelijkse huur 100,000 won (ongeveer 100 US dollars), en hij zei dat hij een compensatie van 150,000 won had ontvangen. Hij kreeg ook het recht op de zekerheid van een appartement dat gebouwd zou worden op het land, en als hij dit verkocht zou het hem 400,000 won opleveren.

Hij zei ons dat hij ons geen geld kon teruggeven, omdat zijn huis volledig zou verdwijnen. Ik hield er mee op om het geld terug te vragen van hem, omdat ik niet wilde strijden met hem. Ik had geen andere plaats om naar toe te gaan. We moesten bijna een tent opzetten op de straat. Maar mijn vrouw leende op de een of andere manier 50,000 won. Met dit geld huurden we een kleine kamer, dichtbij de kerk. Het was een onverzorgde kamer, die zelfs geen zonlicht binnenliet.

Vasten en volledige bekering na klagen tegen God

Ongeveer een maand nadat we waren verhuisd, kwam er opnieuw een bericht dat het huis gesloopt zou worden. Mijn huiseigenaar zei me om te verhuizen en gaf mij de waarborgsom terug, maar het was niet gemakkelijk om een kamer te vinden die zo goedkoop was als deze kamer. Mijn vrouw en ik gingen naar Boolkwang Dong om te proberen een goedkope plaats te vinden, maar onze pogingen waren tevergeefs. We sloegen de lunch over en hebben zelfs niet gedineerd. Toen we thuis kwamen was het al donker.

"God, hoe kan U nu mijn gebed niet verhoren? Heb U zelfs niet een kleine kamer voor mij bestemd?"

Op dat moment, had ik klagende woorden gesproken tot God. Terwijl ik voorbij een makelaarskantoor liep, en nog eens informeerde.

"Iemand heeft net een kamer opgegeven voor de verhuur. Je kan er onmiddellijk in, zelfs morgen al."

"Hoeveel kost het?"

"Je kan het hebben voor 50,000 won."

We gingen er heen om het te bezichtigen. Er was een mooie kamer en ook een kleine kamer, waarin we een winkel konden openen. Er was een kamer voorbereid voor ons, waar we de volgende dag al onze intrek konden nemen! Nadat ik thuis kwam, bad ik huilend zonder op houden.

"God, waarom kan mijn hart niet consequenter zijn! Waarom heb ik zo'n boos hart? U liet mij niet door ziekte gaan of hebt mij niet arm gemaakt, maar ik klaagde toch tegen U, God! Als ik geen plaats had om te wonen, had ik nog altijd op de straat kunnen slapen. Ik zou zo dankbaar moeten zijn dat U mij genezen hebt van mijn ziektes, dus waarom klaag ik?" Ik verscheurde mijn hart en bekeerde mij met tranen van het klagen tegen God. Ik begon een drie daags vasten, omdat ik besloten had om nooit meer te klagen tegen God in welke omstandigheid dan ook.

Geen compromis over het houden van de sabbat

De reden dat ik er voor koos om te werken als een constructie werker was omdat ik de sabbat kon onderhouden en om vrij te zijn om te kunnen bidden alsook om mijn zwakke lichaam sterk te maken. Terwijl we woonden in een kleine, onverzorgde kamer, belde een van mijn oudere zusters mij op. Ze beheerde een goed restaurant en ze had ook een gebouw. Ze wilde dat ik haar restaurant zou beheren, en ze wilde ook mijn vrouw inhuren. Dus, de kost verdienen zou geen probleem meer zijn, en we zouden het financieel goed hebben.

"Broer, ik zal je ook een huis geven (verblijfplaats) en een goed salaris. Waarom neem je het niet voor je rekening om mijn restaurant te beheren? Maar, je moet wel twee zondagen in de maand werken."

"Het spijt me, zus. Ik moet, hoe dan ook, naar de kerk op zondag. Ik kan dit niet doen."

Nadat ik het voorstel van mijn zus geweigerd had, door te zeggen dat ik op zondag naar de kerk moest gaan, verspreidde dit zich snel naar mijn moeder en andere broers en zussen. Mijn moeder was teleurgesteld dat ik het voorstel van mijn zus had geweigerd, omdat ik twee zondagen in de maand moest werken. Zelfs mijn broers en zussen zeiden dat ze mij niet konden begrijpen en schudden hun hoofd want ik weigerde een kans om al mijn schulden terug te betalen en een goed leven te hebben.

Hoe kan ik leven door het woord van God?

Hoe kan ik de zondevolle natuur verwerpen?

Toen de opwekkingssamenkomst voorbij was, begon ik zeer aandachtig de
Bijbel te lezen. Voordat ik de Bijbel ging lezen, waste ik mezelf, deed schone kleren aan. Ik las het met rechte houding. Ik begon te lezen vanuit het boek van Matteüs. Terwijl ik las, vond ik vele woorden zoals "vermijd alle kwaad", "doe weg alle boosheid", "lieg niet", " haat niet", "Hebt zelfs uw vijanden lief", Enzo verder...

Nadat ik enige tijd christen was, onderzocht ik mijzelf in hoever ik mij hield aan het woord van de Bijbel. Als ik iets vanuit het woord niet in de praktijk bracht, dan noteerde ik dat in mijn notitieboek. Voor die dingen, bad ik tot God, vragende of Hij mij de kracht wilde geven om het in de praktijk te brengen en ik probeerde het ook toe te passen.

Omdat ik probeerde om het woord van God toe te passen met een oprecht hart, gaf God mij Zijn genade zo dat ik het snel de dingen kon verwerpen die ik moest afleggen.

"Ik heb lief wie mij liefhebben, wie mij ijverig zoeken, zullen mij vinden" (Spreuken 8:17).

"Wanneer gij Mij liefhebt, zult gij Mijn geboden bewaren" (Johannes 14:15).

"Want dit is de liefde Gods, dat wij Zijn geboden bewaren. En Zijn geboden zijn niet zwaar" (1 Johannes 5:3).

Later, toen ik voorganger werd, realiseerde ik mij het volgende, dat je zonde kan onderverdelen in twee categorieën. De ene is 'de werken van het vlees' die we in actie brengen en de andere is 'dingen van het vlees' die we in ons denken doen. Wanneer de

'Dingen van het vlees'ontwikkeld zijn, kunnen ze naar buiten komen als de 'werken van het vlees' in actie.

Proberen om alle vormen van kwaad te verwerpen

Terwijl ik op mijn ziekbed lag, speelde ik soms het Koreaanse kaartspel met mijn buren om mijn tijd door te komen. Zelfs nadat ik Jezus had aangenomen als Heer, omdat ik het woord van God niet kende, begreep ik niet dat gokken zonde was. Zo, voordat ik een gelovige werd, was het gebruikelijk dat ik meestal won, maar sinds de tijd dat ik de

Heer had aangenomen, begon ik te verliezen en verloor hoe ik ook maar mijn best deed. Ik realiseerde mij dat God geen behagen had in het gokken en de kaartspelen, en ik overwoog om te stoppen met gokken.

Maar op een dag, kon ik de verleiding niet weerstaan en begon met de kaarten te spelen met het loon wat ik verdiend had na 15 dagen werken. Ik verloor al mijn geld, iedere cent, na de hele nacht gegokt te hebben. De volgende ochtend, probeerden zij die geld verloren hadden hun oorspronkelijk ingezette geld terug te winnen. Maar toen hoorde ik een bekend geluid buiten. Een voorganger van onze kerk was gekomen om de familie van mijn huiseigenaar te bezoeken.

Ik hoorde het, maar ik ging verder met spelen in stilte. Uiteindelijk verloor ik al mijn geld. Het geluid van de lofprijsliederen die kwam van de eigenaar, doorstak mijn hart. De voorganger ging terug naar huis, nadat hij een boodschap had gebracht. "Omdat er een voorganger kwam, zou ik de huissamenkomst bijgewoont moeten hebben in het huis van de eigenaar, en hoe kan ik nu de kerkdienst nog bijwonen met dit soort van bewust zijn? Sinds die tijd voelde ik een lijden in mijn hart. Ik verveelde mij gedurende de lofprijs diensten, en ik kon niet meer bidden. Daarvoor, was ik blij, zelfs als ik aan het werken was als constructie werker, maar er kwamen geen dankzeggingen meer uit mijn mond. Ik voelde me alleen maar gekweld in mijn hart. Twee weken gingen voorbij, op een nacht opende ik het venster en keek naar buiten. Ik kon Tooksum zien en de rivierzijde van Han River. Enkele elektrische lichten schenen in het rivierwater, en deze lichten leken op rode kruisen. "Wat gebeurde er?" Terwijl ik mij vreemd voelde, keek ik opnieuw, en de lichten leken op rode kruisen op een lijn geplaatst "Waarom zien de lichten eruit als kruisen en niet zoals ze er uitzagen als voorheen?" Het was op dat moment dat de God van liefde mij Zijn genade gaf van boven, en ik herinnerde mij dat ik de voorganger van de kerk die ons huis kwam bezoeken had moeten welkom heten. Maar, mijn hart was bezet met het geld dat ik verloren had en ik had mezelf verborgen voor de voorganger. Ik had de huissamenkomst niet bijgewoond. Ik bekeerde me roepende en huilende. "God, ik zal nooit meer die kaarten aanraken." Nadat ik mij volledig bekeerd had, gaf God mij opnieuw de volheid van de Heilige Geest die ik verloren had. Doordat de muur van zonde tegen God gevallen was voelde ik me alsof ik kon vliegen. Het was een moeilijke tijd gedurende twee weken, maar ik realiseerde me volkomen hoe beangstigend het is om naar de wereld te kijken. Ik ben ook gestopt met het gokken.

Gebed om de zonde in je gedachten te verwerpen

De 'werken van het vlees' die in actie worden uitgevoerd, kunnen gemakkelijk weggeworpen worden als we een degelijke standvastigheid hebben. We kunnen gewoon stoppen met te doen wat de Bijbel ons zegt om niet te doen en gewoon doen wat de Bijbel ons zegt om te doen. Maar ik ondervond moeilijkheden betreffende twee dingen. Het ging over haat en overspelige gedachten. Deze gedachten kwamen, zonder dat ik het wilde, dus ik kon het niet helpen, maar maakte mij er zorgen over.

Op dat moment, waren er vele mensen tegen wie ik wraak wou nemen. Dan waren er mijn broers, die geweigerd hadden om mij geld te lenen om een kleine kamer te huren, toen ik op mijn ziekbed lag. Mijn schoonmoeder, die mij haar 'gehandicapte schoonzoon' noemde; en de familieleden van mijn vrouw die mij verachtten omdat ik niet in staat was om geld te verdienen. Ik had een diepe haat naar al deze mensen. Alles wat ik kon denken was, "Wanneer ik gezond ben, ga ik veel geld verdienen en ze laten zien hoe rijk ik ben!"

Het leek wel of het niet makkelijk was om je vijanden lief te hebben, toen ik zoveel haat en vijandigheid had tegenover de familieleden van mijn vrouw. Een ander ding was het overspelige denken. Jezus zei dat wanneer we een vrouw aankijken en overspelige gedachten hebben, we reeds overspel met haar gepleegd hebben in ons hart. (Matteüs 5:28). Ik had geen overspel gepleegd, maar mijn gedachten waren echt opgewonden wanneer ik naar de foto's van mooie actrices keek.

Wanneer we de zondevolle natuur van ons denken opwinden door te kijken naar foto's, films, internet of vrouwen op de straat, en wanneer we steeds meer tijd besteden om het in ons op te nemen, is dat dan niet overspel in de ogen van God? Ik was ervan verzekerd dat ik andere woorden in de Bijbel kon onderhouden, maar ik moest me zorgen maken over deze twee dingen.

Maar gedurende de opwekkings samenkomst, zei de spreker dat we antwoord kunnen ontvangen op alles wanneer we echt bidden met geloof. Ik geloofde dat er niets onmogelijk was met geloof, en ik begon te vasten en te bidden om deze zondevolle natuur van mijn hart af te werpen.

"God, laat mij alstublieft niet meer dat overspelig denken hebben of enig gevoel, om het even welke vrouw ik zie."

Voordat ik de Heer aanvaardde, hing ik enkele foto's of kalenders op in mijn huis met foto's van actrices. Maar sinds de tijd dat ik het woord van God kende, hing ik niets meer van dat soort dingen in mijn huis op. Ik vastte en bad totdat ik de zondevolle natuur van een overspelig denken had afgeworpen. Ik wilde God de glorie geven met Zijn zegeningen. Ik wilde dat God mij een oudste maakte in de kerk, zodat ik in staat zou zijn de hulpbehoevende te helpen met de door God gegeven financiële zegeningen. Ik wilde helpen in het zendingswerk en God de glorie geven door de zegeningen die Hij mij gegeven had zoveel ik maar wilde. Nadat ik verhuisd was naar het huis met een bijgevoegde kamer voor een winkel, opende ik een kleine cosmeticazaak. Mijn vrouw deed de inkoop van de cosmetica en ik onderhield de winkel. Mijn broers keken naar mijn improviserende toestand en boden hulp aan zodat ik ook nog iets anders kon doen, maar ik weigerde. "Nadat God mij gereinigd heeft, zal Hij mij zeker zegenen." Als ik de hulp van mijn broers had aangenomen vanwege mijn nood op dat moment, wat kon ik dan zeggen tegen mijn broers, als het in de toekomst God is die mij financiële zegen heeft gegeven?

Ik moest hun hulp weigeren alleen al om te leven naar de wil van God. Mijn broers zouden zeker zoiets als dit gezegd hebben.

"Welke zegeningen van God? Het kwam omdat wij jou geholpen hebben toen je hulp nodig had, dat je het overleeft hebt."

Drie jaar om het overspelig denken te verwerpen

De cosmetica winkel kon draaiend blijven zonder veel kapitaal. Om te verhuizen naar een grotere winkel, vastte ik drie dagen en bad. Nadat het vasten voorbij was keek naar een shop dichtbij het Keumho Dong Theater. Ik vond het mooi en tekende het contract. Ik opende een nieuwe winkel, en omdat het dichtbij vele bars was, waren vele van mijn vaste klanten dames die werkten in die bars.

Een bepaalde dame ging altijd naast mij zitten als ze in de winkel kwam. Wanneer ze dat deed, stond ik onmiddellijk op. Als een vrouw verleidelijk handelde, vermeed ik haar. Hun reacties varieerden. Mijn hart werd helemaal niet meer geschud.

"Kijk je op mij neer omdat ik in een bar werk?"

"Ben jij van steen gemaakt? Heb jij geen gevoelens?"

"Kom alstublieft en zie mij op mijn werk en ik zal je gratis drankjes geven."

Er waren vele soorten van verleidingen, maar ik liet mijn hart niet toe om er in te trappen. Ik weigerde elke toenadering en dat werd mijn kracht. Later, kon ik merken dat deze zondevolle natuur van overspelig denken volledig was verdwenen. Zoals ik gebeden had, werd het mijn kracht toen ik de verleidingen overwon met mijn daden, en het overspelige denken was ontworteld. Het was het antwoord dat ik uiteindelijk ontving na drie jaar, vanaf de tijd dat ik begon te bidden om het overspelige denken van mijn hart te verwerpen.

Mijn enige wens

De Bijbel zou maar één antwoord mogen hebben

Mijn diepste verlangen was om de woorden in de Bijbel volledig te begrijpen en ik wilde ze ook naleven. Dus, iedere keer wanneer ik hoorde dat er een opwekkings samenkomst was, ging ik erheen om Gods genade te ontvangen.

Omdat er vele verzen waren in de Bijbel die ik niet begreep bezocht ik ijverig deze samenkomsten. Tijdens de boodschappen, was ik heel gelukkig dat ik het woord van God kon begrijpen. Ook, omdat er altijd samenkomsten werden gehouden in de gebedscentrums, ging ik naar deze samenkomsten.

Maar omdat er vele gedeeltes waren die moeilijk waren om te begrijpen, vroeg ik de vragen aan mijn voorganger. Maar voor sommige vragen, had hij ook geen duidelijk antwoord.

"Voorganger, met welk boek kan ik het snelste een duidelijk

begrip krijgen wat God wil?"

"Broeder Lee, als je echt de Bijbel wilt begrijpen, kan je Bijbelse commentaren lezen, die de bijbel uitleggen en vertalen." Ik was zo blij om dat te horen. Ik had zoveel schuld op dat moment en het was moeilijk voor mij om maar zelfs een penny te sparen, maar op de een of andere manier had ik toch het geld om een Bijbels commentaar te kopen. Ik las de commentaren terwijl ik bad op de berghelling, maar sommige gedeeltes waren nog steeds moeilijk om te begrijpen. Ik kon geen echt diep begrip krijgen, en ik voelde me gefrustreerd. De commentaren getuigden niet echt over de waarheid van Gods woord, maar sommige gedeeltes werden zelfs beschouwd als zijnde een mythe. Ook, door verschillende uitleggingen, nam het eerder het geloof weg. Later, las ik ook andere commentaar boeken, maar ieder boek had een andere uitleg. De Bijbel moet toch een antwoord hebben, maar de commentaren brachten mij alleen maar meer in verwarring.

God, leg mij alstublieft de woorden van de Bijbel uit!

In 1976, het was toen ik echt de wil van God wilde begrijpen dat in Zijn woord staat. Ik hoorde een verrassend iets van een ander kerklid die terugkwam van een opwekkingsdienst die gehouden werd te Daegu.

"Een voorganger vastte twee maal 40 dagen, en er verscheen een engel aan hem en legde hem de Bijbel uit in drie jaar." Het moment dat ik dat woord hoorde, begon mijn hart te branden, en ik voelde alsof er vuur op mij kwam. Het mag dan wel absurd geklonken hebben dat een engel het woord van God uitlegde, maar ik kon het geloven. Ik had een denken om te geloven en te bidden. Sinds die tijd, begon ik zonder ophouden tot God te bidden.

"God, ik geloof alle 66 boeken van de Bijbel. De Bijbel is het woord van God geschreven door de inspiratie van de Heilige Geest, dus geef mij Uw inspiratie en leg mij alle 66 boeken uit. Of geef mij de uitleg door een engel, of Heer, kom tot mij en geef mij begrip."

Wanneer er gedeeltes waren die ik niet begreep vanuit de Schrift, zou ik niet in de gelegenheid zijn om Gods wil te begrijpen. Alleen maar wanneer ik de ware betekenis van de Bijbel verstond, zou ik in staat zijn om te leven overeenkomstig de wil van God. Alleen maar wanneer we het Woord van God juist begrijpen, kunnen we Zijn woord volkomen onderhouden.

Omdat ik zo wanhopig was om de betekenis van Gods woord op de juiste manier te begrijpen, bad ik ijverig. God leidde mij om veel te bidden en bewoog ook mijn hart om te vasten. Wanneer ik geen werk had in het constructie bedrijf, ging ik de berg op en bad. Mijn gebeden vroegen God om mij de Bijbel uit te leggen. Zo ging het vele jaren door.

God's fijngevoelige handen

Binnen een paar maanden, leerde ik hoe een winkel te beheren, en met het geloof wat ik had, voelde ik me alsof ik alles kon doen. Met de winkel die ik op dat moment had, kon ik nauwelijks winst maken, maar ik kon er ook niet meer van verwachten. Ook al had ik niet veel geld, omdat ik geloof had om alles te doen, wilde ik mijn zaak vergroten. "God laat mij verhuizen naar een betere plaats."

Op de derde dag sinds wanneer ik ervoor bad, kwam er iemand naar mij toe en vroeg of ik mijn zaak wilde verkopen aan hem. Op dat moment was hij de eigenaar van een grotere winkel. Ik verkocht mijn winkel aan hem voor een bedrag van 150,000 won (150 dollars) en aanvaardde 50,000 won voor de kosten van de meubilering, ik had 100,000 won winst. Nadat mijn vrouw en ik gevast hadden gedurende drie dagen, bezochten we een andere winkel in een dichtbijzijnd gebied. Daar was een winkel die zeer goede omzet had, en het was tehuur voor een prijs van 500,000 won, inclusief de premie en de huur. Dus, ik maakte een contract met de 100,000 won die ik had, maar ik moest nog steeds 400,000 won meer betalen. Het was een hoog bedrag voor mij in die tijd. Gedurende die tijd, herinnerde ik mij twee kerkleden, en vroeg mijn vrouw om wat geld van hen te lenen. Maar ze weigerden onmiddellijk. Mijn vrouw leende 150,000 won van onze buren, maar we konden de overige 250,000 won niet bij elkaar krijgen. We vroegen het nog steeds aan de eigenaar van het gebouw, en we maakten een overeenkomst om intrest te betalen over de 250,000 won.

Kerkleden moeten geen geld lenen aan elkaar. Later, begreep ik het woord van God en de reden waarom God mij niet toestond om geld te lenen van mijn kerkleden. Het is omdat het niet de wil van God is om te lenen of uit te lenen onder kerkleden. Zelfs bloedverwanten worden vijanden vanwege geld. En wanneer we lenen of uitlenen in de kerk, kan de vijand duivel gemakkelijk te werk gaan, daarom wil God niet dat we dit doen. Zo, gedurende mijn bediening, leer ik mijn kerkleden om niet te lenen of uit te lenen onder elkander. Maar ik kon zien dat enkele leden ongehoorzaam waren en leenden onder elkander, en ze vielen in beproevingen en moeilijkheden. Wij, als broeders in het geloof, zouden eigenlijk geen enkele schuld mogen hebben, behalve de schuld om elkander lief te hebben. Met de winst die we maakten uit de winkel, konden we de intrest betalen van onze schuld, maar we konden nooit alle schuld af betalen. Er waren veel mensen in de binnenstad die boekenwinkels beheerden op grote schaal zoals bedrijven. Ik bad tot God vanwege mijn droom om een grotere winkel te krijgen.

Geleid naar de weg van financiële zegeningen

Op dat moment, in de Keumbo Dong markt, was er een bekende winkel. Het was bekend dat de omzet van de winkel de hoogste van het gebied was. Die winkel stond nu te huur, en alleen de premie was al 1 miljoen won (1,000 dollars) en dan was er ook nog de huur. In die tijd, was een arbeidersdagloon slechts 1,500 won (15 dollars), dus dat was echt een hoog bedrag voor mij. De eigenaar zei dat hij het kon laten zakken tot 950,000 won, maar niet minder dan dat. Maar later, kwam ik te weten dat er gedurende 20 dagen sinds de dag dat ik er geweest was, niemand meer geweest was om de winkel te bezichtigen. Iemand zei me dat ik wel een deal kon sluiten met de eigenaar, omdat hij het snel wou verkopen, vanwege persoonlijke omstandigheden. Ik had slechts 500,000 won. Het was eigenlijk onmogelijk om een deal te maken met dat geld. Na een hele nacht ernstig bidden, ging ik naar hem toe om een deal te sluiten. Ik vroeg hem om mij de winkel te geven voor 500,000 won, omdat het alles was wat ik had. Hij dacht even na voor een ogenblik en zei dat hij een deal wou maken voor 550,000 won.

Uiteindelijk, hebben we een contract getekend voor 500,000 won. Ik stemde in om de borg te betalen met de maandelijkse huur. Dus verhuisden we naar de winkel in de Keumho Dong Markt. En vanaf het moment dat we de winkel openden, kwamen er vele klanten. Vele mensen begonnen te zeggen dat ze die winkel ook zo graag hadden gewild, maar ze wisten niet dat het te huur was. Enkelen van hen, stelden voor dat wanneer ik de winkel aan hen zou geven, ze mij een premie van 1.2 miljoen won zouden geven. Toen iemand kwam met een premie van 1.3 miljoen won, sprak ik erover met mijn vrouw, omdat we zelfs een huis konden kopen met dat geld. Maar we voelden ons er niet goed bij om het onmiddellijk over te geven nadat God ons geleid had naar deze plaats in Zijn wil.

Dus, we besloten dat we onze schulden zouden terug betalen van de winst die we maakten vanuit die winkel. In juli 1977, openden we de winkel en begonnen de zaak. Op zondag was het gesloten, en we stonden niet toe dat er studenten in de winkel kwamen die dronken of rookten. Omdat mijn gezinsleden altijd lofprijsliederen zongen thuis, konden de mensen de lofliederen horen in de winkel. Er kwamen meer klanten dan bij de vorige eigenaar. We hielden de winkel open gedurende de dag en 's nachts baden we. Dat was onze dagelijkse routine.

Getraind worden om de stem van de Heilige Geest te onderscheiden

Bij Osanri Gebedshuis

Als een hert dat verlangt naar waterstromen, zo dorstig was ik naar het verstaan van Gods woord, nog dieper. In 1977, woonde ik een samenkomst bij in Osanri Gebedshuis. Het was daar dat ik Gods stem voor de tweede keer hoorde. Ik luisterde naar een boodschap die gepreekt werd door een voorganger, en hij zei, "Sinds God ons de wijsheid heeft gegeven om medicijnen te maken, is het Gods wil voor ons om naar het ziekenhuis te gaan en medicatie te nemen." Ik kon het niet aanvaarden met een 'Amen.' Het was heel verschillend met mijn ervaringen met de Almachtige God die in staat is om alles te doen. Na de dienst, ging naar een gebedskamer en riep het ernstig uit in gebed, "God, is het Uw wil om medicijnen te nemen of niet?"

Ik weet niet hoeveel tijd er voorbij ging. Plotseling hoorde ik de stem van God zeggen, "Kijk naar 2 Kronieken hoofdstuk 16." Ik opende de Bijbel en het ging over koning Asa van Israël. In de vroege jaren van zijn regering, vertrouwde Hij alleen op God. Derhalve, won hij alle oorlogen en had een periode van vrede. Maar in een later stadium van zijn regering, vertrouwde hij niet meer op God, maar op andere legers. Hij verloor in oorlogen, en hij zette zelfs een profeet in de gevangenis die hem zijn fouten aanwees. Toen ,werd Asa ziek in zijn voet. Zij ziekte was ernstig, maar zelfs in zijn ziekte zocht hij de Here niet, maar de dokters, en hij stierf twee jaar later. Door dit hoofdstuk, was ik er zeker van dat God wil dat Zijn kinderen standvastig geloof hebben en alleen op Hem vertrouwen, en niet hun geloof en vertrouwen in de wereld hebben.

Training om de stem van de Heilige Geest te horen

De stem van God en de stem van de Heilige Geest moet onderscheiden worden. In mijn geval, werd de stem van God alleen maar gehoord tijdens hele bijzondere gelegenheden.

Ik had het slechts enkele keren gehoord. De stem van de Heilige Geest kan steeds meer en meer duidelijker gehoord worden wanneer we Jezus Christus aannemen, de Heilige Geest ontvangen en vurig bidden om de zonden, het kwaad en de vleselijke gedachten te verwerpen.

Ik begon de stem van de Heilige Geest te horen vanaf de tijd dat ik een nieuwe gelovige werd. Eens toen ik de kerk samenkomsten bijwoonde, stond God mij toe om training te ontvangen om de stem van de heilige Geest te horen. Tijdens de Zondagmorgen dienst, had ik een sterk aandrang in mijn hart, terwijl ik aandachtig aan het luisteren was naar de boodschap. Ik werd gedrongen om 30,000 won te geven aan een voorganger in de kerk. Ik kwam tot het besluit, "God, ik zal 30,000 won bij elkaar krijgen en het geven aan de voorganger!"

Ik maakte een besluit om het zo te doen tijdens de samenkomst. Maar nadat de dienst voorbij was en toen ik buiten de kerkdeuren was, kwamen er andere dingen in mijn gedachten. In werkelijkheid, was 30,000 won heel veel geld voor mij. Ik dacht dat als ik het zou hebben, ik het hem zou geven. Maar waar zou ik het geld vandaan halen? Dat gezin leek het beter te hebben dan het mijne. Misschien had ik nutteloze gedachten tijdens de samenkomst, maar ik dacht er niet meer aan.

Maar de volgende dag, bezocht de schoonmoeder van de voorganger, die een senior diaken was van de kerk, mijn winkel die gelegen was in Keumbo Dong Mark. "Mijn dochter was de hele nacht in barensweeën. Toen ze naar het ziekenhuis moest, hadden we dringend 30,000 won nodig. Ik heb het moeilijk gehad om al het geld bij elkaar te krijgen. Ik had nauwelijks het geld bij elkaar en ben naar het ziekenhuis gegaan. Ze had een hele moeilijke tijd in de barensweeën." Ik was echt geshockeerd om het van haar te horen. "Senior diaken, in feite, terwijl ik in de dienst was zondagmorgen, bewoog de Heilige Geest mijn hart, maar ik heb niet gehoorzaamd. Ik dacht dat het maar gewoon een gedachte was en ben het vergeten. Maar dit is waarom het er was."

Ik heb mij onmiddellijk bekeerd, en een besluit genomen om de volgende keer te gehoorzamen. Ik dacht, "ik hoor de stam van de Heilige Geest, maar ik heb niet gehoorzaamd en het heeft dit resultaat gebracht." Als ik de stem had gehoorzaamd, zou ik gemakkelijk de 30,000 won hebben gehad, die God al had voorbereid en het gezin van de voorganger zou die hele nacht niet zo geleden hebben, vanwege het geldbedrag. Ik zou overvloedige zegen ontvangen hebben voor mijn gehoorzaamheid aan God. Ik had spijt dat ik niet gehoorzaamd had door mijn eigen gedachten te gebruiken. Sinds die tijd, door meer van deze soort trainingen, werd ik bekwaam om de stem van de Heilige Geest te onderscheiden en de stem van mijn gedachten.

Het belang van gehoorzaamheid leren

Ik heb mij ook gerealiseerd door een ervaring dat het gehoorzamen aan Gods stem zeer belangrijk is. Ik diende de kerk ijverig, en op een dag riep mijn voorganger mij. Hij zei, "We hebben een tekort aan zondagschoolonderwijzers. Waarom geef je de kinderen geen les?" Ik antwoordde negatief, "Voorganger, het spijt me. Ik ben er niet zeker van dat ik kinderen kan onderwijzen. Ik heb geen ervaring in het bijwonen van Zondagschool. Ik zal het doen nadat ik meer zekerheid heb." Ik wist dat ik de voorganger had moeten gehoorzamen, maar ik voelde me zo onbekwaam, dat ik het voorstel weigerde. Ik had me nooit kunnen inbeelden dat zo'n klein ding een grote muur van zonde zou worden tussen God en mij. Ik bad vurig, "God, geef mij de gave van spreken in tongen."

Toen, zag ik ander mensen vloeiend in andere tongen spreken, en ik benijdde hen. Ik bleef bidden om de gave te ontvangen van het spreken in andere tongen, maar ik kon het niet ontvangen. Op een dag, hoorde ik dat ik gemakkelijk de gave van tongen kon ontvangen in Han Ol San Gebedsberg. Ik ging er heen en woonde de samenkomst bij, maar de gave kwam niet op mij. Maar in de boodschap van de spreker, Pastor Chun Suk Lee, zei hij al lachend, "Zelfs mijn hond spreekt in andere tongen, dus degene die niet de gave van spreken in tongen hebben ontvangen, zijn niet beter dan mijn hond." Na de samenkomst, voelde ik me niet meer dan een hond en schopte tegen een steen die voor mij lag. Ik at zelfs geen middagmaal en ging de vallei in. Ik hield me vast aan een boom en bad tot God om mij de gave van tongen te geven. Maar plotseling ging er iets door mijn gedachten als een flits. Ook al had ik geen zekerheid, ik had "ja" moeten zeggen toen mijn voorganger vroeg om een zondagsschoolonderwijzer te zijn. Mijn gehoorzaamheid in aanmerking nemend, God zou mij geholpen hebben als ik had gehoorzaamd. Maar ik was ongehoorzaam.

"God, vergeef mij alstublieft mijn ongehoorzaamheid aan het woord van mijn voorganger. Ik zal nooit meer ongehoorzaam zijn."

Zodra ik het mij realiseerde, begon ik mij te bekeren vanuit het diepst van mijn hart. Toen, plotseling begon ik in andere tongen te spreken. Dat was het waar ik zo naar verlangd had! "God, dank U!" Ik begreep eindelijk dat gehoorzaamheid beter is dan offerandes en hoe het God behaagt als we gehoorzamen. Door deze ervaring, heb ik opnieuw besloten om Gods wil onvoorwaardelijk te gehoorzamen zonder te denken aan de realiteit van de situatie. Maar voor mij, die zich heel diep gerealiseerd heeft de belangrijkheid van gehoorzaamheid, was er een ding wat echt heel moeilijk zou zijn voor mij om te gehoorzamen.

Hoofdstuk 4

God's roeping

God, hoe kan U nu een persoon zoals mij kiezen?

Op een dag in Mei 1978, terwijl ik in gebed was, hoorde ik de stem van God als gedonder zeggen,

"Mijn dienaar die Ik heb gekozen sinds het begin der tijden! Ik reinigde je gedurende 3 jaren, en wapen jezelf nu met het Woord voor nog 3 jaar. Ik zal je gebruiken. Jij zal de bergen, rivieren, en zeeën oversteken om het evangelie te verkondigen, en Ik zal bij je zijn en jij wordt Mijn dienaar om aan alle naties te laten zien, door tekenen en wonderen, dat Ik de levende God ben."

Zijn heldere en duidelijke stem vervolgde,

"Ik heb je gekozen voor het begin der tijden, en sinds je in de moederschoot was, Ik zag toe op je, met Mijn ogen vol licht en Ikzelf leidde je tot op dit moment. Je

vrouw kan voor de winkel zorgen, en begin nu aan de weg om Mijn dienaar te worden. Je zult meer verdienen dan wanneer jullie zouden samenwerken. Het geld in je geldbuidel zal nooit op zijn, en je rijstpot zal nooit leeg zijn, maar overvloedig. Je zal de behoeftigen helpen. Het is God die je op de laagste plaats zette. Het is ook God die je tot nu toe leidde, en Hij zal je leiden van nu af aan. Je zal begrijpen waarom Ik je op de laagste plaats zette. Met Mijn Kracht, til Ik je op naar de hoogste positie. Jij hield eerst van Mij, meer dan van je ouders, je kinderen, of zelfs je vrouw. Je hield alleen van Mij. Daarom, geef Ik je een goede, geschudde, overlopende maat terug, honderdvoudig en meer."

Ik luisterde naar deze woorden in de volheid en met de inspiratie van de Heilige Geest en ontving het met een "Amen". Maar toen ik er nog eens aan terug dacht, was het echt iets ongelooflijks. Mijn droom tot toen was dat ik een oudste zou zijn die degene zou vinden en helpen die aan dezelfde ziektes en armoede leden zoals ik had gedaan. Dus, had ik tot op heden voor iets verkeerds gebeden? Ik had zoveel schuld af te lossen en het bleef een moeilijke taak om elke dag de eindjes aan elkaar te knopen. Ik had zelfs geen goed geheugen. Dus hoe zou ik nu theologie op een seminarie kunnen gaan studeren? Wat zou er met mijn familie gebeuren? Ik had voortdurend zorgen aan mijn hoofd. In mijn situatie kon ik niet gehoorzamen, maar het Woord was te groot om niet te gehoorzamen. Het enige wat ik kon denken was, "Als het Uw wil is, laat me dan Uw stem nog eens horen."

Ik sprak erover met mijn vrouw, en ik liet de zaken van de

winkel volledig aan haar over.

"Bestond er enige kans dat ik mij vergist had in het horen van Gods stem? Is er iets wat verkeerd kon gaan?" Ik begon te twijfelen of ik Gods stem wel gehoord had. Ik begon opnieuw tot God te bidden. "God, ik heb gebeden om een oudste te mogen worden, maar U zegt mij om Uw dienaar te worden! Ik ben zo'n introvert persoon dat ik me zelfs niet kan voorstellen om voor andere mensen te prediken. En ik ben al redelijk oud. Ik heb geen goed en sterk geheugen, en ben niet goed in beproevingen." Maar, omdat God me nog steeds wilde als Zijn dienaar met deze beperkingen, vroeg ik Hem, "Alstublieft, laat me Uw stem nogmaals horen."

Ik ging naar het gebedscenter om Gods stem nogmaals te horen. Ik bad een week, maar er kwam geen antwoord. Ik ging naar enkele dienaren, die de naam hadden om accurate profetische woorden te geven, maar er was geen profetisch woord voor me. Ik dwaalde rond van gebedplaats naar gebedplaats in de bergen en bracht hartverscheurende dagen door om uit te vinden of het werkelijk Gods wil was dat ik zijn dienaar zou worden, speciaal als voorganger. Drie maanden gingen er voorbij, ik gaf bijna op en ging in wanhoop terug naar huis. Op zaterdag kwam mijn voorganger me bezoeken in de winkel. Het was mijn beurt om het gebed te leiden, maar ik had niet het vertrouwen om het te doen. Ik zei hem rechtuit, "Pastor, ik heb gedurende vele maanden geen antwoord ontvangen. Ik kan dit gebed echt niet doen in de zondagsdienst". Hij zei alleen, "Diaken, ook als is dit zo, je hebt het maar te doen."

De stem van God horende

Mijn voorganger zei me dat ik het gebed moest leiden tijdens de dienst, maar ik kon geen 'Amen' zeggen vanuit mijn hart. Nadat we klaar waren in de winkel die dag, sloten we af en gingen weg. Omdat het hard regende, besloten mijn vrouw en ik om thuis te bidden in plaats van naar de kerk te gaan. Om middernacht, legden we een deken op de vloer, knielden, en begonnen God te aanbidden. Ik bad met mijn ogen dicht, maar plotseling in een visioen, leek de hemel zich te openen en er kwam licht naar beneden vanuit de hemel.

Het leek alsof het dak weg was en alles wijdt open. En toen, zoals geschreven staat in het boek Openbaringen, hoorde ik De stem die waardig was en wat leek op het geluid van vele wateren, maar heel rustig en duidelijk zei, "Doe morgen de gebedsdienst". Het was een antwoord, maar het was zo anders dan mijn gebeden om een dienaar te worden van de Heer. Deze keer, was de stem warm, aangenaam, autoritair en moeilijk om niet te gehoorzamen. Toch was het vervuld met veel liefde en dankbare vriendelijkheid.

Ik voel de stem nog steeds heel duidelijk, maar het is niet uit te drukken met woorden. Ik hoorde enkel deze stem en alle wanhoop smolt weg als sneeuw. Alle vleselijke gedachten verdwenen en ik was vervuld met de Heilige Geest. Ik was zo vervuld met de Geest dat mijn lichaam voelde zo licht als een veertje, zodat ik dacht dat ik kon vliegen. Ik voelde alsof ik door het dak kon gaan als ik dat wilde. Vreugde, dankbaarheid en blijheid kwamen uit het diepst van mijn hart. Op dat ogenblik, dacht ik bij mezelf dat dit gevoel hetzelfde zou zijn als wanneer we opgenomen worden, als de Here terugkomt.

Toen ik mijn ogen opende, was het licht verdwenen, en het plafond was zoals het altijd geweest was.

Mijn vrouw, die naast me zat, had de stem niet gehoord, maar ze was ook vervuld met de Heilige Geest, en ze was zich ervan bewust dat ik Gods stem had gehoord in het heldere licht. We prezen God de hele nacht en gaven Hem de glorie in gebed.

Vervuld zijn met de Heilige Geest

De volgende morgen vroeg, ging ik naar de kerk en keek het dienstrooster na. Ik werd nog steeds verondersteld te bidden voor de dienst. Na de ervaring van de vorige nacht, voelde mijn lichaam nog steeds aan alsof ik vloog terwijl ik zat. Het was zo onvoorstelbaar, verbazingwekkend! Vanaf het ogenblik dat ik begon te bidden door de microfoon, waren mijn lippen niet langer mijn lippen. De Heilige Geest veroverde mijn hart en gedachten helemaal. Vanwege de inspiratie van de Heilige Geest beefde ik tijdens het gebed. Met duidelijke inspiratie, kwam het gebed in mijn gedachten als een vloedgolf, en zelfs als ik het wilde, kon ik niet stoppen.

Het was voor mij ook verrassend, want het gebed berispte de kerkleden omdat het zei,

"Wee, jullie die de tienden van God stelen. Jullie mensen met koppige harten die God niet danken! Jullie zeggen dat jullie in God geloven, maar jullie geloof is tevergeefs."

Ik had mezelf nauwelijks onder controle toen ik langer dan 10 minuten bad. In die tijd, als er iemand langer bad dan drie minuten voor de dienst, werd er gemopperd dat het te lang was. Ik ging terug naar mijn plaats na het gebed, maar ik kon de voorganger niet meteen aankijken. Ik wist niet wat te doen. Het enige wat ik kon denken was, "Wat nu, hoe durfde een diaken de hele kerkelijke gemeente berispen!"

Maar nadat de dienst voorbij was, kwam de voorganger naar mij en zei, "Ik was ontroerd door uw gebed." Hij gaf meestal niet zo'n opmerking, maar ik voelde me nog altijd verlegen en probeerde stil en snel weg te gaan, maar vele mensen begonnen me te groeten en zeiden,
"Diaken, je was helemaal geïnspireerd door de Heilige Geest. Ik werd bewogen door je gebed."

Met alleen gehoorzaamheid

Eindelijk had ik zekerheid dat God me werkelijk riep als Zijn dienaar. Ik beleed al zeggende, "Vader, omdat U mij riep als Uw dienaar, zal ik deze weg gaan. Maar God, U zorgt voor alles waar ik bezorgd om ben, zoals de theologische school, mijn geheugen, en nog veel meer."
Op 36 jaar, was ik overtuigd dat God me riep als Zijn dienaar, en ik huurde meteen een kamer om zelfstandig te wonen. Het was vijf minuten van mijn huis. Ik vastte en las zorgvuldig de Bijbel, en ik bad tot God dat hij me een efficient en sterk geheugen zou geven. Ik wilde het vlees met zijn begeertes en verlangens kruisigen. Ik besloot om alleen de wil van God te volgen als Zijn dienaar. Het was niet gemakkelijk om me af te zonderen van het gezin, maar het werd allemaal gedaan onder de leiding van de Heilige Geest. Ik raadpleegde

mijn voorganger van de Oksu Dong Kerk, de Kerk waar ik toen naar toe ging. Ik besloot om te beginnen met de Sung-Kyul (Heilige) Theologische Seminaar en ik begon te studeren voor het toelatingsexamen.

Eindelijk was het zover en deed ik examen. Ik beantwoordde de vragen overeenkomstig de Bijbel. Maar over andere onderwerpen, wou ik geen onduidelijke antwoorden geven, dus schreef ik enkel mijn naam op en gaf blanco papieren zonder antwoord terug. In het vraaggesprek, vroeg de deken van het seminaar waarom ik blanco papieren, zonder antwoord, had terug gegeven, behalve die aangaande de Bijbel. Ik vertelde hem de toestand waardoor ik mijn geheugen kwijt was geraakt.

"Hoe kun je nu voorganger worden, zonder goed geheugen?" vroeg hij.

Ik antwoordde, "God stuurt me om deze richting te gaan met mijn leven."

"Wel, je hebt een perfect resultaat van 100 punten van het Bijbel examen!" zei hij.

Ik was de enige met een score van 100 procent op het Bijbel examen. Omdat ik foutloos 100 punten ontvangen had voor het Bijbel examen, was ik geslaagd, en werd ik toegelaten. Ik was werkelijk geslaagd voor het toelatingsexamen ondanks mijn zorgen voor de toegang tot het seminaar.

God laat ons oogsten wat we gezaaid hebben

Het leven op het seminaar

Gods dienaren moeten hun leven leiden, dat zichtbaar verschillend is van de rest van de wereld.

Maar mijn seminare klasgenoten volgden de gangbare trent van de wereld. Na de lessen, kwamen ze bijeen in koffiehuizen om over wereldse zaken te praten. Tijdens vakanties, in plaats van te bidden en de Bijbel te lezen, spraken ze over hoe ze zichzelf konden vermaken. Ik adviseerde hun om hun tijd niet zo te verspillen maar om zich te concentreren op gebed, maar niemand schonk er aandacht aan. Natuurlijk, was ik alleen en stond apart van de rest van mijn klasgenoten.

In 1979, begon ik het seminaar op 37 jarige leeftijd, en vanaf mijn eerste jaar, bad ik tot God om me de naam te geven van de Kerk die ik zou beginnen. Mijn zus zei dat ze me zou helpen om een Kerk te openen, dus keek ik op verschillende plaatsen, maar er kwam niets van terecht.

God een plezier doen door te sparen voor het Hemelse Koninkrijk

Ik geloofde dat God me liet oogsten wat ik mocht zaaien en het me terug betaalde overeenkomstig mijn gedrag, dus probeerde ik altijd te sparen voor het Hemelse Koninkrijk. Zelfs toen ik werkte als constructie werker, en genade mocht ontvangen in een opwekkingsdienst, dankte ik Hem vanuit mijn gehele hart. Als ik niet genoeg geld had, deed ik een belofte aan God om het binnen een bepaalde tijd te geven. Natuurlijk, gaf ik wel de offers die ik beloofde. Wanneer ik niet het geld had om de beloofde offers te betalen, nam ik een lening om er zeker van te zijn dat wat beloofd was aan God, Hij dat ook kreeg.

Wanneer ik voor God kwam, stond ik er nooit met lege handen. Telkens wanneer ik inkomsten had, gaf ik meer dan één tiende als tiende. Ik gaf vaak twee of drie tienden van mijn inkomsten. Ik voelde het nooit als verlies om aan God te geven, dus ik wilde niet berekenen wat ik aan Hem gaf.

Op een dag, bezocht mijn voorganger me thuis. Hij was niet op de hoogte van onze moeilijke financiele situatie en schulden, hij legde uit dat de Kerk in nood was, en vroeg of we onze offers konden verhogen voor de wederopbouw van de Kerk. We gingen akkoord, en zeiden, "Amen, we zullen het doen". Met vreugde voldeden we aan het verzoek van de voorganger, dus moesten we er nog een andere lening bij nemen. We probeerden onze zegen te halen in de hemel op deze manier.

Op Zijn tijd, opende God de poort van zegeningen.

Gods wil volgen, zelfs in kleine zaken

Er was iemand die met regelmaat boeken leverde voor mijn winkel, en hij was verbaasd dat mijn winkel 's zondags altijd gesloten was. Hij zei dat mijn winkel failliet zou gaan. Ondanks dat het een kleine zaak was, was God blij met onze zaak en zegende ons enorm omdat we de rustdag respecteerden en omdat we onze tienden en offers gaven.

De winkel was altijd vol van 's morgens vroeg tot 's avonds laat. Vele mensen kwamen om iets bij te leren van ons en het nieuws verspreidde zich naar nabijgelegen delen van de stad. Maar ze werden nog nieuwsgieriger omdat we elke zondag gesloten waren en omdat dat niet eenvoudig was. We hadden geen materiaal voor volwassenen en het was er strikt verboden te roken. Dus, we hielden een goede en gezonde omgeving. Dat is waarom vele van de goede studenten naar onze winkel kwamen.

Wat was het geheim voor het succes van de winkel? Ik ontving de zegeningen van God omdat we de winkel 's zondags sloten en naar de Kerk gingen, en zo antwoordden we iedereen die het ons vroeg, maar het bleef moeilijk voor de ongelovigen om het te begrijpen.

Terwijl we de winkel deden, konden we bij vele klanten evangeliseren. Toen ik een Kerk opende, kwamen zij met me mee en werden de eerste leden van de jonge volwassen zendingkerk.

Verschillende maanden na de opening van de zaak, konden

we al onze schulden terug betalen, wat normaal gesproken teveel zou zijn voor ons om zo snel terug te betalen. Het was voor ik naar het seminaar ging. We betaalden alle schulden terug en nu konden we in vrijheid offers geven aan de Kerk waar we heen gingen. We probeerden de families in nood te helpen. Wanneer we een picknick hielden in het seminaar, maakte ik voor de professor en de studenten de lunch klaar. Op zondagen, zorgden wij voor de maaltijden van de koorleden. In het geheim hielpen we die seminaar studenten die het moeilijk hadden. Wij woonden in een huurhuis, maar ten tijde van Feesten en speciale vieringen, had ik mijn vrouw om in de stad toezicht te houden. Als een familie te arm was om zelf eten te bereiden voor een Feest, liet ik haar rijst cake en voedsel geven aan hen, zelfs al waren het ongelovigen. Het was niet omdat we het financieel goed hadden. We deden het door ons geloof. Nadat we zo hadden gezaaid, liet God ons de volgende dag datgene wat we hadden gezaaid oogsten, door te voorzien met meer inkomen dan op normale dagen.

God maakte me wakker tijdens de 200 - daagse gebedsnachtwake

Nadat ik God had aangenomen, maakte ik nooit een overeenkomst met de wereld, in wat voor situatie ook. Ik probeerde Gods wetten zo goed mogelijk te volgen naarmate ik God's Woord begreep. Tijdens de vier jaar van deelname aan de seminaar school, bad ik veel 's nachts en vastte vaak. Tijdens de vakanties, pakte ik mijn spullen op om naar de bergen te gaan om te bidden. Ik bracht mijn meeste vakanties door in gebedshuizen in de bergen. Op andere momenten, deed ik vaak beloftes in nachtelijke gebeden. Ik bad van middernacht tot vier uur 's morgens, en was nooit te laat voor het gebed, zelfs geen minuut.

Na gebeden te hebben, kwam ik terug naar mijn kamer en ging om vijf uur slapen. Maar ik moest om zeven uur opstaan. Mijn dochter Miyoung, die leerling was op de lagere school, bracht me het ontbijt om 7:20 u. Na het ontbijt, nam ik mijn lunch mee en ging naar school. Na de lessen kwam ik terug naar huis. Ik moest het werk thuis doen. Soms moest ik ook voor de winkel zorgen. Er was veel te doen. Omdat ik voortdurend dit leven leidde, werd ik moe. Ik ging slapen om 5 uur, en het was dus moeilijk om dan om 7 uur op te staan. Dus, maakte de Heer me wakker om 7 uur.

"Papa!" hoorde ik mijn dochter me roepen met het ontbijt.

"Ben jij dat, Miyoung?" Ik hoorde zeker mijn dochters stem, dus deed ik de deur open, maar er was buiten niemand. Ik zocht haar, maar ik kon haar nergens vinden. Er waren 20 minuten voorbij toen ik mijn gezicht gewassen had, en arriveerde Miyoung. De volgende dag ook, om 7 uur, hoorde ik, "papa", ik opende de deur en er was niemand. Op dat moment wist ik dat God me wakker maakte door een engel.

Maar zolang dit voortduurde werd ik er minder gevoelig voor. Uiteindelijk, kon ik niet opstaan zelfs als ik de stem hoorde roepen, "papa!" Toen, gebruikte God een andere manier. Ik hoorde het geluid van vele voetstappen van mensen bij mijn deur, en wanneer ik de deur opende om te kijken was er niemand. Het was precies 7 uur.

Terwijl ik offerde maakte ik een belofte om 100 dagen de hele nacht te bidden. Op de 90st dag, kreeg ik nieuws dat mijn schoonvader overleden was. Ik ging met mijn vrouw naar het huis van haar ouders in Mokpo. We baden daar samen van middernacht tot 4 uur 's morgens.

Na de begrafenis, kwamen we terug naar huis, en vulden de rest van de dag met het gebed dat we beloofd hadden, maar ik was niet tevreden. Ik voelde dat God niet tevreden was. Dus begon ik opnieuw met een belofte om 100 dagen de hele nacht te bidden en beëindigde het. Daarna was het dus 200 dagen gebed gedurende elke nacht geworden.

Gooi dat geld in de wc

Mijn familie was zich heel goed bewust dat ik niets zou aanvaarden dat tegen het woord van God was. Maar er was een zondag dat mijn vrouw en drie dochters wat wilden kopen om te eten nadat we de dienst hadden bijgewoond. Mijn vrouw trachtte van mijn gezicht af te lezen wat ik dacht en zei :

"De kinderen willen een snack. We willen wat kopen om te eten."

"Dochters, willen jullie echt wat om te eten?" vroeg ik.

"Ja!" riepen ze allemaal verlangend.

Mijn drie dochters dachten dat ik het juist die dag zou toe staan, ook al wisten ze dat het zondag was. Ik zei hen, om me het geld te brengen uit de lade. Ze brachten het geld om er snacks mee te kopen.

Toen zei ik hun, "Jullie gaan alle drie naar de wc en gooien dit geld daar weg." Ze gooiden een paar honderd won weg (een paar duizend won, of een paar dollars aan de waarde van vandaag) en kwamen terug.

"Weten jullie waarom ik dit jullie liet doen?"

"Ja, we weten het." Zeiden ze alle drie.

Ik ging verder en zei "Zondag is de sabbatsdag. God verbiedt om dingen te kopen of te verkopen. Moeten jullie Gods gebod geweld aandoen? Als jullie niet kunnen weerstaan aan de verleiding om wat te eten, dan zal er een tweede en derde keer volgen. God zal er niet blij mee zijn. Jullie deden de sabbat al geweld aan door nog maar te komen vragen om snacks te kopen. Dat is omdat jullie in jullie hart al snacks aan het kopen en eten waren. Dat is waarom ik jullie zei om het geld weg te gooien. Nadien, bekenden mijn drie dochters dat deze situatie hen diep in het hart geraakt had, waardoor hun geloof groeide.

Mensen dringen binnen

Omdat de winkel op de hoek van een drukke straat gelegen was, waren het niet alleen onze klanten maar ook voorgangers en mensen van de kerk die ons regelmatig bezochten. Terwijl ik het seminaar bijwoonde, maakten enkele diakenen een afspraak voor een pastoraal gesprek met me. Ze vertelden me dat enkele gelovigen een soort van geldkas wilden maken in de kerk. Ik adviseerde hen zich niet bij de groep te voegen, en zei het volgende:

"Jezus zei dat Gods tempel het huis is voor gebed en berispte de handelaars die spullen verkochten in de tempel. Het is niet juist om iets te doen om geldelijke winst te maken in de kerk. God zegt ons om geen schulden te hebben behalve de schuld van de liefde, dus moeten we geen geld uitlenen in de kerk. Als je geld hebt betrokken in een relatie, begint Satan te werken en krijgt de kerk de problemen."

Al gauw, zorgde de geldkas voor vele problemen en bracht de kerk in een moeilijke situatie. Sinds ik de kerk opende, verbood ik elke vorm van handel, en het doel speelde geen rol. Ik heb de leden altijd geleerd om geen financiele transacties te doen onder gelovigen.

Het nieuws over de raad dat ik had gegeven verspreidde zich snel onder de mensen die me bezocht hadden, en er kwamen veel mensen om advies te ontvangen. Een gelovige was kaal en zij kwam met een zakdoek op haar hoofd. Maar na enkele maanden mijn gebed ontvangen te hebben, groeide haar haren opnieuw en kon ze de zakdoek van haar hoofd verwijderen.

Er was ook eens een gelovige die soms naar waarzeggers ging en zich niet hield aan de Sabbat. Hij kreeg een verkeersongeluk en kwam naar mij. Hij vroeg me om voor hem te bidden omdat hij na het ongeluk zoveel pijn had. Nadat ik vurig voor hem bad, bekende hij dat zijn pijn verdwenen en genezen was.

Door de Sabbat te respecteren, erkennen we de geestelijke autoriteit van God. Dus, God beschermt je de hele week tegen elke vorm van ongeluk. Maar, als je de Sabbat niet onderhoud, dan kan de God van rechtvaardigheid je niet beschermen.

En zeker, sinds hij naar waarzeggers gegaan was pleegde hij geestelijke overspel tegenover God. God haat dat.

Ik probeerde geloof te planten bij de mensen die me bezochten met het woord van God. Op de weg naar een gebedshuis op de berg, om een antwoord te krijgen op dit probleem, stopte er een voorganger om me onderweg te bezoeken. Na zijn bezoek kon hij terug naar huis gaan in vreugde, hij kreeg antwoord, en zijn probleem was opgelost. Ik begeleidde zoveel mensen in die tijd dat ik vaak geen tijd meer over had om naar het seminaar te gaan. Wanneer ik thuis was, drongen de mensen samen rond en in mijn huis om raad en gebed te ontvangen. Dat is waarom ik mijn spullen bijeen moest pakken om naar de bergen te gaan in mijn vakantie tijd. Ik moest mensen vermijden om me te kunnen concentreren op het Woord en gebed als een seminaar student.

Zoveel vasten door de inspiratie van de Geest

We kunnen zonde verwerpen zelfs in onze gedachten

In augustus 1979, tijdens de zomervakantie in mijn eerste jaar aan de theologische school, nam ik deel in de zomerschool van voorgangers van de Canaän Agricultuur school met en bedienende voorganger van mijn kerk. Water sprong omhoog van een fontein,bij een heldere blauwe lucht. Ik hoorde sommige voorgangers met elkaar praten. Ik was verrast om hen te horen praten over zoveel wereldse zaken. In die tijd, dacht ik dat alle voorgangers heilig waren zoals God. Ik was zo verrast en teleurgeteld om hen te horen praten over zulke onderwerpen in hun gesprekken als:

"Ook al zijn we voorgangers, we kunnen niets doen aan de zondige natuur van een overspelig denken en de gedachten die eruit voortvloeien. Dus, volgens mijn mening en geloof is het geen zonde."

"Dat is juist," antwoordde een andere, "De zonde is begaan wanneer we het werkelijk actief doen. De gedachte alleen kan geen zonde zijn."

Ik was sprakeloos want ik had de zondige natuur van een volwassene al vergeworpen door te vasten en te bidden voor ik naar het college voor theologie ging. Omdat de wortels van de zonde uitgebannen waren, kon de vijandige duivel en Satan me niet langer op deze gedachten brengen. Zou God ons het gebod gegeven hebben om geen overspel te plegen als we ons er niet aan zouden kunnen houden? Waarom zouden ze zulke dingen zeggen als ze geloofden dat de zonden verworpen kan worden door gebed en vasten? Jezus zei dat iedereen die naar een vrouw kijkt met begeerte, al overspel heeft gepleegd met haar in zijn hart. Ook, zei Hij dat niets onmogelijk is voor hen die geloven, dus kunnen we zonden verwerpen door ertegen te vechten tot bloedens toe.

Ook, wanneer de studenten van het theologie college naar deze zaak vroegen bij de professor, zei hij ook dat mannen er niets aan kunnen doen, aan de gedachte zelf, dus de gedachte alleen is geen zonde. Ik besloot om te gelovigen te leren dat we zonden kunnen verwerpen als we Gods genade en Kracht ontvangen.

"God, dank U wel. Als ik lang geleden niet gehoord had, dat we overspelige gedachten niet kunnen verwerpen uit ons hart, dan zou ik het gewoon opgegeven hebben en het verder gedaan hebben, de zonde van overspel in mijn gedachten. Maar U laat het me proberen en bidden om te leven naar Gods woord, en

U maakt het mogelijk om de overspelige zonde te verwerpen door gebed en vasten. Dank U, God!"

Ik kwam erachter dat vasten Gods wil is

Nadat ik naar het theologie college gegaan was, bad en vastte ik veel gedurende 3-, 7 -, 15 -, en 21 dagen. Toen ik pas gelovig was, wist ik zelfs niet waarom ik moest vasten, maar ik volgde enkel de leiding van de Heilige Geest en vastte. Toen ik diaken werd, leerde ik waarom ik moest vasten, en wat het nut ervan was. Dus als ik onwaarheden in me vond, vastte ik voor 3 -, 5 -, en 7 dagen om het te verwerpen. Bijvoorbeeld, toen ik ontdekte dat ik de gewoonte had dat liegen in mijn aard lag, begon ik onmiddellijk met 3 dagen te vasten. Dus, omdat het zo moeilijk was om zo te vasten, kon ik sneller alle leugens en andere onwaarheden verwerpen.

Het is belangrijk voor ons om herstellend voedsel te eten na het vasten. Nadat we een tijd gevast hebben, moeten we herstellend voedsel gebruiken. Dat is zoiets als granenpap, een dunne rijstpap of havermoutpap. Je zou het even lang moeten gebruiken als de vastentijd. Als resultaat, had ik niet veel dagen dat ik vastvoedsel at. Ik had een continuïteit van evenveel vasten als eten. In de opwekking dienst die ik de eerste keer in mijn leven bijwoonde, leerde ik over vasten gebed, maar ik wist niets over herstellende voeding. Ik wist niet echt waarom ik moest vasten, maar door de leiding van de Heilige Geest, was ik vastberaden om 7 dagen te vasten, en ging ik naar de Chung-gye berg met een deken en de Bijbel.

Een kleine afstand van het gebedscentrum, waren er enkele

privé plaatsen genoemd 'gebedsruimte' voor individueel gebed. De plaats was vochtig en op de vloer lagen houten planken met gaten, dus insekten kropen er rond. Ik riep het uit in gebed en eindigde eindelijk met 7 - dagen vasten daar. Toen ik de berg afdaalde bibberden mijn benen, maar ik was gelukkig dat ik het vasten had volbracht. Toen ik bij de bus aankwam, zag ik een verkoper op straat die gebak en donuts verkocht. Ik nam een paar donuts en ging naar huis.

"Schat, geef je me wat te eten"

Mijn vrouw maakte een maaltijd voor me klaar, en ik bad, "Ik geloof dat het goed zal verteren," en nam 2 kommen rijst. Het kon heel erg zijn voor de maag, maar het verteerde goed. Enige tijd later, hoorde ik dat er een Osanri Gebedshuis was opgericht in Paju, Kyeong-gi Do. Ik ging daar ook naartoe om te vasten en te bidden. Terwijl ik een samenkomst bijwoonde tijdens een 3– daagse vastentijd, hoorde ik hoe het nodig was om wat ze noemden, "herstelvoedel" te gebruiken. De pastor vertelde dat we licht en zacht eten moesten eten, zoals havermoutpap, of pap en groenten. Maar, ik had er een andere mening over.

Nadat ik thuis kwam na het vasten, nam ik een gewone rijstmaaltijd na te bidden, "Ik geloof dat het goed zal verteren" Maar plots, zwelde mijn gezicht op en ik kreeg andere lichamelijke problemen met mijn lichaam. Ik knielde onmiddellijk neer en bad ervoor. Ik hoorde de stem van de Heilige Geest.

"Hij sprak over dingen zonder geloof. Moet een mens met geloof herstelvoedsel nemen?" Ik had er vragen over.

Het voordeel van het vastengebed

Vastengebed is een belangrijk onderdeel in het ontvangen van antwoorden op onze gebeden, en het heeft vele voordelen. Eerst, is het zeer moeilijk om te vasten om dan herstelvoedsel te nemen voor een zekere tijd zonder dat ons lichaam ongehoorzaam wordt. Als we vasten snijden we onszelf af van het vleselijke en winnen we kracht om onszelf te beheersen. Onze geest wordt activer en het helpt ons om beter op te groeien als een geestelijke mens. Ook lichamelijk, kan de maag rusten, en is het beter voor de gezondheid. De geest wordt helderder, dus is het voor beide goed, geestelijke en lichamelijke gezondheid. Zoals onze geest meer actiever wordt, zullen we gevuld worden met de volheid van de Heilige Geest, en kunnen we kracht ontvangen van God. Door vurig gebed, zullen we antwoorden ontvangen op verschillende problemen en deze gebeden kunnen zelfs opkomende beproevingen verhinderen. God werkt voor het beste van alles.

Ik vastte even veel als dat ik at, maar ik veranderde nooit van gedachte als ik besloot om te vasten met gebed. We kunnen God vertrouwen als we onze belofte houden bij God. Als we antwoord ontvangen door gebed en vasten, neemt ons geloof toe, en ontvangen we moed en kracht in ons leven. Het is de snelle weg om echte ervaringen te beleven in het Christelijke leven en een goede manier om een overwinnend leven te hebben in geloof.

Daarom is vasten en gebed de wil van God en het is de beste manier om het koninkrijk van God te vervolmaken in rechtvaardigheid.

De manier om vasten en gebed te offeren

Vasten en gebed is bidden zonder iets anders in ons lichaam te nemen dan enkel water. Het is namelijk bidden met het soort van vastberadenheid dat zegt, "Kom ik om, dan kom ik om." Dus moeten we met lange termijn vasten niet langer bezig zijn dan 10 dagen, niet zorgeloos, maar goed overwogen moeten we de wil van God volgen door de leiding van de Heilige Geest.

Jesaja 58: 6 zegt, *"Is dit niet het vasten dat ik verkies: de boeien der goddeloosheid los te maken, de banden van het juk te ontbinden, verdrukten vrij te laten en elk juk te verbreken?"*

De banden van het slechte verwijzen hier naar al de problemen die veroorzaakt zijn door weg te gaan van Gods woord. Namelijk, als we een God welgevallig vasten offer brengen, zullen al onze problemen opgelost worden. Maar, sommige mensen houden een 40- dagen vasten tijd in eigen kracht en hebben problemen omdat ze niet beschermt zijn door God. Dus, welk soort van vasten zou God welgevallig zijn?

Ten eerst, moeten we het doen met een onveranderd hart.

Eens we hebben beslist hoeveel dagen we zullen vasten, moeten we het halverwege niet veranderen. We moeten niet halverwege stoppen of opgeven omdat het zo moeilijk is. Als je moet stoppen om onvermijdelijke redenen, moet je de hele periode opnieuw overdoen, om de tijd te vervolmaken welke je in een belofte met God maakte. Als je een belofte maakt met God, en het veranderd omwille van de één of andere reden, hoe kan God dan van je houden en je vertrouwen? Wat we ook beslisten voor God, daar moeten we ons aan houden. Door het zo te doen, leren we volharden, en kunnen we vertrouwen opbouwen met God. Door het zo te doen, kunnen we de wil van God volgen.

Ten tweede, moeten we het uitschreeuwen in gebed terwijl we vasten

Sommige mensen bidden niet goed en hebben de neiging om te slapen terwijl ze vasten.

Deze manier van doen zonder eten heeft geen nut. Alleen als we het uitroepen in gebed zal God ons Zijn genade schenken en de kracht om ons vasten voort te zetten. Hij geeft ons ook antwoord op ons gebed en zegent ons.

Zoals we gewoonlijk drie keer per dag eten, moeten we onze gebeden minstens drie keer per dag offeren tijdens ons vasten. Op deze manier, kunnen we worden voorzien van het geestelijke voedsel en levend water van boven om gevuld te worden met de Heilige Geest en de duivel zal weg gaan. In het geval van een lange – termijn vasten, moeten we minstens vijf keer per dag bidden, om het geestelijke brood van God te ontvangen. Verder, is ons vasten niet enkel een uiterlijk vertoon. Als we aan ons hart scheuren en bidden vanuit de diepte van ons hart, dan kan God ons genade en kracht geven (Joël 2: 12 – 13).

Ten derde, moeten we ons niet vermaken.

Jesaja 58: 3 zegt, *"Waarom vasten wij, als Gij er toch niet op let: verootmoedigen wij ons, als Gij er toch geen acht op slaat? Zie, op uw vastendag doet gij zaken en drijft gij al uw arbeiders aan."* Als je TV kijkt, boos wordt, of anderen lastert tijdens het vasten, dan kan God het niet met vreugde ontvangen, dus moet je geen antwoord verwachten. Daarom moeten we afstand doen van vermaak, gesprekken die geen zin hebben, of iets onwaars doen. Het is met dit soort hart dat God blij kan zijn.

Ten vierde, als we bidden, moeten we eerst bidden voor Gods koninkrijk en Zijn gerechtigheid.

Als wij bidden met hebzucht en onze lusten volgen, aanvaardt God onze gebeden niet. Dus kunnen we geen antwoorden ontvangen. Eerder, zal het vasten ons lichaam schaden, dus moeten we zeer voorzichtig zijn. We moeten niet bidden voor onze roem, wereldse autoriteit, of kennis, maar alleen om heilig te worden en zuivere vaten voor Gods gebruik te zijn. We moeten bidden om meer zielen te redden, om meer van Gods kracht te krijgen, en om gaven van de Heilige Geest te ontvangen. God zal onze gebeden met vreugde ontvangen wanneer we bidden voor het Koninkrijk Gods en Zijn gerechtigheid en voor de voorgangers van de kerken.

Ten vijfde, moeten we bidden met geestelijke liefde

Jesaja 58: 7 zegt " *Is het niet, dat gij voor de hongerige uw brood breekt en arme zwervelingen in uw huis brengt, ja, als gij een naakte ziet, dat gij hem bekleedt en u niet onttrekt aan uw eigen vlees en bloed?* " God zal blij bezorgd zijn wanneer Zijn kinderen stoppen met eten om tot Hem te bidden. Als zij goed handelen en liefde tonen voor anderen, hoe liefdevol zullen zij dan zijn in Gods ogen? Hij zal het vasten dan met meer vreugde aanvaarden en sneller antwoord geven.

Ten zesde, we moeten goed herstellend voedsel nemen.

Nadat we ons vasten beëindigen, moeten we het herstellend voedsel nemen over dezelfde periode zoals we gevast hebben om het vasten compleet te maken. Als we het herstellend voedsel juist gebruiken, kunnen we winnen aan zelf – discipline. Het zal ons lichaam niet schaden, maar het eerder gezonder maken, en onze geest zal meer heldere inzichten verkrijgen.

Sommigen zeggen, "Ik heb een sterke maag, dus moet ik geen herstellend voedsel nemen." Maar dit is een vergissing. Als we goed herstellend voedsel gebruiken, maakt God zwakke magen sterker, en geneest kleinere kwalen en ziektes in deze periode.

Zelfs als we het vasten tot een goed einde hebben gebracht, en we gebruiken geen goed herstellende voeding, zullen we onze energie erdoor verliezen, ons lichaam wordt beschadigd, en we kunnen enkel problemen hebben. Ook moeten we tijdens de herstelperiode niet werken of andere arbeid verrichten. Er kan ook een beproeving volgen meteen na het vasten, dus is het beter om ervoor te bidden tijdens het vasten.

Goed herstellend voedsel

Als we teveel eten tijdens de herstelperiode, zal ons gezicht opzwellen, en het is niet goed voor de maag, dus moeten we voorzichtig zijn. We eten gewoonlijk drie maaltijden per dag, maar als we herstellend voedsel gebruiken van zachte rijstpap of havermout, kunnen we er vier keer per dag een kop van nemen.

We moeten vlees vermijden, eieren, brood, koolzuurgas houdende dranken, en sterk voedsel zoals olie, kruiden, zout of zuur voedsel. We moeten voedsel vermijden met MSG en kruiden. Het is beter om groenten te eten.

Na 3 dagen vasten, kunnen we rijstpap nemen, maar na een lange periode van vasten, wordt de maag als een maag van een pasgeboren baby. Dus, voor tenminste twee dagen, moeten we erg verdunde rijstsoep nemen wat bijna is zoals water. Neem het ongeveer vier keer per dag. Misschien kunnen we ook appelsap drinken, alleen het sap, vier keer per dag.

Na 3 tot 4 dagen, kunnen we wat dikkere rijstsoep nemen. Later kunnen we er rijstpoeder aan toevoegen of gekookte pompoen bij de pap, en de hoeveelheid mag vermeerderd worden. Aan de andere kant moeten we vlees vermijden, en moeten we geen MSG toevoegen. Als we vlees willen, kunnen we wat vis nemen dat licht gezouten is.

Sommige soepen met enkel groenten zijn ook goed. Het is vooral zo wanneer we het vlies van sesamzaad verwijderen en het toevoegen aan de rijstpap. We kunnen de energie sneller herstellen en we voelen ons gezonder als we dit herstelprogramma volgen.

Bidden voor de leiding van de Heilige Geest

Ik was introvert. Als er iemand naast me zat, kon ik niet hardop bidden. Dat is waarom ik de hele nacht alleen bad. Ongeveer 30 minuten nadat ik begon te bidden ontving ik de volheid van de inspiratie van de Heilige Geest om diepe geestelijke communicatie te hebben met God.

Soms kwam er zo'n grote inspiratie over mij dat ik begon te zingen in tongen en soms danste ik op de beweging van de Heilige Geest al zingende Halleluja.

Ik bad hoofdzakelijk voor de voorganger van mijn kerk, andere voorgangers, oudsten, en voor de opwekking van de kerk en andere zielen, voor andere kerken, voor de natie en ons volk. Naar het einde toe van mijn gebedstijd, bad ik kort voor mijn familie en de zaak. Als ik tijd had ging ik naar gebedscentrums en nam deel aan gebedsbijeenkomsten. Later ging ik naar de top van de berg. Ik dacht dat het verspilling was van tijd om te wachten tot ik mijn lunch op had, dus nam ik 's morgens een deken mee en sloeg de lunch over.

Tijdens de avond, had ik het avondeten in het gebedscentrum, en ik nam deel aan de bijeenkomst daar. Als ik een sterke neiging voelde in mijn hart om te vasten, bleef ik 's avonds ook vasten.

"En evenzo komt de Geest onze zwakheid te hulp; want wij weten niet wat wij bidden zullen naar behoren, maar de Geest zelf pleit voor ons met onuitsprekelijke verzuchtingen. En Hij, die de harten doorzoekt, weet de bedoeling des Geestes, dat Hij namelijk naar de wil van God voor heiligen pleit" (Romeinen 8: 26 – 27).

Op dat moment had ik geen idee van de Heilige Geest, ik volgde gewoon Zijn leiding en gebed. God doorzoekt de harten. Omdat de Heilige Geest bad in mij, volgde ik al biddend Zijn inspiratie.

Gods Handen bereiden de opening van de kerk voor

Beproevingen van geloof te boven komen

God stond beproevingen van het geloof toe zodat mijn familie beter in het geloof zou komen. Mijn jongste dochter, Soojin, was 6. Het was in 1980. Ze liep op straat met haar zus, en er waren jongens van de middelbare school aan het spelen met een bal. Een van de jongens draaide plots om in een poging om de bal te vangen en botste tegen Soojin. Ze viel, sloeg met haar hoofd tegen de grond en had een hersenschudding. De ouders van de student kwamen en brachten Soojin naar het ziekenhuis.

Mijn vrouw hoorde het nieuws en ging ook naar het ziekenhuis. De dokters zeiden dat Soojin naar een algemeen ziekenhuis gebracht moest worden. Hij zei dat haar hersenen ernstig beschadigd waren en dat ze problemen zou kunnen hebben met haar mentale mogelijkheden door de hersenbeschadiging. Zelfs met een operatie, was er een grote kans dat ze geestelijk gehandicapt zou zijn.

Ik was in de winkel, en ik hoorde dat Soojin ijlde. Maar omdat ik geloof had dat ze kon genezen door gebed, nam ik haar terug mee naar huis, in plaats van naar een algemeen ziekenhuis.

De moeder van de student wist niet wat te doen. Zij werkte als dienstmeid en zat financieel in een moeilijke situatie, zoals wij ook.

Nadat ik haar geruststelde, legde ik de handen op en bad voor Soojin. Ze ijlde en kreunde.

Zelfs de volgende dag werd ze niet wakker, en mijn vrouw en ik baden die hele nacht. Op woensdag, verliet ik het huis om een seminaar bij te wonen, en plots hoorde ik duidelijk de stem van Soojin zeggen, "Papa, is het vandaag geen dag om naar de kerk te gaan?" Ze was terug bij bewustzijn.

"God, dank U! U beantwoordde mijn gebed en Soojin is terug bij bewustzijn". Toen ik thuis kwam van de klas, was Soojin weg naar de kerk om de dienst van woensdag bij te wonen.

Mijn tweede dochter werd geraakt door een vrachtwagen

In 1981, was mijn tweede dochter Mikyung betrokken bij een verkeersongeval. Mikyung kwam van de bus en stak de straat over. De vrachtwagen chauffeur zag haar niet en ze werd geraakt. Ze werd op de grond gesmeten. Mensen verzamelden zich, en de chauffeur bracht haar naar het ziekenhuis.

Toen mijn vrouw in het ziekenhuis aankwam, was Mikyung's gezicht zo gezwollen dat het leek alsof ze 2 kinnen had. De binnenkant van haar mond was beschadigd. Het was verschrikkelijk. De dokters zeiden dat ze opgenomen moest worden, maar mijn vrouw bracht haar mee naar huis. Mikyung zat helemaal onder het bloed en ze kon haar ogen niet open doen. Haar gezicht was beschadigd door veel wonden en letsels. Ze kon niets eten.

Ze kon amper melk drinken, of soep opzuigen met een rietje. Wanneer ik haar mond een beetje opende en erin keek, was het verschrikkelijk. Ik bad vurig met mijn handen op Mikyung. Zelfs met al haar verwondingen, ging ze naar school. Haar leraar was geschokt en zei haar dat ze naar het ziekenhuis moest gaan. Mijn vrouw en ik vastten vurig en baden de hele nacht. Mikyung bleef naar school gaan, en na een dag zag haar gezicht blauw alsof ze blauwe plekken had, en na 5 dagen, vielen de korsten eraf en ze genas helemaal. Haar mond werd normaal, de zwelling was verdwenen, en de binnenkant van haar mond was genezen en helemaal schoon. Ze beëindigde haar brief zeggende dat ze van dan af aan naar de kerk zou gaan.

Gedurende de zomervakantie van dat jaar, ontvingen we een brief van de leraar van Mikyung. Ze zei dat ze besefte dat God leeft en dat Zijn kracht groot is omdat ze Mikyung zo snel had zien herstellen zonder het ontvangen van enige medische hulp of medicijnen.

Onze eerste dochter genas nadat mijn vrouw zich had bekeerd

In 1981 zat mijn eerste dochter op de lagere school. Gedurende de zomervakantie, had ik een vasten gebed in Osanri Gebedshuis en kwam terug. Ik vond Miyoung met steenpuisten over haar hele lichaam. Ze had een hele dikke uitslag over haar huid dat eruit zag als de schors van een denneboom, en onder de groffe kapotte huid, was de uitslag helemaal geïnfecteerd. Vanuit de scheuren in haar huid, liep er etter naar beneden. Het was afschuwelijk. Omdat ze bloedde als ze haar lichaam een beetje bewoog, moest Miyoung in een hoek in haar kamer blijven.

Omdat mijn vrouw het geloof had dat God haar zou genezen, had ze geen beroep gedaan op enig medicijn of haar naar een ziekenhuis gebracht. Ik bad voor Miyoung, maar ze werd niet genezen. Ik bad voor haar opnieuw de volgende dag, maar er was geen verbetering.

"Zie, de hand des Heren is niet te kort om te verlossen, en zijn oor niet te onmachtig om te horen; maar uw ongerechtigheden zijn het die scheiding brengen tussen u en uw God, en uw zonden doen zijn aangezicht voor u verborgen zijn, zodat Hij niet hoort" (Jesaja 59: 1 – 2).

Ik keek terug naar mezelf, en probeerde iets te vinden om berouw over te hebben, maar ik kon niets bedenken. Ik was zeker dat Miyoung niets verkeerd gedaan had. Ze was altijd een braaf meisje geweest. Mijn vrouw zei dat ze lui geweest was in haar gebedsbijeenkomst omdat ze het zo druk had, en toonde berouw erover bij God. Nadat zij berouw had getoond, bad ik voor Miyoung, en God liet dit keer zijn werk zien. De huid met lelijke uitslag dat geel zag van de infectie werd wit in één nacht en de korstjes vielen eraf. Ze was helemaal schoon nog voor de vakantie voorbij was.

Wanneer we helemaal afhankelijk waren van God, liet Hij ons geen enkele moeilijke situatie zien. We beseften dat het een beproeving van geloof was, om het geloof te versterken van mijn familie, net zoals God Job veranderde in een meer perfect mens door hem te louteren met steenpuisten, en wij bedankten God voor Zijn liefde. Voor de opening van de kerk, gaf God beproevingen door elk van mijn drie dochters om ons groter geloof te geven.

Wat zal ik doen ?

Ik erkende God in alles en vond altijd vreugde in het vragen naar Zijn wil om het te gehoorzamen. Terwijl ik de Bijbel las, was ik zeer aangeraakt doordat David voor alles op God vertrouwde.

"Hierna vroeg David de Here: Zal ik optrekken naar een van de steden van Juda? De Here antwoordde hem: Trek op. David zeide: Waarheen zal ik optrekken? En Hij antwoordde: naar Hebron." (2 Samuël 2: 1).

"Toen vroeg David de Here: Zal ik optrekken tegen de Filistijnen? Zult Gij hen in mijn macht geven? En de Here antwoordde David: Trek op, want Ik zal de Filistijnen zeker in uw macht geven" (2 Samuël 5: 19).

David vroeg God alles, zelfs de kleine dingen. Zoals een klein kind dat zijn ouders vraagt wat te doen, vroeg David en werd geleid door God. Als David God iets vroeg, vertelde God hem telkens wat te doen zoals en goede vader. Ik vroeg ook Gods wil in elke zaak, en God liet me duidelijk de stem horen van de Heilige Geest.

40 - dagen vasten

Toen ik winter vakantie had als tweedejaarsstudent aan het seminaar college in 1981, bewoog God mijn hart om een offer van 40 – dagen vasten te doen. Om naar een gebedscentrum te gaan, nam ik mijn Bijbel en een gezangboek, en nog enkel boeken met predikingen. Toen ik klaar was om te vertrekken, hoorde ik de sterke stem van de Heilige Geest:

"Neem en lees niets anders dan de Bijbel en het gezangboek gedurende de 40 dagen van vasten."

Ik pakte vlug alle andere boeken weer uit behalve de Bijbel en het gezangboek, en ging naar het gebedshuis in Osanri. Omdat het vakantie was, waren er duizenden gelovigen. Het was toen het koudst in 60 jaar. Ik nam deel aan al de officiële aanbiddingsdiensten in het gebedscentrum, en ik benoemde drie tijden om te bidden per dag ('s morgens, na de middag, en om 11 u 's avonds) Wanneer ik een gebedsruimte binnen ging en knielde, leek ik te bevriezen, maar ik riep het uit in gebed zonder één keer een gebedssessie over te slaan, zelfs niet één dag.

De gebedsruimte was vol met vrieskou en de ruimte zelf

was als een groot ijsblok. Maar omdat ik vocht om het uit te schreeuwen in gebed voor 30 tot 40 minuten, gaf God me genade en kon ik het uitschreeuwen voor een aantal uren in gebed. Omdat ik een nieuwe gelovige was, vastte ik veel, met inbegrip van 5-, 7-, 15-, en 20- dagen. Ik vastte regelmatig en nam deel aan het seminaar college ook. Ik dacht zelfs dat het 40 – dagen vasten gemakkelijk zou zijn als God me zou helpen. Ik bad voor Zijn Koninkrijk, de gerechtigheid van God en voor God om me Zijn Woord uit te leggen. Ik was geroepen als Zijn dienaar, maar ik kon niets doen uit eigen kracht, dus bad ik God vurig om Zijn kracht om voor Hem te werken. Ik bad ook voor de opening van de kerk, en God gaf me een droom van een kerk die door zending de wereld zou bereiken:

"Er zijn vele zielen die lijden aan ziektes en armoede. Laat uw kerk deze helpen in nood, geestelijk en lichamelijk genezen, en wees getuige om dit goede nieuws te prediken aan de hele wereld om de zending in de wereld te vervullen. Laat uw kerk opstaan en schijnen. Ik heb u gekozen, en Ik zal u begeleiden van het begin tot het eind. Je doet dit en je zal dit doen en eens zal je een kerk openen."

Omdat ik gedurende een lange tijd geleden had aan pijnen en ziektes, kon ik hen begrijpen die getroffen werden door ziekte. Om geloof te brengen aan ongelovigen, vele mensen te genezen van hun kwalen en ziektes, en de ketenen van ongerechtigheid te verbreken die mensen, in deze wereld vol van zonden binden, moest ik grote en onbeperkte kracht van God ontvangen, aldus ik bad,

"God, geef mij Uw kracht, zodat wanneer mensen worden aangeraakt door mijn schaduw of mijn kleren aanraken ze genezen mogen zijn, en bij het bevelen van dit woord, moet de duivel verdwijnen."

Wanneer ik zo vurig bad, ontving ik de belofte dat Hij me de autoriteit zou geven om de krachten van de vijandige duivel te laten verdwijnen. Mijn droom was om meer kracht te ontvangen van God om het goede nieuws te prediken en om geloof te planten in deze die God niet kenden en leden aan ziektes, armoede, met de zorgen van deze wereld, en om een kerk te vestigen die zou groeien en het evangelie prediken in alle hoeken van de wereld. Om deze droom van wereld zending te bereiken, moest ik onbeperkte kracht van God ontvangen, dus ik verlangde en bad om de kracht te ontvangen die mannen van God, die erkent en geliefd waren bij God zoals Mozes, Jozua, Elia en Elisa, Petrus, en Paulus ontvangen hadden om tekenen en wonderen te doen.

Dus, als dienaar van God vroeg ik niet alleen om kracht en autoriteit om de wereld te overwinnen, maar ook om de 12 gaven van de Heilige Geest te ontvangen. Maar vanaf de 6de dag, droeg God me niet. Omdat Hij me niet hielp, verstoorde de duivel me. Terwijl de 7de en 8st dag voorbij gingen, was ik duizelig en kreeg krampen in handen en voeten. Ik voelde alsof ik gek werd, en ik kon 's nachts niet slapen. Ik dacht dat ik gek werd, dus ik streed om bij mijn positieven te blijven. In een droom, gaf iemand me rijst. Nadat ik wakker werd, beleed ik dat ik zo'n droom had.

Ik dacht om ermee te stoppen omdat ik dacht dat ik God op die manier mishaagde, maar als ik toen gestopt was had ik helemaal opnieuw moeten beginnen. Dus ik streed elke dag

tegen de pijn.

Na 9 dagen, verdwenen de symptomen. Na 20 dagen, had ik zelfs niet de kracht om de Bijbel te lezen, dus kocht ik enkele preek boeken van een voorganger. Ik las een aantal hoofdstukken, maar ik had niet meer de kracht om verder te lezen. Ik ging naar de gebedsruimte, maar ik ontving niet de kracht om het uit te schreeuwen. Ik had zo'n strijd om te bidden. Ik bad, "God, geef me de kracht om het uit te schreeuwen in gebed."

Ik weet niet hoeveel tijd er voorbij ging, maar terwijl ik nog steeds worstelde was er een stem die aan mijn hart klopte en zei, *"Ik zei je geen andere boeken te nemen en lezen, dan de Bijbel en het gezangboek. Waarom las je een boek geschreven door een man?"*

Ik kwam terug bij mijn positieven toen ik de stem hoorde, en ik zei, "God, ik dacht dat dit goed was, maar ik was ongehoorzaam. Vergeef me alsjeblieft". Het was moeilijk om de Bijbel te lezen en ik dacht dat ik wel een ander boek kon lezen. Ik besefte dat het ongehoorzaamheid was en beleed het grondig. Toen, ontving ik nieuwe kracht en kon ik weer bidden.

Op de 28st dag, was ik nog vel over been. Mijn gewicht was ernstig vermindert. Op de 30st dag, waren mijn ingewanden uitgedroogd en plakte tegen elkaar, zodat, zelfs water niet naar beneden ging, en ik voelde me opgeblazen alsof ik een indigestie had. Als ik wat water dronk kwam het terug naar boven.

Als ik braakte, was er dood, zwart bloed. Ik denk dat er

enkele aders in de maag gesprongen waren, en het droge bloed kwam er mee uit terwijl ik overgaf.

Op de 32st dag, kwam mijn jongste dochter, die toen op de lagere school zat, me bezoeken. Ik deelde een kamer met vele anderen, en ik dacht dat ze van streek zouden zijn als ze me zagen braken. Ik ging terug naar huis met mijn dochter. In de kamer die ik huurde naast het huis, vastte ik verder. Het was een wisselend gevecht met mijn wil. Maar op de 39st dag om 23 uur, als een wonder, verdwenen alle pijnen, en gaf God me kracht van boven. Ik had de kracht van een volledig hersteld persoon. Dus, nam ik een bad en veranderde van kleding. Om middernacht, offerde ik een dank en aanbiddingsdienst en eindigde het vasten.

Zoals een arend zijn jong leert

Nadien, was ik benieuwd waarom God me niet vast hield gedurende mijn 40-dagen van vasten. Tot die tijd, had ik altijd gevast zonder veel moeilijkheden omdat God me vasthield en hielp. Dus vroeg ik God in mijn gebed waarom ik moest vasten op mijn eigen kracht en met zoveel pijn. God gaf me het volgende antwoordt:

"Ik draaide Mijn gezicht niet van je weg, maar het was Mijn bedoeling om je te trainen. Als je het gemakkelijke vasten beëindigd met mijn hulp, vergelijkt met een vasten op eigen kracht en geduld, is het verschil in kracht dat je wint veel groter."

Het was dat ik een vasten alleen beëindigde op eigen

kracht en wilskracht, dat ik meer kracht kon winnen en uithoudingsvermogen, en ik bij machte ben om welke moeilijkheid dan ook te overwinnen. Terwijl ik deze woorden hoorde, werd ik herinnert aan Deuteronomium 32: 11-12.

"Als een arend, die zijn broedsel opwekt, over zijn jongen zweeft, zijn wieken uitspreidt, er een opneemt en draagt op zijn vlerken, zo heeft hem de Here alleen geleid, en geen vreemde god stond hem terzijde."

Arenden maken een nest op de top van een hoge rif. Wanneer de jongen opgroeien tot op zeker hoogte, duwt de moeder arend de jongen uit het nest. Terwijl de jongen neervallen, beginnen ze instinctief hun vleugels te gebruiken om te overleven. Tijdens deze training, worden jonge arenden sterk om te overleven in de competitie van het leven, hoog vliegend in de lucht. Ik kon het niet helpen, maar huilde tranen over Gods liefde die me hard trainde, juist zoals een arend zijn jongen streng traint.

Hoofdstuk 5

Het begin van de kerk

Het woord van God voorbereiden gedurende drie jaar

Ik zuiverde je

Ik dacht aan de bedoeling van de '3 jaar'. Op 9 juli, 1974, op mijn vaders verjaardag, vond het incident plaats wat het begin van de echtscheiding was tussen mijn vrouw en mij.

En, op 10 juli, 1977 openden we een winkel in Keumho Dong Market met financiele stabiliteit. Het was precies 3 jaar, zonder één dag verschil. Omdat het seminaar college 4 jaar duurt, kon ik eerst niet begrijpen waarom God zei dat Hij bij me zou zijn met 'tekenen en wonderen' nadat ik mezelf had voorbereid op het Woord voor 3 jaar. Maar, al gauw besefte ik de bedoeling van deze woorden ook. In februari 1982, op verzoek van de voorganger van de Ilman Kerk van Masan, sprak ik er tijdens een opwekkingsdienst. Ik beëindigde mijn 2de jaar seminaar in februari 1982, dus dat was ook exact 3 jaar sinds ik begonnen was met het seminaar college. Een oudste van de kerk vroeg me,

"Pastor, kom alsjeblieft naar mijn kerk om te spreken tijdens een opwekkingsdienst."

"Ik ben zelfs geen aangestelde voorganger. Ik ben enkel een seminaar student, en hoe kan ik spreken tijdens een opwekkingsdienst? Vraag alsjeblieft iemand anders."

"Neen. Ik heb een tijd gebeden voor deze opwekkingsdienst, en God bracht u in gedachten. Het is Gods wil voor u om in deze opwekkingsdienst te spreken."

"Goed, ik zal erover bidden en u een antwoord geven."

Omdat het de eerste opwekkingsdienst was en ik nog een seminaar student was, had ik niet zoveel vertrouwen. Ik vastte 3 dagen in het Osanri gebedshuis waar mijn vertrouwen en zelfzekerheid toenam. Nadat ik weer thuis was, knielde ik neer om te bidden om de preken voor te bereiden die ik zou preken tijdens de opwekkingsdienst. Op dat ogenblik, gaf God mij 11 duidelijke boodschappen, met de te lezen passages en titels tot in detail, inclusief de boodschappen voor de ochtend bijeenkomsten. Deze inspiratie van God herinnerde me aan een boek dat ik voordien gelezen had, "Lees dit boek op van te voren, en geef het als voorbeeld." Ik was zo onder de indruk. Ik besefte weer eens dat niets onmogelijk is voor God. Ik beëindigde al de voorbereiding vanaf de introductie tot de conclusie van iedere preek. Ik sprak op de bijeenkomst en leidde de opwekkingsdiensten door Gods genade. Al de aanwezigen bedankten me en zeiden dat ze grote genade onvangen hadden. Velen getuigden dat ze het Levend Woord nog nooit eerder hadden ervaren. Het veranderde hun geest en hun problemen waren opgelost.

Beginnende met deze opwekking, werd ik in vele kerken gevraagd om te komen spreken tijdens hun opwekkingsdiensten. Telkens, volgde de Heilige Geest, als een sterke en wervelende wind, het preken van Gods werk met tekenen en wonderen. Toen God me riep als Zijn dienaar zei Hij, "Voor drie jaar, dus bereid jezelf voor met het Woord voor drie jaar."

Voor succesvolle bediening

Op het laatste van het seminaar college, waren mijn klasgenoten zich ook aan het voorbereiden om een kerk te beginnen.

Ze waren kennis en informatie aan het verzamelen over het openen van een kerk door de kerkgroei te bestuderen, conferenties, en studies over opwekkingsdiensten. Mijn klasgenoten adviseerden me "Pastor, hoe kun je nu een sterke bediening doen door de hele tijd alleen te vasten en te bidden in de bergen? Waarom sluit je je niet aan bij ons om meer te leren?" Natuurlijk, kan het nuttig zijn om informatie en kennis op te doen om een kerk te openen, maar ik dacht er anders over.

Ik wilde niet de menselijke methodes leren, maar Gods methode op gebied van kerkgroei zoals in de Bijbel. Als ik in de Bijbel lees, de vaders van het geloof zoals Petrus en Paulus, die trachten altijd, op elk moment te bidden. Ik begreep het woord van God door te mediteren over de Bijbel, en preekte ijverig het evangelie.

Vanaf Handelingen 8: 26, ging Filippus in de wildernis onder de leiding van de Heilige Geest en ontmoette er een Ethiopische eunuch, een gezant van het gerecht van Candace, koningin van de Ethiopiërs. Hij was verantwoordelijk voor al haar schatten. De eunuch las de schriftgedeeltes van Jesaja en hij wilde het begrip hebben van Gods Woord. Dus Filippus onderwees hem over Jezus, en doopte hem. Ook, de Apostel Paulus wilde in Azië prediken, maar de Heilige Geest liet hem niet in Azië prediken, maar leidde hem naar Macedonië. (Handelingen 16: 6–10)

Wat geopenbaard werd in de overdenking van het Woord was dat God zelf zijn dienstknechten leidt en begeleidt. Voor een succesvolle bediening, besefte ik dat een diepe communicatie met God en Zijn wil volgen uiterst belangrijk zijn. Dat is waarom ik bad telkens wanneer ik tijd had, en probeerde het Woord van God geestelijk te begrijpen.

Mijn vrouw die met liefde voor zielen zorgt

In maart 1982, nadat het 40-dagen vasten voorbij was, en ik ook klaar was met mijn herstelvoedsel, startte er een nieuw academisch jaar. In het nieuwe jaar, werden de groepen opnieuw ingedeeld bij de kerk waar ik naartoe ging. Mijn vrouw werd de dienstleider van een groep en Diacones Aeja Ahn werd groepsleider. We hadden vijf leden in onze groep. Tegen april, groeide het aantal leden tot 25.

Mijn vrouw beëvangeliseerde de mensen heel ijverig en

zorgde voor de leden. Ze had ook een tijd voorzien thuis om elke dag te bidden met Diacones Aeja Ahn. Gedurende deze bidstonden werden problemen in de familie opgelost, en er werd tot meer familieleden geëvangeliseerd, dus was er grote opwekking. Bovendien, omdat mijn vrouw een goede kok was, kookte zij tijdens elke samenkomst heerlijke maaltijden en bediende de leden.

Op zondagmorgen, stuurden we onze drie dochters naar elk huisgezin met hetvolgende bericht, "Vandaag is de dag om naar de kerk te gaan, dus kom alsjeblieft naar ons huis tegen 10 uur." Als ze niet kwamen tegen 10 uur, gingen mijn kleine dochters opnieuw naar hun huis en klopten op de deur hun aansporend om samen naar de kerk te komen.

In sommige gevallen, konden ze mijn dochters het niet weigeren en kwamen ze. Dus, op zondagen, waren er zowat 30 leden die naar de kerk kwamen. Mijn vrouw zorgde heel liefdevol voor hen en het was op die manier dat ze zichzelf trainde als vrouw van een voorganger.

Met zeven dollars

Iets wonderbaarlijks gebeurde

Omdat ik een ouderjaars werd in het seminaar college op 1 maart, verloor mijn winkel die altijd vol met klanten was, plotseling alle klanten. Het was er volledig leeg. Eerst, keek ik terug of we een muur van zonden tegen God hadden begaan, en dacht alles de volgende dag goed zou zijn. Maar het was hetzelfde. Mijn vrouw en ik baden tot God, maar er kwam geen antwoord. Omdat we geen inkomsten hadden, werd de maandelijkse huur voor de winkel afgetrokken van de borg. Later kwamen we erachter dat het Gods voorziening was. We sloten de winkel om een kerk te beginnen op 25 juli, en tegen die tijd was de borgsom op. Na alle belastingen betaald te hebben, hadden we nog 7 dollar in onze handen. God draaide alles om in het niets van wat we in de wereld verdiend hadden, en liet ons de kerk openen met maar 7 dollar.

Mensen komen met ziektes

Waarom is Miyoung's moeder altijd gelukkig?

Omdat ik op een moment nog enkel wachtte op de dood, begon mijn vrouw haar Christelijk leven toen ze me zag genezen van al mijn ziektes. Ze was nu altijd blij en vol van vreugde. Zelfs als we niets te eten hadden de volgende dag, bleven we dankbaar. Of ze nu de afwas deed of wat ze deed, ze zong altijd aanbiddingsliederen. Wie ze tegenkwam, ze vertelde over haar ontmoeting met de levende God en predikte het evangelie. Ze bracht elke dag door in de volheid van de Heilige Geest.

Voor de opening van de kerk, verspreidde het nieuws zich onder mijn familie en er kwamen meer mensen om mijn gebed te ontvangen. In april 1982 bezocht een gelovige me. Ze was zo dun als vel over been. Ze zei dat ze niet snel had kunnen wandelen omwille van een aangeboren hartziekte.

"Pastor, 3 dagen na de geboorte van mijn kind, begon mijn lichaam op te zwellen en werd mijn conditie slecht. Ik kan zelfs de baby niet vasthouden." "Ontvang het gebed met geloof. God zal je genezen."

Zij ontving éénmaal gebed en werd genezen van haar hartkwaal. Zij is de oudste Diaken Seong Ja Kim, thans een groot liefhebber van gebed en lid van onze kerk. Op een andere dag, bezocht een vrouw van middelbare leeftijd onze winkel. Ze zei dat ze het nieuws over mijn familie hoorde en me gevonden had. Ze had een dochter van over de 20, en haar heupbeen was ontwricht. Haar benen verschilden in lengte, dus kon ze niet behoorlijk lopen. De pijn dat ze ervoer was opgelopen tot op het punt dat ze morfine moest nemen. Nu was ze aan de morfine verslaaft, en hielp het niet meer. Zelfs heel sterke pijnstillers werkten voor haar niet. Haar moeder vroeg me om voor haar te bidden. Ik had een aanbiddingsdienst bij haar thuis. De Heilige Geest bewoog me om 21 dagen voor deze familie te bidden.

In die tijd nam ik deel aan het seminaar, en deed ik ook de hele nachtgebeden, maar ik predikte nog steeds het Woord van God en bad voor hen gedurende 21 dagen. Toen, kwam de dochter langzaam tot geloof, en ze stopte met het nemen van alle medicijnen. Ze begon alleen af te hangen van God. Op de 20st dag, verdween al haar pijn. En de volgende dag, zei ze het volgende:

"Pastor, dit huis is zo oud en er zijn veel ratten op de vliering en de zoldering. Dus, maakten ze altijd geluiden. 's Nachts, kwamen de ratten op de kamers lawaai maken. Ik had er een moeilijke tijd door. Maar, vorige nacht had ik een droom en toen ik 's morgens wakker werd gebeurde er iets fantastisch!"

Er waren zoveel ratten, dat ze rattenvergif gebruikte en nog allerlei dingen om van hen af te komen, maar niets hielp. Zij was vooral steeds nerveus, en onrustig door de pijnen.

's Nachts kon ze niet slapen van het lawaai van de ratten. Maar, gedurende de nacht, droomde ze over het ontvangen van mijn gebed, en zodra ze het gebed ontving, verdwenen de ratten van verschillende grootte in groepjes, en tenslotte, een heel grote rat die op een koning leek, verdween ook. Toen, verdween op slag alle pijn, en in werkelijkheid verdwenen al de ratten van de vliering. Deze zuster was zo verbaasd en verwonderd door het werk van God dat ze haar emoties niet kon verbergen. Verschillende dagen erna, kwam de moeder van deze jonge vrouw naar me toe en zei, "Pastor, mijn dochter is stervende! Kom alsjeblieft onmiddellijk en bid voor haar!"

Het was midden in de nacht dat ik bij haar thuis aankwam. Haar dochter kromp ineen van op de vloer de pijn. Ze had 3- dagen gevast, en na het vasten, had ze eigenlijk 3 dagen herstelvoedsel moeten gebruiken, maar direct na het vasten nam zee en gebraden kip. Ze had een acute indigestie. Toen ik mijn hand op haar legde en bad, door de inspiratie van de Heilige Geest kon ik duidelijk een bot zien in haar maag en ik kon zien dat het bot oploste. Zodra het bidden voorbij was, gaf ze over wat ze gegeten had. Ze haalde eens diep adem en haar gezicht werd normaal.

Een zuiver vat maken

Ik vastte heel regelmatig en deed mijn best en vocht tegen alle stormen van de duivel, om alle geboden vanGod te bewaren. Ik begon de 9 vruchten van de Heilige Geest voort te brengen en ik vond dat ik heel sterk de kracht en gaven van de Heilige Geest begon te vertonen. Rond deze tijd, dat is, nadat ik zeven jaar tot God gebeden had om me duidelijk Gods wil te laten verstaan, zond God een profetes naar me toe. In april 1982, bezocht een vrouwelijk lid me tegen wie mijn vrouw evangeliseerde en zei,

"Pastor, in het midden van de nacht, riep iemand drie keer mijn naam, dus opende ik mijn ogen. Het was zo'n helder licht dat het moeilijk was om mijn ogen te openen, God verscheen en zei, 'Ik zal jou kiezen, je bekend maken in naties, en je Mijn getuige maken aan de hele wereld.' Ik heb geen enkel idee wat het betekend."

Toen, wist ze zelfs niet wie Genesis en Matteüs waren, maar haar maagziekte genas door gebed. Wanneer we bidstonden hadden, voor het beginnen van een kerk, kwam Gods woord uit haar mond, en ik was zo verrast dezelfde woorden te horen die God me gegeven had toen hij me als zijn dienstknecht geroepen had zeggende,

"Vroeg je niet de 12 gaven van de Heilige Geest? Ik gaf ze je allemaal, dus offer een gebed als dank."

Vervolgens, door de profetie, sprak God over dingen met mij die ik alleen wist. Van sommige dingen wist zelfs mijn vrouw niets. Hierdoor, besefte ik dat God mij de gave van profetie gegeven had. God liet me echt geloven, dat het werkelijk Gods woord was dat me gegeven werd. Tot dan, had ik 12 soorten van gaven gevraagd de negen gaven van de Heilige Geest inbegrepen zoals geschreven in 1 Korintiërs hoofdstuk 12, alsook de gave van visie, geestelijk inzicht, en van liefde.

Wat is profetie?

De bijbel geeft ons verschillende methodes om Gods stem te horen. Daar is de stem van God zelf, en er is ook de stem van de Heilige Geest. Soms, spreekt God ook tot ons door een engel in de verschijning van een mens. God spreekt ook tot ons door profetie.

"De hand des Heren kwam op mij, en de Here voerde mij in de geest naar buiten en zette mij neer in een dal; dat was vol beenderen. Hij deed mij daar aan alle kanten omheen lopen en zie, zij lagen in grote menigte door het dal verspreid, en zie, zij waren zeer dor. En Hij zeide tot mij: Mensenkind, kunnen deze beenderen herleven? En ik zeide: Here Here, gij weet het. Toen zeide Hij tot mij: Profeteer over deze beenderen en zeg tot hen: gij dorre beenderen, hoort het woord des Heren. Zo spreekt de Here Here tot deze beenderen: Zie, Ik breng geest in u, en gij zult herleven; Ik zal spieren op u leggen, vlees op u doen komen, u met een huid overtrekken en geest in u brengen, zodat gij herleeft; en gij zult weten, dat Ik de Here ben. Ik nu profeteerde zoals mij bevolen was, en zodra ik profeteerde, ontstond er een geruis, en zie, een beweging, en de beenderen voegden zich aaneen zoals zij bij elkander behoorden" (Ezechiël 37: 1–7).

"Want het getuigenis van Jezus is de geest der profetie" (Openbaring 19: 10).

Profetie is voor iemand anders spreken. Onder de profeten zijn er een aantal die spreken namens mensen of namens God...

In Ezechiël hoofdstuk 37, kunnen we zien dat Gods geest bij Ezechiël was en dat God door zijn mond sprak. Omdat God door de mond van een mens sprak, waren de gevoelens ondergeschikt. Profetie wordt niet gedaan door mensen, maar door de Geest van God, namelijk de Heilige Geest. De Heilige

Geest werkt in harmonie door een mens om de wil van God te gehoorzamen. Daarom, is het een waar woord erkent en gegarandeert door God. Wat is dan de geest van profetie?

Als je de waarheid spreekt door de Heilige Geest, dan getuig je van Jezus, die zelf de waarheid is. Dus, omdat de Geest van Jezus getuigt door de mens, die de waarheid spreekt door de Heilige Geest, dan is de mens aan het profeteren. Dat is de geest van profetie. Juist zoals de profeet Ezechiël het woord van God gehoorzaamde en profeteerde, als er een mens is die het Woord van God kan profeteren, kunnen we vele openbaringen ontvangen.

We kunnen zien dat Jezus wil dat we openbaringen ontvangen zoals Hij zei in

Matteüs 11: 27, *"Niemand kent de Zoon dan de Vader; en niemand kent de Vader dan de Zoon; en wie de Zoon het wil openbaren."* Alsook; zei Apostel Paulus in 2 Korintiërs 12:1 *"Er moet geroemd worden, het dient wel tot niets, maar ik zal komen op gezichten en openbaringen des Heren."*

Als wij Gods openbaringen kunnen ontvangen zoals de apostel Paulus, dan kunnen we God duidelijk verstaan en we kunnen zelfs de dingen weten die nog gaan komen. Alleen als we de dingen gaan weten die nog gaan komen in de toekomst, kunnen we ons voorbereiden op de tijd dat de Heer terug komt, die zal komen als een dief.

Het antwoord ontvangen om de kerk te openen

Zij willen je uitbannen

Omdat ik me voorbereidde voor de opening van een kerk, hadden we verschillende bidstonden. We hadden een genezingsdienst thuis bij Diacones Aeja Ahn, en het huis zat propvol met mensen. De tweede bidstond hielden we in mijn winkel. Eén persoon, wiens arm gebroken was, en in het gips lag, werd genezen, en deed het gips weg. Een vrouw die geen kinderen kon krijgen, kwam en ontving gebed. Al spoedig hoorde ik dat zij zwanger was. De derde bijeenkomst werd gehouden op een plaats in de bergen. Er waren meer dan 40 mensen aanwezig. Sommigen van hen waren seminaar studenten en voorgangers. Er was een vrouw die een operatie had aan haar ruggegraat, maar het probleem kwam terug.

Er werd gezegd dat ze zich in een gevaarlijke positie bevond, maar ze wilde nog altijd deelnemen aan de bidstonden. Een van de leden slaagde er amper in om haar de berg mee op te dragen, en ik bad voor haar tijdens de bidstond. Ze werd daar op de berg volledig genezen en kwam alleen van de berg af naar beneden!

De vierde bidstond werd ook op de berg gehouden, en er waren veel seminaarstudenten in opleiding. Gods woord kwam over ons,

"Na deze bijeenkomst, zal er een test voor je volgen. Maar maak je geen zorgen en geloof in Mij en bid. Ik zal je vergoeden met zegeningen."

Algauw, werd ik getest. In juni 1982, had ik eind examens van het semester en kwam terug naar huis. Maar één van de professoren kwam naar mijn huis. Ik wist dat dat normaal niet gedaan werd. Hij begon te zeggen, "Ik ben naar veel gebedsbergen geweest en bad veel, dus ik weet wel het één en ander over de geestelijke wereld. Jij hebt geestelijke diepgang en ik weet dat je gezegend bent met vele geestelijke gavens. Omdat je op het punt staat om een kerk te openen, stonden de vijandige duivel en satan tegen je op. Pastor, ik denk dat je je plan om een kerk te openen beter stopt. We hadden een professors bijeenkomst vandaag, en zij willen je uitbannen. Ik weet dat je niet dat soort mens bent, maar ..."

Het werk van de vijandige duivel die de opening van de kerk verstoort

Terwijl ik naar zijn gedetailleerde uitleg luisterde, niet alleen mijn begeleidende professor maar ook de voorganger van mijn kerk hadden enkele misverstanden over me. Er werd me gevraagd, "Pastor, tijdens de bidstonden in de bergen zei u dat u de Christus was? Nam je een vrouw met je mee en liet je haar ook haar handen leggen op andere voorgangers?"

"Ik heb nooit gezegd dat ik de Christus ben, en ik liet nooit een vrouw haar handen leggen op andere voorgangers."

Omdat er vele genezingen waren telkens wanneer ik bad voor mensen op de bijeenkomsten, één van mijn klasgenoten, die hier jaloers over was, maakte een rapport met valse beschuldigingen aan mijn begeleidende professor waaronder dit, "Pastor Jaerock Lee doet dingen die oproer en verdeeldheid veroorzaken. Hij zegt dat hij de Christus is."

De volledig verzonnen geruchten verspreidden zich snel. Meer nog, de professoren die me voor vier jaar onderwezen hadden besloten om me op basis van deze geruchten uit te bannen zonder me zelfs aan te horen. Maar dan nog. Ik bezocht of sprak met niemand over mijn onschuld. Ik voelde dat het een moeilijke situatie was, maar wanneer ik tot God bad, zei Hij me om voor deze mensen te danken, te verblijden en te bidden met liefde .

In september begon een nieuw semester. Toen ik naar school ging, hoorde ik klasgenoten discussiëren over mijn probleem. Ze zeiden dat hij die me vals beschuldigd had zich niet had opgegeven voor het semester uit berouw. Dus bezocht ik hem en spoorde hem aan om zich in te schrijven en dat ik hem niets kwalijk nam over de misverstanden. God werkte zodanig dat alle problemen zachtjes werden opgelost. Zelfs degene die me vals had beschuldigd werd verlicht. Nadat ik de kerk opende en de oprichting tot stand bracht, kwamen er veel professoren waaronder ook diegene die me misverstaan hadden, en we vierden samen. Tijdens de uitreiking, hadden we een dankfeest voor de professors in mijn kerk.

Een antwoord ontvangen, "Manmin, 'Kerk van de schepping'"

Omdat ik op reeds oudere leeftijd het seminaar begon, wilde ik de kerk vroeg openen.

Omdat ik niet meer zo jong was, bad ik voor de naam van de kerk vanaf het eerste jaar, maar er kwam geen antwoord. Het was vlak voor de opening van de kerk dat het antwoord kwam.

"Noem het 'Manmin kerk'. Wanneer het zover is dat je op bedevaart gaat, zul je begrijpen waarom Ik je deze naam geef 'Manmin'."

Later, in 1989, ging ik op bedevaart naar het Heilige Land. In Getsemane, bad Jezus totdat Zijn zweet druppels van bloed werden die op de grond vielen om aan de vervulling van het kruis te voldoen om alle naties en mensen te redden. Op deze plaats, zag ik de "Kerk van alle Naties" met grote emoties. God zond Jezus Christus als een verzoening voor alle naties en mensen. God wil de Voorziening volbrengen in deze laatste dagen, en Hij wil de wereldzending bereiken met het heilige evangelie, en Hij gaf ons de naam "Manmin", wat "de schepping" betekend.

Bij het begin van de kerk, noemden we de kerk 'Manmin Kerk' maar sinds we meer aanhangende kerken stichtten, hernoemden we het de 'Manmin Joong-ang (Centrale) Kerk'.

Waarom wil je het op de moeilijke wijze doen?

"Pastor, waarom wilt u een kerk openen? Weet u hoe moeilijk het is om een kerk te openen?" "Je zal enkel havermoutpap te eten hebben voor vele jaren. Wilt u niet dat uw kinderen studeren? Weet u hoe moeilijk het is om gelovigen bijeen te krijgen deze dagen?" Het advies ging door, "Alsook, weet u ook hoe ongehoorzaam gelovigen zijn de dag van vandaag? Laat ons hier samen werken in de kerk". "Pastor, eens als u de kerk opent, zal je vele tranen huilen."

Toen ik op het punt stond om de kerk te openen, waren er zoveel mensen die het me probeerden te verhinderen. Het was inderdaad zo dat vele kerken deze problemen hadden. Sommige voorgangers openen een kerk door geld te lenen voor het gebouw en de faciliteiten. Maar, als de kerk niet groeit zoals verwacht, moesten ze lijden door de schulden. Velen onder hen liepen rond in wanhoop en gevoelens van hulpeloosheid. Maar omdat ik geloofde in de Almachtige God, was ik in mijn hart gerust. Ik kon het niet in hun gezicht oneens zijn met hen die me advies gaven omdat ik ze niet wilde beschamen. Ik zei tot mezelf, "Wanneer ik een kerk open, zal het welvarend zijn, en er zullen geen problemen zijn. Ik zal zoveel zielen redden en de kerk zal snel groeien. Dan geven we God al de glorie".

Ik beriep me op het woord van God zeggende in Filippensen 4: 13, *"Ik vermag alle dingen in Hem, die mij kracht geeft,"* en in Mattheus 9: 29 zeggende dat dingen gedaan worden als we het geloven, en in Mattheus 13: 8 waar ik verzekerd was dat wat we zaaien, God ons belooft dat Hij het ons terug geeft 30, 60, 100 voudig van wat wij zaaiden. Als je kijkt naar de geliefde dienstknechten van God, omdat God met hen was, leken Mozes en de apostel Paulus op God bij de mensen (Exodus 7: 1; Handelingen 14: 11).

Als God met ons is, is niets onmogelijk. Dat geloofde ik, als Zijn dienstknecht, dat wanneer ik me concentreerde op Zijn Woord, bad, en Zijn wil volgde, dan zou God me antwoorden en voor alle financiele zaken zorgen, de plaats, en werkers voor de kerk. Omdat ik het geloof had dat ik alles kon doen in Hem die me kracht gaf, had ik een visie. Ik bad in detail voor deze visie en droom die ik had, en ik belijdde het met mijn lippen.

De leiding van de Heilige Geest gehoorzamen

In mei 1982, vertelde God me dat ik een kerk zou openen wanneer de zon op zijn hoogst is en Hij leidde me naar de onderafdeling van Shindaebang, in het district van Dongjak in de stad Seoul, een plaats waar ik voordien nooit van gehoord had. Omdat ik het gebied niet kende, vroeg ik aan velen hoe ik daar moest komen. Omdat het gebied toen nog niet goed ontwikkeld was, waren er niet veel gebouwen, en was er weinig verkeer. Er was een plaats van ongeveer 900 m2. De maandelijkse huur bedroeg 150,000 won (150 dollars) en als waarborg 3 miljoen won (3000 dollars). Ik ontmoette de eigenaar om het contract te ondertekenen, en hij bracht de huur terug tot 120,000 won.

God voorzag het geld voor de opening kerk

God gaf ons het geld dat we nodig hadden voor de opening van de kerk via Diacones Aeja Ahn. Zij bad ongeveer vijf uur per dag. Haar zoon had een verkeersongeval en ontving 3 miljoen wong als compensatie. Het was haar plechtige belofte om dit geld aan God te offeren als een offer voor kerkopbouw. Maar omdat haar ongelovige man het geld had uitgegeven voor iets anders, droeg ze de last mee in haar hart. Ze dacht nog steeds dat ze 3 miljoen won moest geven als opbouw offer. Intussen ontmoette ze mijn familie en vergezelde ze me bij de opening van de kerk.

Omdat haar mans' pelsenfabriek het niet goed deed, was er een hypotheek op haar huis. Als ze de schuld niet betaalden, zou het huis aan zeer lage prijs worden verkocht. Dus, zetten ze het te koop voor de prijs van 20 miljoen won (20.000 dollars) maar er waren geen geïnteresseerden.

Ze brachten de prijs terug tot 15 miljoen won, maar er was nog steeds niemand die het wilde kopen. Intussen, kwam Gods woord tot Diacones Aeja Ahn in een bidstond op de Samgak berg.

"Offer een 3-dagen vasten en zet je huis te koop. Verhoog de prijs al naargelang je gelooft en Ik zal werken. Gebruik 3 miljoen won van het verhoogde bedrag om de kerk te openen."

Zij zetten hun huis te koop, maar er was niemand geweest die het wilde kopen voor zovele jaren. Ze dachten dat als ze de prijs verhoogden, de makelaars met hun zouden lachen.

Diacones Aeja Ahn overdacht het zeer zorgvuldig en voegde er 3 miljoen won aan toe. Ze bracht het omhoog naar 18 miljoen won. De makelaar was sprakeloos.

Maar toen ze weer thuis kwam van het makelaarskantoor, volgde er iemand haar en bekeek het huis. Hij zei dat hij zijn favoriete stijl van huis gevonden had en tekende het contract voor 18 miljoen won. De diacones had spijt dat ze het had kunnen verkopen voor 20 miljoen won als ze meer geloof had gehad. God werkte voor haar om het huis te verkopen dat lange tijd niet verkocht werd. Ze kon de schulden van de familie terug betalen en offerde 3 miljoen won die de kerk nodig had voor de opening.

Het hart volledig bekeren van het vertrouwen op mensen

Terwijl ik de opening van de kerk voorbereidde, verwachtte ik op zijn minst ongeveer 40 mensen om me heen en bij me zouden zijn wanneer ik de kerk opende. Ik dacht dat ze de kerkopening zouden bijwonen omdat ze me kenden en van me hielden. Maar de realiteit was anders. Op 25 juli, 1982, hadden we de openingsdienst, maar onverwachts, kwam niemand van de mensen die ik dacht naar de dienst. Wanneer ik mijn goede zusters zag die beloofden te komen en toch niet naar de openingsdienst kwamen, besefte ik dat God hen had gestopt.

God wilde niet dat ik afhing van iemand van mijn verwanten. Ik bad, "God, dank U dat U me laat inzien dat ik een behoefte heb om af te hangen van mijn familie. Vergeef me alsjeblieft dat ik probeerde af te hangen van mensen. Nu heb ik Uw wil begrepen. Ik zal van niemand afhangen dan alleen van

U, God, en alles doen door gebed."

Na de openingsdienst, besefte ik dat ik nog steeds de wil had om van mensen af te hangen, en beleed het helemaal voor God. Ik bad tot God om kerk leden te sturen, en de kerk was gevuld met gelovigen die God elke week zond.

Beginnen vanuit niets

Negen volwassenen en vier kinderen

Toen we de openingsdienst hadden, was het gebouw nog niet helemaal af. Er waren geen ramen, geen preekstoel, en er was geen vloerbedekking. Het was zoals schraal land. We verdeelden de ruimte in tweeën met een gordijn. De ene kant werd gebruikt voor het verblijf van de familie, en de andere helft werd gebruikt als heiligdom en gebedsruimte. Mijn familie inbegrepen waren er negen volwassenen en vier kinderen bij de openingsdienst. Er waren enkele aanwezigen buiten mijn familie. Ik predikte een woord met de titel "Geloof is de grootste schat". Het verhaal van de Manmin Yoong-ang Kerk begon vanuit niets. Omdat het juist geopend was, hadden we geen geld, maar we hadden veel uitgaven. Maar ik leende nooit geld van verwanten of iemand anders. Ik bad alleen tot God. Ik was bereid te vasten als God niet voorzag.

Maar wanneer we niets te eten hadden, voorzag God ons door iemand anders. Ik kreeg zelfs watermeloen dat ik graag eet, gedurende de hele zomer.

5 - 6 uren samen per dag bidden

Na de openingsdienst, was het wekelijkse offeren ongeveer rond dertig tot veertig duizend won, maar met dit geld, kon ik zelfs de maandelijkse huur niet betalen. Vier tot vijf leden kwamen samen en baden 5 – 6 uren lang per dag, zich in het zweet werkend. Omdat er geen kerkleden waren, moest ik ze niet bezoeken om voor hen te zorgen. Terwijl we baden in de gebedsruimte waren we doorweekt van het zweten. Jeremia 33: 3 zegt, *"Roep tot Mij en Ik zal u antwoorden en u grote ondoorgrondelijke dingen verkondigen, waarvan gij niet weet."*

Als we het uitroepen tot God in ons gebed, stuurt God ons gelovigen en gaf ons de dingen die nodig waren in de kerk.

"God, geef ons een microfoon"

Na een week gebeden te hebben, hadden we een microfoon. De volgende week, hadden we een telefoon nodig en we betaalden ervoor, en we hadden het. Omdat er toen niet veel kerkleden waren, werkte God door de hele vrijdagnacht dienst heen. Andere kerkleden die deelnamen aan onze vrijdagavond diensten, ontvingen veel genade, en een voor een offerden ze de dingen die nodig waren in de kerk. Op deze manier ontvingen we gordijnen, een preekstoel, een piano, electrische ventilator en zelfs een klokkentoren met een kruis. Twee maanden na de opening, hadden we alles wat we nodig hadden.

In het boek Handelingen, staat dat Gods dienaar zich moet concentreren op het Woord en gebed. Dus liet ik het onderhoud en alles van de kerk over aan de kerkleden, en ik concentreerde me enkel op Gods Woord en gebed. Omdat ik toen in die tijd niet zoveel wist over Gods Woord maar wat ik wel begreep over Gods wil, preekte ik op de vrijdagnacht dienst en de zondag diensten door de inspiratie van de Heilige Geest.

Omdat het mij aan goede sprekers kwaliteiten ontbrak, wonnen de luisteraars aan leven en geloof door de preken omdat het pure en geestelijke boodschappen waren. Er waren ook daden en dingen die op het Woord volgden. Gelijk de leden het woord toepasten groeiden ook hun geloof, en ze begonnen antwoorden te ontvangen op hun gebeden. Vanaf de dag van de opening, stuurde God ons elke week nieuwe gelovigen, en die wonnen aan leven door de boodschappen. Terwijl ze de wonderen van God zagen in de vrijdagnacht diensten, ontvingen ze genade en hun geloof nam toe.

Het antwoord vinden in de Bijbel

Omdat de eerste kerken gesticht werden door apostelen die rechtstreeks onderwijs kregen van Jezus, volgende ze de wil van de Heer, en God was blij met hen, en God voegde bij hen leden toe die gered werden. De eerst kerken werden mijn doel en voorbeeld tot de Heer terug komt. Het beste soort van kerk dat God wil is niet enkel een kerk met een heel groot kerkgebouw of vele leden, maar dat is de kerk die lijkt op de eerste kerken. Als we het voorbeeld volgen van de eerste kerken die de wil van

God volgden, zegent God ons met voortdurende opwekkingen in de kerk.

"En er kwam vrees over alle ziel en vele wonderen en tekenen geschiedden door de apostelen. En allen, die tot het geloof gekomen en bijeenvergaderd waren, hadden alles gemeenschappelijk; en telkens waren er die hun bezittingen en have verkochten en ze uitdeelden aan allen, die er behoefte aan hadden, en voortdurend waren zij elke dag eendrachtig in de tempel, braken het brood aan huis en gebruikten hun maaltijden met blijdschap en eenvoud des harten, en zij loofden God en stonden in de gunst bij het gehele volk. En de Here voegde dagelijks toe aan de kring, die behouden werden" (Handelingen 2: 43–47).

Het voorbeeld nalevend van de eerste kerken die alle dagen wilden bijeenkomen in het heiligdom, hadden we iedere dag bidstonden, en verspreidden het woord van God, en namen het brood van de liefde, namelijk Gods woord (Johannes 6: 48) en zette het om in de praktijk. God was met ons met Zijn tekenen en wonderen, en omdat er elke week nieuwe leden bijkwamen, groeide de kerk zeer snel.

Alleen van het Woord afhangen

Na de opening van de kerk, moesten we elke cent sparen. Maar, ik kende het geheim van het ontvangen van zegeningen zoals gezegd in Lucas 6:38, *"Geeft en u zal gegeven worden: een goede, gedrukte, geschudde, overlopende maat zal men in uw schoot geven. Want met de maat waarmede gij meet, zal u wedergemeten worden.* " Ik probeerde de behoeftigen te helpen door af te hangen van het woord.

In die tijd hadden we 10 seminaar studenten in onze kerk, en we moesten hen helpen. Het was zelfs niet gemakkelijk om de huur van de kerk te betalen, wat 120,000 won (120 dollar) bedroeg. Een paar weken na de opening van de kerk, ontvingen we enkele offerandes, dus met het geloof dat God ons zou zegenen, namen we een deel van de offers en zonden het naar andere nieuwe kerken van onze denominatie. Sinds de oprichting, maakte elk lid een belofte om 1 miljoen won (1,000 dollars) te geven voor het seminaar gebouw van de denominatie waartoe we behoorden. We deden ons best, en werden een kerk die anderen hielp om af te hangen van het Woord.

Omdat ik de kerk opende, zocht ik naar een voorbeeld kerk zoals in de Bijbel staat, en het was de eerste kerk in het boek van Handelingen.

"Tenzij jullie mensen wonderen en tekenen zien, zullen jullie gewoon niet geloven"

Oprichtingsdienst

Wanneer ik bad voor de oprichtingsdienst, gaf God me een woord zeggende, "Offer de oprichtingsdienst wanneer de oogst rijp is, voor het eerste nachtvorst." Dus, op 10 oktober 1982 hadden we de oprichtingsdienst, met al meer dan 100 leden. Sinds de opening van de kerk, zond God ons vele leden, en werd het heiligdom al te klein.

In de vrijdagavond dienst, waren er meer dan 100 aanwezigen in ongeveer 540 m2 ruimte, er waren mensen in gebedskamers of staand op de trap. Dus, vanaf de oprichtingsdienst huurden we ook de begane grond.

Toen ik bad voor het Kerstgebeuren, zond God ons veel getalenteerde mensen, om een Bijbel stuk te spelen, dus we hadden een hele mooie gebeurtenis. God stuurde ons iemand die heel goed was in het bloemschikken, en een actrice die

Oprichtingsdienst

ook goed kon dansen. Ze leerde wat van het dansen met handbewegingen aan de Zondagschool. Al gauw, konden de leden zelf voor allerlei gebeurtenissen zorgen. Toen, moest ik meer dan 10 preken geven per week, voor verschillende diensten, de ochtendgebedsdiensten inbegrepen. Ik nam nog deel aan school als oudste voor de graduatie van mijn seminaar school. We hadden ook steeds nachtgebed, maar om 4u 's morgens leidde ik ook het ochtendgebed. Omdat het nieuws zich verspreidde dat er veel genezingen gebeurden, kwamen er veel patiënten uit het hele land, en ik bad voor elk van hen, vele malen per dag.

Een verandering in de familie

Mijnheer Youngsuk Kim, was voor hij Jezus leerde kennen, een zware drinker. Toen zijn hoesten niet ophield, ging hij naar een ziekenhuis. Er werd de diagnose van tuberculose vastgesteld in zijn lymfesysteem. Hij moest een operatie ondergaan en langer dan één jaar rusten, maar hij kon zich dat niet veroorloven.

Zijn vrouw kreeg een blaasontsteking na een bevalling. Zij was zo ontmoedigd dat ze probeerde zelfmoord te plegen, maar gelukkig overleefde ze het. In oktober 1982, hoorde Youngsuk Kim over onze kerk en sloot hij zich aan. Hij beloofde een 10-daagse ochtendvasten en ochtendgebed. Hij had zeer hoge koorts en hoestte zwaar. Maar omdat hij vele andere zieken zag genezen, won hij aan geloof dat hij ook kon genezen. Ik bad regelmatig voor hem. Op de 10de dag, zakte de koorts, en stopte het hoesten. Hij had de zekerheid van genezing en ontving een tweede diagnose. Ze zeiden dat er geen tuberculose meer aanwezig was. Het werd volledig genezen door het vuur van de Heilige Geest. Sindsdien, sloot zijn vrouw zich ook aan bij de kerk, en al gauw werd zij genezen van de blaasontsteking. Hun dochter werd ook gezond. Youngsuk Kim begon met theologie te studeren met dankzegging voor Gods genade. Hij heeft nu een bediening als voorganger.

De vrijdagnacht dienst met wonderbare tekenen uit de Bijbel

De vrijdagnacht dienst zat vol met mensen uit het hele land. Het werd een soort van internationale dienst. Het kleine heiligdom zat overvol met mensen. De warmte van de Heilige Geest was zo heet, dat het plafond bedekt was met druppels water. Terwijl de aanwezigen God met passie aanbaden, begon de dienst om 23 u. en duurde tot 6 u.

's morgens. Intussen zagen zij vele zieken genezen, opstaan, lopen en springen in elke vrijdagnacht dienst, en meer en meer mensen kwamen.

Zij die een doodvonnis kregen in de ziekenhuizen werden genezen zodra zij naar de kerk kwamen, en zij die met krukken liepen, begonnen te lopen en te springen. Blinden begonnen te zien, doofstomme te spreken, en zij die niet zwanger konden worden, werden zwanger. Iemand met een gebroken hand kon zijn hand vrij bewegen na het ontvangen van gebed.

Een leukemie patient genezen

Er kwam eens, een dame met zo'n bleek gezicht naar me toe om gebed te ontvangen. Ze vertelde dat de dokter gezegd had dat ze nog 15 dagen te leven had. Hier volgt haar levensverhaal. Ze was Christen en vanaf het begin in de Zondagschool. Maar op een bepaald moment, ontving ze een huwelijksaanzoek van een man die niet gelovig was. Ze zei dat ze enkel met een gelovige kon trouwen, dus sloot hij zich aan bij de kerk, en kwam een poos naar de kerk.

De vrouw dacht dat haar man een goed Christelijk leven zou leiden, maar na een aantal maanden, dwong haar schoonmoeder haar om in Boeddha te geloven zeggende, "Onze familie is reeds vele generaties een Boeddhistische familie, dus moet jij ook Boeddhist worden." Omdat zij haar schoonmoeder er niet in volgde, volgde haar echtgenoot zijn moeder wel en dwong haar om niet meer naar de kerk te gaan. Hij sloeg haar en volgde haar. Als er zich een probleem voordeed in de familie, gaven ze allemaal haar de schuld.

Ze werd dikwijls het huis uitgegooid, en ze had het allemaal te verdragen. Maar sinds haar man een verhouding begon met een andere vrouw, kon ze het niet meer verdragen, en kwam ze niet meer naar de kerk. Ze wist dat ze naar de kerk moest komen, maar ze leefde in wanhoop, en kreeg uiteindelijk leukemie.

Ofschoon ze niet meer naar de kerk kwam, had haar man nog altijd een verhouding, en hij bleef haar mishandelen.

Alhoewel ze leukemie had, waren haar man en schoonmoeder heel koel tegen haar, en ze namen haar zelfs niet mee naar het ziekenhuis.

Nadat ze de uitspraak kreeg van terminale ziekte in het ziekenhuis, het doodvonnis, hoorde ze het nieuws over onze kerk en kwam om mijn gebed te ontvangen met de laatste hoop om zich vast te klampen aan God. God genas deze vrouw. Na een tijd, kwam ze naar me toe met een gezonde gelaatskleur en dankte me en ging terug naar huis.

Twee verschillende soorten van tekenen

Jezus genas de zieken en wekte de doden op; Hij toonde allerlei wonderen tijdens Zijn bediening. Hij zei, "Indien gij lieden geen tekenen en wonderen ziet, zult gij niet geloven" (Johannes 4: 48). Een wonder is een werk van God dat een snelle verandering teweegbrengt in de weersgesteldheid. In de tijd van Jozua, was er een gevecht in Gibeon, en de zon bleef in het midden van de lucht staan (Jozua 10:31). In de tijd van Jesaja, deed Hij de schaduw op de treden waarlangs zij afgedaald was op de trap van Achaz, weer tien treden teruggaan. (2 Koningen 20: 11), en de drie wijzen gingen naar Bethlehem met het oog op een bewegende ster (Mattheus 2).

Tekenen zijn het werk van God die een zichtbaar spoor en bewijs achter laten. In het werk van tekenen, speelt soms God de Vader de hoofdrol. Deze zaken zijn de tekenen in de Oude Testamentische tijd en één opgenomen in Openbaringen 15: 1. Marcus 13: 22 zegt, *"Want er zullen valse christussen en valse profeten opstaan en zij zullen tekenen en wonderen doen om, ware het mogelijk, de uitverkorenen te verleiden."* Deze vers zegt, 'ware het mogelijk' om aan te tonen dat (de actie) in feite in werkelijkheid niet mogelijk is. Met name, dat valse profeten niet de kracht hebben om tekenen te doen, maar 'ware het mogelijk' zouden ze het doen om mensen te misleiden, zelfs de uitverkorenen. Voorbeelden van tekenen van God de Vader zijn de Tien Plagen in Egypte (Deuteronomium 6: 22), terwijl de vlam van het altaar omhoog steeg naar de hemel (Richteren 13: 19–20).

Er is nog een ander soort van teken dat uitgevoerd wordt als de Heer en de Heilige Geest de hoofdrol spelen en een spoor nalaten. Deze zijn te vinden in het Nieuwe Testament. Voorbeelden van tekenen van Jezus zijn water veranderen in wijn, genezen van zieken, opwekken uit de dood, blinden laten zien, de doven laten horen, en de stomme laten spreken. Dit zijn tekenen die niet door de mens gedaan kunnen worden (Johannes 6: 2). Jezus, voerde tekenen uit na het prediken van Gods woord, zodat zij die er getuigen van waren, konden geloven dat het woord van God absoluut waar is. Natuurlijk, is het meer gezegend te geloven zonder al deze bewijzen gezien te hebben, maar het is niet gemakkelijk om echt geloof te hebben zonder het gezien te hebben. Omdat de zonde meer de overhand heeft, worden mensenharten koppiger, en is het voor hen moeilijker om waar geloof te hebben. Vandaag, om het evangelie te verspreidden en zielen te redden, is het effectiever en krachtiger om tekenen en wonderen te hebben die volgen.

Deze tekenen zullen hen volgen die geloofden

Sommige gelovigen geloven niet of vinden het raar, wanneer we zeggen dat tekenen uit de Bijbel de dag van vandaag ook nog gebeuren. Anderen hebben hun bedenkingen en denken, "Ik heb gebeden met geloof, en waarom gebeurt Gods werk niet?"

Maar Jezus zei echter, *"Als tekenen zullen deze dingen de gelovigen volgen: in mijn naam zullen zij boze geesten uitdrijven, in nieuwe tongen zullen zij spreken, slangen zullen zij opnemen, en zelfs indien zij iets dodelijks drinken, zal het hun geen schade doen; op zieken zullen zij de handen leggen en zij zullen genezen worden"* (Marcus 16: 17–18). "Zij die geloofd hebben" verwijst naar hen die volmaakt geestelijk geloof hebben. Er is een mate van geloof gevonden in Romeinen 12: 3. Juist zoals er een proces is voor een zaad om te ontspruiten, groeien, bloeien, en vrucht dragen. Eens als we het zaadje van geloof in ons gezaaid hebben, in overeenstemming met hoe goed we er voor zorgen, kan geloof in verschillende richtingen groeien. Dat is waarom elke mate van geloof verschillend is. In omvang naarmate we het woord toepassen en ons hart veranderen in een waar hart, geeft God ons geestelijk geloof van boven (Hebreeën 10: 22). Daarom, als we opgroeien om perfect geloof te hebben zoals het hart van Jezus, zullen deze tekenen ons volgen.

Namelijk, zullen we demonen uitdrijven in Jezus Christus 'naam en spreken in nieuwe tongen. Om 'de slangen op te pakken' betekent geestelijk dat we het werk van Satan verbreken door het woord van God. Alsook, zij die op het niveau zijn van perfect geloof zullen niet lastig gevallen worden door enige ziekte of bacillen, en zelfs als ze onopzettelijk dodelijk vergif zouden drinken, zal het hun niet schaden omdat God het verbrand met het vuur van de Heilige Geest. Dat was het geval toen de apostel Paulus gebeten werd door een giftige slang op het eiland Malta (Handelingen 28: 5). Maar als je God wil testen wetende dat het vergif is, dan kan God je niet beschermen. Zoals, met perfect geloof, kunnen we genezingen tonen met de kracht van God als we bidden voor zelfs ongeneeslijke ziektes.

Wat zijn 'Nieuwe tongen'?

Wat wordt hier bedoeld met 'nieuwe tongen'? Spreken in andere tongen is een gave van de Heilige Geest, van welke God wil dat al Zijn kinderen deze ontvangen (1 korintiërs 14: 5) Gewoonlijk bidden we tot God in onze taal. Dit is het gebed van het hart. Maar soms bidden we in tongen, welke een gebed van de Geest is. (1 Korintiërs 14:15).

Wanneer we ons realiseren dat we zondaars zijn, ons bekeren en Jezus aannemen in ons hart, geeft God aan ons de Heilige Geest als een geschenk, en in vele gevallen heeft Hij ook de gave van spreken in tongen, welke een van de gaves van de Heilige Geest is. Wanneer we de Heilige Geest ontvangen, de geest die dood is vanwege de oorspronkelijke zonde van Adam, herleeft dan. Als we de gave van spreken in tongen ontvangen, die geest bid dan zelf tot God. Dus, als we als Christen deze gave ontvangen van spreken in tongen en bidden, zullen we meer kracht ontvangen in gebed, en zal onze ziel voorspoed hebben.

Aangezien ik een nieuwe gelovige was, bad ik met heel mijn hart gedurende de nachtbidstonden, en wanneer ik begon te bidden in de Geest, namelijk in andere tongen, veranderend het gebed, begon ik te zingen in andere tongen door de inspiratie van de Heilige Geest. Wanneer ik diepere lofprijs zong in andere tongen, gingen mijn handen onopgemerkt omhoog en er werd gedansd. Vanaf hier, wanneer ik ging naar een dieper niveau van gebed, sprak ik in nieuwe tongen. Spreken in nieuwe tongen is een zeer krachtig gebed..

Toen ik bevel gaf in de naam van Jezus Christus

Zelfs geen planten testen

Hoe dankbaar is het dat het ontzagwekkende werk van God wat Jezus toonde op de aarde ongeveer 2,000 jaar geleden, op dezelfde wijze plaats vinden voor allen die bidden met geloof!

Aangezien ik een nieuwe gelovige was, en niet veel wist van het woord van God, heb ik ontelbare gebeden verzameld om alle krachtige werken van God te verrichten, die de profeten en apostelen ook verrichtten. In de tijd van de opening van de kerk, de wonderen die de gelovigen volgen, gebeurden al.

Net na de opening van de kerk in 1982, hadden we dertig tot veertig duizend won (30-40 dollars) als wekelijks offer. We wilden wat bloemendecoratie hebben voor op het altaar, maar we hadden noch iemand die het kon doen noch genoeg geld om de bloemen te kopen. Maar in Augustus, bracht iemand een pot met een kleine boom in met vele bladeren. Ondanks dat we geen bloemen als decoratie hadden, hadden we de pot, en het was liefelijk en kostbaar. Maar na 2 weken, werden de bladeren geel en was het stervende. Ik vond het jammer, omdat de mooie boom aan het sterven was. Als God een dood mens kan opwekken, zou Hij mij ook antwoorden als ik voor deze boom bad? Met deze gedacht in mijn hoofd, legde ik mijn handen op de boom en bad, "Herleef in de naam van Jezus Christus!"

De volgende dag toen ik in de kerk kwam om de ochtendbidstond te leiden, waren de gele bladeren opnieuw veranderd in groene. De dag daarna, herleefde de boom volledig met frisse groene bladeren. De leden die het zagen en ik verheugden ons en gaven God de glorie. Ik was zeer blij en dankbaar na deze ervaring dat de dode boom terug herleefde. In September, werd er een pot met chrysanten geofferd aan de kerk. Kijkende naar de mooie bloemen, wilde ik uitproberen of de bloemen zouden sterven als ik zou bidden voor de bloemen om te sterven. Toen Jezus de vijgeboom vervloekte, stierf het. Dus, terwijl ik bad en deze chrystant bevool om te sterven, zou het niet sterven?

Ik bad en bevool de chrysant bloemen om te sterven, enkel om de ervaring te hebben. Maar ik had een ongemakkelijk gevoel in mijn hart. Toen ik die avond bad, hoorde ik het woord van God mij hardvochtig vermanen, ondanks dat niemand had gezien dat ik de plant had vervloekt.

"Mijn dienstknecht, zelfs iedere plant heeft zijn leven en is opricht door God, en hoe kan jij het dan vervloeken? Ben je Mij aan het toetsen? Mijn dienstknecht, je bent slecht. Bekeer je. Je kan niet zomaar zegenen of vervloeken. Je kan het alleen maar doen wanneer de

Heilige Geest je hart daartoe beweegt."

Ik was zo verrast, dat ik ervan zweette. Ik begon onmiddellijk een 3 daags vasten en bekeerde me volledig. Sinds die tijd, zelfs wanneer er mensen waren die mij vervolgden, lasterden, en vervloekten, haatte ik hen niet of bad met haat tegen hen. Zoals het woord van God zegt, ben ik gaan bidden voor hen die mij vervolgden en zegende hen met liefde.

Plicht van de wereld zending

"Roep tot Mij en Ik zal u antwoorden en u grote, ondoorgrondelijke dingen verkondigen, waarvan gij niet weet." (Jeremia 33:3). Vasthoudende aan dit vers, verzamelde ik zoveel gebeden waarin gestreden werd met God zoals Jacob bij de Jabbok Rivier. Terwijl ik het uitriep in gebed en vastte in gehoorzaamheid aan Gods woord en probeerde te leven door het Woord, vervulde God Zijn woord. Ik hoorde de stem van God, en van tijd tot tijd, zag ik grote en geweldige dingen. Soms, liet God mij weten wat er in het land zou gebeuren of over wereldgebeurtenissen die komende waren. In de tijd dat we de kerk openden, liet God ons weten dat Hij door onze kerk een grote wereld zending zou voortbrengen en dat we een grote kerk zouden bouwen voor Hem.

Sedert de tijd dat ik geroepen was als Zijn dienstknecht, bad ik dat ik een dienstknecht mocht worden die het evangelie kon brengen aan alle mensen en vele zielen mocht redden. Toen gaf God mij de verplichting om wereldzending voor te brengen, en ik ontving het woord, zeggende, *"Je zal bergen en rivieren en zeeën oversteken en wonderen en tekenen verrichten."* Hij gaf mij ook de plicht om het evangelie te prediken aan het uitverkoren volk, Israël, tijdens de laatste dagen. Hij liet mij weten dat het evangelie zou terugkeren naar zijn thuisland en dat zelfs de Joden die Jezus niet erkennen als hun Redder, zich zouden bekeren.

Visioen van de bouw van de grote kerk

Vlak na de opening van de kerk, hadden we iedere vrijdag nachtdienst genezingssessies, en God gaf een lid de gave om iedere week een visioen te zien. Ik verifieërde ieder lid of ze de gave echt van God hadden ontvangen. God geeft ons de gaven van de Heilige Geest omdat ze heilzaam zijn voor ons, maar soms, ontvangen mensen niet de gave van God maar door het werk van satan en zien iets volledig vreemds. Daarom hebben we de juiste onderscheiding van geesten nodig.

Op een dag in September 1982, toonde God een visioen aan 17 leden over de grote kerk die we zouden bouwen. Iemand zag het dak, iemand anders zag het interieur, en nog iemand anders zag de achterzijde, en weer iemand anders zag de mooie marmeren pillaren. Het centrum van het plafond kon open in de vorm van een kruis, zodat het zonlicht naar binnen kon. Het podium van de grote kerk was gelokaliseerd in het midden van de kerk en draaide langzaam. Iemand zag mij daar preken met de kerk vol van mensen.

We brachten al deze dingen die de leden gezien hadden samen, en raadpleegden een expert en maakten een maquette van de kerk. Zelfs nu, hebben we nog steeds die foto van de bovenaanzicht van de grote kerk op de eerste pagina van onze wekelijkse mededelingen. Om de droom die God ons, in het begin van onze kerk gegeven had, te kunnen vervullen, hebben we voortdurend gebeden met geloof.

God legde ons uit waarom we een grote kerk nodig hadden in de eindtijd en hoe het gebouwd zou worden. Het grote kerkgebouw waardoor God de glorie wilde ontvangen, kan niet gebouwd worden omdat we veel geld hebben. God wil dat Zijn kerk gebouwd wordt door Zijn kinderen die een gepassioneerde liefde voor God hebben en hun hart hebben besneden en heilig zijn geworden.

Eerste opwekking in de thuisstad

In Februari 1983, leidde ik de eerste opwekking in mijn thuisstad. Het was in een kerk in de gemeente van Heje, in Cholla Nam-Do's gebied van Muan. Maar de leden van die kerk zelf waren niet aanwezig. In plaats daarvan, vulden andere mensen van de stad de kerk.

Ze hadden een droevig verhaal. Een andere kerk in het volgende dorp, die behoorde tot een grote denominatie, verleide de kerkleden met geld, en de meeste leden waren al verhuisd naar die kerk. Dus, de voorganger hield deze opwekkingssamenkomst om de leden die wilden verhuizen toch nog vast te houden, maar zelfs de leden wilden niet samenwerken, en ze waren ook niet aanwezig. De reden waarom zij de opwekking niet bijwoonden was omdat de voorganger geen bekende opwekkingsprediker had uitgenodigd, maar een gewone onbekende en niet aangestelde voorganger, genaamd 'Jaerock Lee.'

God openbaarde Zichzelf in grote wonderen vanaf de eerste sessie. Een vrouw die sinds 10 jaar niet in staat was om te lopen en niet kon slapen vanwege de scherpe pijnen in haar botten, luisterde naar de boodschap en kreeg geloof. Door gebed stond ze op, ging wandelen en springen. Onmiddellijk verspreidde dit nieuws zich door de dorpen in dat gebied, en vanaf de volgende dag, kwamen er voorgangers en leden van grote afstanden, zelfs tot 30 km. De opwekkingssamenkomsten gingen verder met een kerk gevuld met mensen, die van verschillende plaatsen kwamen.

Er was een oudere vrouw, en haar rug was voor 90 graden gebogen. Ze wandelde altijd kijkende naar de grond. Deze oudere vrouw diende mij, die de spreker was, met warm drinken tijdens de ochtenddienst, gedurende de dag en avonddienst, zelfs wanneer het weer koud was. Eigenlijk, vond ik het drinken wat ze mij gaf niet lekker, maar ik dronk het toch op, denkende aan haar inspanning. En op de laatste dag van de opwekking, was haar gebogen rug, volledig recht. Behalve dit, ervoeren vele mensen de genezende kracht van God en gaven Hem de glorie. Toen kwamen de leden van de kerk te weten over de grote werken van God en kwamen tot het besef dat ze verkeerd hadden gehandeld, ze bekeerden zich voor hun voorganger en namen deel aan de overige sessies van de opwekking.

Koolmonoxide bestraffen in de naam van Jezus Christus

In die tijd, gebruikten de meeste huizen een groot type van steenkool briquette als verwarming. Dus in de winter gebeurden er veel ongevallen. Iedere dag, hoorden we nieuws van mensen die gestorven waren of in het ziekenhuis lagen, vanwege een gas vergiftiging, Op 12 Februari 1983, hadden we de vrijdag nachtbidstond net voor het Lunar Nieuwjaar. De soutterain van het gebouw, werd gebruikt als mijn woonplaats. Er waren slaapkamers, een woonkamer, de portierskamer en de kantoren.

Voordat de vrijdag nachtdienst begon, was er een jonge man genaamd Suk-ki Park die de dag na de samenkomst, het begin van het Lunar Nieuwjaarsvakantie, overwoog om zondag niet naar de dienst te komen, maar in plaats daarvan wat vrienden te ontmoeten. Op dat moment voelde hij zich slaperig, en wilde hij een dutje doen en dan terugkeren naar de samenkomst. Hij ging naar de soutterain waar mijn woonplaats gelegen was.

Hij dacht dat hij maar voor even zou rusten, maar viel in een diepe slaap. In de slaapkamer van mijn woonplaats, sliepen mijn drie dochters. De kerk, welke maar 50 m² was, was gevuld met meer dan 150 mensen, dus er was geen plaats meer voor de kinderen. De kerk was overvol met mensen die de dienst bijwoonden. Ze waren zelfs in de kleine gebedskamers en op de trappen buiten de kerk.

Omdat de hemel zwaar betrokken was met wolken die dag, ging de koolmonoxide niet gewoon naar buiten. Omdat de vrijdag nachtdienst om 23.00 uur begon en eindigde om 6.00 uur de volgende morgen, waren de jonge man en mijn drie dochters gedurende 7 uur blootgesteld aan het dodelijke gas. De jongen vertelde dat hij een keer bij bewustzijn kwam, maar omdat zijn lichaam al stijf was geworden, kon hij zich niet bewegen. Na de dienst, toen de leden terug naar huis gingen, ging de portier naar beneden en was de eerste getuige van de scene. Terwijl hij hen vond schreeuwde hij, "Ze zijn dood!" op de waarschuwende roep, verzamelde iedereen zich in de kerk. De leden brachten mijn dire dochters en de jonge man naar de kerk, die hun bewustzijn waren verloren. Hun ogen waren al wit en ze hadden schuim in hun mond.

Mijn drie dochters waren nog amper aan het ademen, maar de jonge man, Suk-ki Park, had geen ademhaling meer. Zijn lichaam was al stijf. Hij was eigenlijk een lijk. Ik kende maar al te goed het gevaar van koolmonoxide, maar omdat ik nog nooit zo'n ervaring had gehad, kon ik mij niet voorstellen dat ze terug konden leven. Het was haast ondenkbaar dat God hen zou opwekken door mijn gebed. Ook al zouden ze naar het ziekenhuis gebracht worden voor een behandeling en weer zouden leven, ze zouden geestelijk en lichamelijk onbekwaam zijn en als planten leven de rest van hun leven.

Ik was net begonnen in mijn bediening, en als iemand sterft net na de opening van de kerk hoe kon ik mijn bediening dan nog verder zetten? Ik kon God toch niet ten schande maken vanwege dit voorval. Ik ging naar het altaar en bad, "God, U bent degen die leven geeft en terug neemt. Ik dank U dat mijn dochters bij U in de hemel zijn waar er geen tranen, zorgen of pijn meer is. Maar deze jonge man is een lid van de kerk, en als hij sterft, zal dat schande brengen aan Uw naam. Laat deze man toch alstublieft terug tot leven komen."

Nadat ik God gedankt had in mijn gebeden, waren er vele leden aan het bidden op hun knieën om hen op te wekken. Ik ging eerst naar de jonge man toe, legde mijn handen op hem en bad, "Ik beveel in de naam van Jezus Christus, koolmonoxide ga weg! Vader, wek zijn geest op en wees verheerlijkt!" Toen bad ik voor mijn jongste dochter, Soojin. Terwijl ik voor haar bad, stond de jonge man op en ging zitten naast de stoelen van het koor. Het leek erop alsof hij niet wist wat er gaande was, omdat hij zich enkel kon herinneren dat hij aan het slapen was in het souterrain. Toen, terwijl ik aan het bidden was voor mijn tweede dochter, kwam mijn derde dochter Soojin weer bij bewustzijn en zat rechtop. Nog geen minuut nadat ik gebeden had, zaten alle drie mijn dochters rechtop. De leden die toekeken, gaven God de glorie met zoveel geestvervulde emoties. Later vertelde de jonge man, dat zijn geest die zijn lichaam verlaten had, alles zag gebeuren vanuit de lucht. Hij keek ook toe hoe de portier zijn lichaam bracht naar de kerk en dat hij gebed van mij ontving.

Omdat koolmonoxide de hersencellen vernietigd, was het vanzelfsprekend dat ze zouden sterven na 7 uur dit gas in te ademen. Ook al zouden ze naar het ziekenhuis zijn gebracht of overleven, hadden ze geleden aan de nawerkingen. Maar omdat God hen genezen had en hun gereinigd had van dat gas en de mogelijke nawerkingen, hebben de jonge man en mijn drie dochters een gezond leven geleid zonder enige nawerking.

Toen er zo'n toets op mij af kwam, heb ik alleen maar op God vertrouwd, en ik dacht er zeffs niet over om op de wereld te vertrouwen. Toen ik deze toets met dank had doorstaan, realiseerde ik mij dat God mij zelfs de kracht gaf om zelfs te heersen en te controleren over de levenloze dingen zoals koolmonoxide.

Daarna, leerde God mij om de koolmonoxide weg te sturen. Omdat het gas eerst de hersencellen verlamd, en dan alle zenuwen in het lichaam, verliest een persoon die aangetast is, eerst zijn bewustzijn en dan wordt zijn lichaam stijf. Dus, degene die een gasvergiftiging hadden, de Here onderwees mij om te bidden, zeggende, "Ik beveel in de naam van Jezus Christus, ga weg door de neusgaten, mond en beide oren en uit alle cellen." Op die manier gehoorzaamde het gas die het lichaam verlamd had het bevel en verliet het lichaam en ging snel weg.

Waren er geen tien gereinigd?
Maar de negen waar zijn zij?

Ik bad en God toonde mij

De eerste twee jaar vanaf de opening van de kerk , bezocht en zorgde ik zelf voor de leden. Wanneer er enkele leden niet aanwezig waren in de zondag dienst of ontbering leden, dan bad en vastte ik gedurende de hele nacht voor hen, en bekeerde me met tranen vanwege hen. De meeste leden leefden op een redelijke verre afstand van de kerk. Ook waren de meeste van hen, financieël niet zo rijk, en de meeste waren failliet en in wanhoop.

Tot het aantal van honderd leden, kon ik in een oogopslag zien wie niet aanwezig was in de zondag dienst. Ik vastte voor de leden, en wanneer het moeilijk voor mij was om hen te bezoeken, dan zondt ik enkele werkers in mijn naam. Ik probeerde om geen enkele ziel te verliezen die God aan mij had toevertrouwd.

Advies met liefde

Met liefde gaf ik soms advies of wees dingen aan bij een lid, met het verlangen voor hen om te veranderen en op te groeien in geloof. Wanneer ik bezorgd was over een lid, en als ik voor 10 minuten voor die persoon bad, toonde God en liet mij de problemen weten met de de familie van die persoon of op hun werkplaats.

Op een zondag, een lid die nooit een samenkomst oversloeg, was niet aanwezig. Ik kon mezelf er niet van weerhouden om niet bezorgd te zijn. Ik bad, "God, deze bepaalde persoon was niet aanwezig in de zondag dienst. Wat is er met hem gebeurd?" God toonde me dat hij die zondag in de kroeg zat. Na enige tijd, vertelde ik hem, wat ik had gezien, omdat ik ervan overtuigd was dat hij niet beledigd zou zijn of zou struikelen zelfs als ik dat deed. Toen, werd zijn gezicht rood, maar hij erkende het feit.

Er was een lid aanwezig, die alleen maar op de zondag morgen dienst aanwezig was, en ik kon hem niet vinden in de avond dienst. Hij was ook iemand die gewoonlijk de Sabbat hield. Toen ik voor hem bad, toonde God mij dat hij aan het drinken was op een huwelijksreceptie. Na enige dagen, vertelde ik dat aan hem, "Een persoon die een bepaalde kleur van kleren aan had, spoorde je een paar keer aan om te drinken. Je hebt het verscheidene keren geweigerd, maar uiteindelijk gaf je toe en dronk je." Zijn gezicht werd rood en hij werd verlegen.

Hoe dan ook, in voorvallen zoals deze, kon ik voelen, wanneer dee leden zonden deden.

Op een dag, in gebed, hoorde ik de Here tot mij zeggen,

"Kijk niet naar de huidige situatie van uw leden. Kijk naar hen, met de ogen van geloof en de verwachting dat ze zullen veranderen in de toekomst. Als ze jou bedriegen, luister dan naar hen en probeer niet om meer uit te vinden.... Als je enkel kijkt naar de huidige situatie van uw leden, zou je hart gebroken zijn, je ziel bederft en je zal je gezondheid verliezen, en zal je niet meer in staat zijn om je plicht te vervullen."

Sinds die tijd, liet ik alles in de handen van God en stopte te bidden om alles te weten te komen over wat de leden aan het doen waren.

Daar waren niet alleen die mensen die naar de kerk kwamen vanuit het hele land om genezing te ontvangen, maar ook diegene die keken voor het levende woord met een geestelijke dorst. Daar waren mensen die God dienden en zichzelf toewijdden aan God, kijkende naar hun hemelse beloning nadat hun problemen waren opgelost en ze genezen waren, terwijl er ook degenen waren die terug naar de wereld gingen om hun eigen voordeel te zoeken.

Afgoden verwerpen en in het licht komen

Kyeongsoon Park kwam uit een gezin die afgoden aanbad, voordat ze naar de kerk kwam. Haar schoonmoeder had een zwakzinnige dochter en de moeder deed minstens een duivelbezwering per maand om haar dochter te genezen.

Ook, plaatste ze geluks bedeltjes en amuletten op het meubilair, in de kussens en zelfs aan het plafond. Ze plaatste hen in iedere hoek van het huis.

Niet lang nadat we de kerk hadden geopend, bezocht ik dit huis voor een aanbiddingsdienst, en ik kon de gedaantes van demonen zien en zei haar, "Er moeten nog steeds amuletten hier in huis zijn." Ze bleef er bij, "Nee, voorganger. Ik heb alles doorzocht en ze allemaal weggegooid." Opnieuw zei ik haar, "Er is een demoon in het huis die niet wil vertrekken. Er moeten nog meer amuletten zijn. Vind ze en verbrand ze."

Toen Kyeongsoon Park haar huis opnieuw doorzocht, vond ze nog meer amuletten. De hele familie wierp hun afgoden weg, werden lid van de kerk en leidden een leven in Christus. Kyeongsoon Park werd genezen van een hartkwaal waaraan ze lang geleden had. Haar schoonmoeder werd genezen van haar maagproblemen.

Een jonge man met terminale tuberculose

In die tijd, waren er veel mensen met tuberculose in de longen. Daehee Cho van Kwangju kreeg eens long tuberculose toen hij op de hogere school zat. Hij nam de medicijnen van het openbaar gezondheidscentrum en herstelde, maar toen hij naar hete college ging, begon hij te drinken en te roken, en het kwam opnieuw. Maar toen het opnieuw kwam, ook al nam hij medicijnen, niets werkte meer. Zijn moeder deed alles wat haar gezegd werd, dat een 'goede kuur' was voor de ziekte van haar zoon en gaf het aan hem. Deze kuren hielden in slangen, katten, vers lever, sap van menselijke uitscheiding, en zelfs medicijnen voor melaatsen. Ze deden ook aan duivelbezwering, voedden hem met vructwaterzakken, haalden vlees van een lijk op de begraafplaats, en gaf het aan hem om te eten omdat iemand zei dat het goede medicijnen' waren.

In Januari 1982, werd zijn diagnose vastgesteld aan het Severance Hospital van Yonsei University. Zijn long was helemaal weg en er was geen hoop meer voor een kuur. Hij werd opgenomen in het ziekenhuis, maar er was geen herstel. Zijn moeder gaf op en wilde hem meenemen uit het ziekenhuis. In die tijd, kwam een grootmoeder uit zijn familie om hem te bezoeken. Deze oude vrouw woonde vlakbij de Manmin kerk. Ondanks dat ze nooit in de kerk was, zag ze vele zieke mensen komen en hun genezing ontvangen. Ze zag hen rondwandelen met gezonde lichamen. Daarom spoorde ze haar kleinzoon aan om naar de Manmin kerk te gaan. Op 13 Maart 1983, kwam Daehee Cho naar de Vrijdag nachtdienst. Hij voelde dit als zijn laatste hoop. Hij was zo dun dat zijn ogen uitpuilden.

In deze situatie woonde hij iedere dag de diensten voor de zieken bij, met zijn moeder en hij vastte voor 3 dagen. Op de derde dag van zijn vasten, gaf God hem de geest van berouw, en hij bekeerde zich volledig tot 3 keer toe. Op de 13de dag sinds de eerste keer dat Daehee Cho naar de kerk kwam, was hij overtuigd dat hij genezen was. Na de ochtend bidstond, ging hij naar het toilet en spuwde. Er was geen bloed. Hij had zelfs de dag daarvoor nog bloed uitgespuwd. Maar op die dag was het spuwsel vrij van bloed. De scherpe pijn in zijn borst was weg, en er was geen opgehoest slijm of bloed meer. Later werd hij een dienstknecht van God en nu doet hij zijn bediening als assistent-voorganger in onze kerk.

Ik bad voor de genezing van alle patiënten

In 't begin, toen er patiënten naar de kerk kwamen, bad ik voor hun onmiddellijke genezing. Ik dacht dat dat de beste manier was om hen Gods genade te laten ervaren en hen vrij te zetten van het juk van ziektes. Ik bad eenvoudig, "God genees al deze patiënten zodra ze komen." God, antwoordde in feite wanneer ik bad. Iedere patiënt die naar de kerk kwam, werd onmiddellijk genezen. Maar spoedig, ontdekte ik dat er geen vrucht van redding was, wat eigenlijk het belangrijkste was. Velen verlieten God wanneer ze genezen waren.

Er was eens een getrouwd koppel die de Vrijdag nachtdienst bijwoonden. Ze vertelden mij dat de man zijn pees had verwond in een verkeersongeval. Hij kon niet goed wandelen, en hij had zo'n hevige pijn, dat hij niet rechtop kon zitten gedurende de samenkomst. De Heilige Geest bewoog en ik legde mijn handen op hem. Vlak na het gebed, stond hij op en sprong. Maar hij stopte met het bijwonen van de samenkomsten, na een paar keer.

Een voorganger van de kerk bezocht hem en hij zei, "Is het niet voldoende dat ik een paar samenkomsten heb bijgewoond met een dankbaar denken voor mijn genezing? Is er iemand die mij geld gaat geven om naar de kerk te komen? En daarmee bezocht hij nooit meer de kerk. Hij voelde dat hij de kerk niet meer moest bezoeken, omdat hij toch al gezond was. Als God hem niet genezen had, was hij niet meer in staat geweest om te gaan werken. God gaf hem leven en genade en genas hem, maar omdat hij geen woord van leven in hem had, zocht hij alleen maar zijn eigen voordeel.

Er was een getrouwd koppel, die een baby kregen in de zevende maand. De baby was in een couveuse voor 3 maanden, maar de baby werd niet beter. De doktor zei dat er geen hoop was. De vader zei eens, "Wanneer de baby een jaar oud wordt, nodigen we iedereen van de kerk uit en houden we een feestje." Omdat de ouders zich realiseerden dat de medische wetenschap hen niet konden helpen, brachten ze hun baby naar de kerk. De baby ontving gebed en werd genezen, en werd in 15 dagen volledig gezond.

"Voorganger, dank u wel. Wanneer de baby 1 jaar wordt, zullen we u en de kerkleden uitnodigen en een groot feest geven."

"OK, doe dat alstublieft."

De vader van de baby was zo gelukkig, in de tijd omdat zijn baby genezen was, en hij stelde zelf het feestje voor. Maar langzaam aan begon hij de zondag diensten over te slaan in de kerk, en toen de baby een jaar werd, had hij een feestje, maar hij nodigde enkel zijn familie en wereldse mensen uit die hij kende.

Een jonge man van Kang-won Do had een gezond lichaam, maar hij was nogal opschepperig. Maar terwijl hij luisterde naar de boodschappen in de kerk, kwam hij tot bekering. Toen ik voor deze jonge man bad, om de demonen uit hem te drijven, kwam er schuim op zijn mond en viel hij neer. Toen de demoon uit hem gedreven was, werd hij een normaal persoon met een mild karakter. Maar hij keerde terug naar zijn eigen kerk, en werd niet meer gezien.

Ook een oudere vrouw verloor haar zicht tot op het punt dat ze zo goed als blind was. Nadat ze het nieuws van onze kerk gehoord had, kwamen haar familieleden met haar, en ze ontving opnieuw zicht. Maar spoedig nadat ze genezen was, verlieten ze de kerk.

Zondig niet langer

In Johannes 5: 14, nadat Hij een zieke genezen had ontmoette Hij hem weer in de tempel en zei tegen hem, *"Zie gij zijt gezond geworden; zondig niet meer, opdat u niet iets ergers overkome."*

Sedert ze genezen waren door de liefde en kracht van God, zouden ze nu moeten leven door Zijn woorden, moeten danken voor die genade. Maar als ze weer zondigen, hoe kan God ze dan beschermen? Omdat God zijn aangezicht moet afwenden van hen, en hen niet kan vasthouden, krijgen ze de aandoeningen weer door het werk van Satan, en omdat ze de genade van God verwerpen, krijgen ze nog ergere aandoeningen dan ze ervoor hadden.

We kunnen beschermd worden als we volgens het Woord Leven

Zo'n voorval gebeurde in November 1982. Toen we de Vrijdag nachtdienst hadden die duurde tot 6 uur 's morgens. Kort na middernacht, kwam een echtpaar de kerk binnen en droegen een meisje van ongeveer 5 jaar oud. Het meisje schreeuwde het uit van de pijn. Ze woonde in Busan en er was terminale alvleesklier kanker vastgesteld.

De dokter probeerde haar te opereren, maar omdat de tumor zo groot was kon hij het niet doen. Omdat de tumor in haar maag groeide was het gevaarlijk om te hechten. De dokter had net wat speciaal behandel draad losjes om haar maag gelegd. Het was een vreselijk gezicht.

Haar naam was Wonmi. Ze kreeg enkele keren per dag

morfine. Het was de enige manier voor haar om de pijn te dragen. Met een zuurstof masker op, was Wonmi bijna dood. Haar tante, de zuster van haar vader, overrede haar ouders, door te zeggen, "Broer, er is een kerk in Seoul, vol van Gods genade. Laten we daar heen gaan en laat haar gebed ontvangen. God zal Wonmi genezen". Haar ouders hadden het al opgegeven en hadden geen hoop meer, dus luisterden ze naar haar. Ze namen Wonmi en kwamen naar Seoul naar de kerk.

Ik bad voor het meisje gedurende 15 dagen. Toen ze voor het eerst gebed ontving verdween haar pijn. Na een paar dagen was de genezing zichtbaar. De pijn was weg en haar gezwollen maag werd normaal. Toen begonnen haar ouders geloof te krijgen. Ik raadde hen aan de draden in het ziekenhuis te laten weghalen, maar ze gingen niet naar het ziekenhuis en verwijderden ze zelf in geloof. Wonderbaarlijk, in een paar dagen liet God een open wond genezen en sluiten.

Womni zou dood gegaan zijn met folterende pijn , maar nu was ze genezen binnen 10 dagen. Ze leerde de lofprijs liederen en dansen op de Zondag school, en zong en danste met haar vrienden. Degenen die haar zagen waren natuurlijk erg blij om haar te zien. Ze was slim en werd door vele leden geliefd.

Ze bleven 15 dagen in de kerk om gebed te ontvangen toen gingen ze terug naar hun geboorte stad. Toen ik voor haar ouders bad kwam het woord van God'.

"Als ze terug gaan moeten ze de Tien Geboden houden, en hun dochter zal gezond opgroeien. Maar als ze de Tien Geboden niet houden zal God Zijn gezicht afwenden."

Ik vertelde hen, "Je moet de sabbat houden, je tienden geven, en God juist dienen. Je ouders moeten de Tien Geboden houden opdat het kind altijd gezond zal zijn." Wonmi's vader zei, "Dank u voorganger! Natuurlijk moeten we dat doen. En ik geloof dat de kerk nog geen grote bus heeft. Als ik naar huis ga zal ik een grote bus naar de kerk sturen.

Maar spoedig daarna hoorde ik dat het kind gestorven was. Wonmi's ouders gingen meteen naar de kerk toen ze thuis kwamen, maar na verloop van tijd bleek dat ze de dag des Here niet hielden. Maar het is iets om dankbaar te zijn dat de geest van Womni gered was en dat ze gelukkig voor eeuwig leeft in het hemelse Koninkrijk waar geen tranen en zorgen zijn.

God genees hen overeenkomstig hun geloof

Het was in het begin van mijn bediening dat mijn hart brak door te zien dat de mensen de genade van God in de steek lieten, de kerk verlieten, en terug keerden naar de wereld

"Vader God, ze hebben U ontmoet, Uw werk ervaren, en werden genezen, en hoe is het mogelijk dat ze zo leven?" Ik riep het uit met veel tranen in mijn gebed met een gebroken hart, en op een dag hoorde ik de stem van de Here .

"Mijn dienstknecht, toen Ik de tien melaatsen genas, negen van hen gingen weg en slechts een kwam terug om God de glorie te geven. Op de zelfde manier, als je de Vader en hen geneest met je geloof, en ze de waarheid en leven niet in zich hebben, zullen ze de genade missen en de kerk verlaten. Daarom zullen ze niet alleen weggaan

omdat ze naar het woord luisteren en geloof hebben. Als ze dan genezen zijn door hun geloof, zullen ze de kerk niet verlaten. Omdat je bid, genees Ik hen door jouw kracht, maar verander nu de inhoud van het gebed. Je moet bidden dat ze genezen overeenkomstig hun geloof. "

Het uiteindelijke doel van het leiden van een Christelijk leven is de redding van onze geest en voor ons om naar het hemelse koninkrijk te gaan. Toen Jezus de melaatsen genas, kwam er slechts een terug naar Jezus en gaf God de glorie (Lukas17: 11-19). De andere negen verlieten God en gingen de wereld in. Slechts een werd gered.

Mensen komen naar de kerk omdat ze aandoeningen of andere problemen hebben, maar als ze de aanbiddingsdienst bezoeken, naar de boodschap luisteren en komen om de wil van God te kennen, krijgen ze geloof en leven. Het is de wil van God om ze te genezen als ze de Heilige Geest ontvangen, geloof in de hemel en hel, en het geloof om gered te zijn. Als ze genezen zijn zonder geloof, behalve voor hen die een heel goed geweten hebben, zullen de meeste terug gaan naar de wereld. Uiteindelijk zullen ze niet gered zijn. Zo, sindsdien veranderde ik mijn gebed door te zeggen "Heer genees hen naar hun geloof". God liet echt zijn genezende werken zien als ze hun geloof lieten zien.

Geloof dat het weer controleert

Op 1 Augustus, 1983, hadden we de eerste zomer retraite in Daebu Island vlakbij Inchon. Maar, de nacht voor de retraite, regende het heel hard met donder en bliksem. De veerboot die naar Daebu Island ging, ging maar een keer per dag. Ik vroeg God, "God, hoe kunnen we naar de retraite gaan in die regen? Stop alstublieft de regen!"

Volgens de dienstregeling stonden we gepland om om 5 uur te vertrekken vanuit de kerk, dus enkele studenten die ver van de kerk woonden, sliepen die nacht in het kerkgebouw. Ik wilde wat gaan slapen in mijn woonplaats, maar ik kon niet slapen van het harde geluid van de storm. Ik bad enkel in mijn hart, toen ik om 3 uur de Heilige Geest hoorde zeggen om me geen zorgen te maken. Ik ging naar de kerk om de ochtend bidstond van 4 uur te leiden, en er waren enkele jonge volwassen leden aanwezig. Na het ochtend gebed, het was 4.55 uur, werd de storm zelfs nog heviger. Er was nog meer donder en bliksem, en de hevige regen raakte de glasramen.

Ik zei, "Laat ons samen bidden dat de regen zal stoppen!" Aangezien ze getuigen zijn geweest van vele wonderen in de Vrijdag nachtbidstonden, hadden de studenten en jonge volwassenen een sterk geloof. Degene die in de kerk waren, baden ernstig voor een paar minuten, maar het bleef donderen en bliksemen.

Ik hoorde, *"Wees niet bezorgd. Neem je bagage en ga naar beneden naar de eerste verdieping. Wanneer iemand op de grond zal stappen, zal de regen ophouden!"*

Toen ik het krachtig verklaarde, antwoordde iedereen met een 'Amen'. Ze stonden allemaal op en gingen naar beneden, naar eerste verdieping. Toen de eerste persoon op de grond buiten stapte, stopten de hevige regen, donder en bliksem onmiddellijk. Door deze ervaring, gaf God ons een groter geloof als een geschenk.

De uitleg van moeilijke schriftgedeeltes ontvangen en de 'Boodschap van het kruis'

Na de opening van de kerk werd ik uitgenodigd om te spreken op vele opwekkingssamenkomsten. Ik preekte het woord om geloof te planten in iedere toehoorder en om hen een gelegenheid te geven om de liefde van God te begrijpen. Iedere keer wanneer ik voor de zieken bad, werden er vele mensen genezen. De lammen gingen wandelen en de blinden ontvingen zicht. Vele wonderen namen plaats. God onderwees me ook wat ik moest preken in deze opwekkingssamenkomsten. Ik preekte over Jezus Christus, God de Vader, waar geloof en eeuwig leven, wonderen, opstanding, de wederkomst van de Heer, en over het hemelse Koninkrijk.

Gewoonlijk, gingen de samenkomsten door van maandag tot donderdag. Ze begonnen om 6 uur 's avonds, en om 7,30 uur begon de boodschap. Ik ging meestal door tot 11 uur of middernacht, omdat de voorganger en de toehoorders mij vroegen om mijn boodschap te continueren. Na de avondsessie, sliep ik voor een paar uur en leidde de ochtenddienst. In 1983, ging ik door het hele land om te spreken in opwekkingsdiensten. Op een dag zei de Heer tegen mij om te stoppen met het spreken op opwekkingssamenkomsten en om naar de bergen te gaan om te bidden.

Hij legde mij de Bijbelgedeeltes uit die moeilijk uit te leggen waren. Ik had gebeden om de uitleg te ontvangen van deze moeilijk te begrijpen gedeeltes, gedurende 7 jaar, en uiteindelijk ontving ik het antwoord van de Heer. Dus van Mei 1983, stopte ik met het spreken in de opwekkingen, en ging ik naar de Kwangju Gebedsberg in Kwangju, Kyeong-gi Do. Na de zondag avonddienst, ging ik naar daar om de hele dag te bidden, en op vrijdag kwam ik terug naar de kerk om de Vrijdag nachtdienst te leiden. Dit leven ging zo verder voor vele jaren.

Strijden in de koude winter en hete zomer

In de zomer, was de zon heel sterk, en in de winter, daalde de temperatuur tot min 10 -15 graden Celsius. Maar ik legde enkel een een legerdeken op de rots en riep het uit tot de hemel in gebed. Zelfs in de koude winter, ging ik de berg op, en bad ik gedurende de hele dag tot 's avonds. Ik streed de hele dag in het koude weer. Wanneer de temperatuur lager was dan -10 graden Celcius, zweette ik niet, ook al riep ik het uit en streed met al mijn kracht in gebed.

Omdat ik geen geld had, kon ik het me niet veroorloven om een gezellig en warme verblijfplaats te hebben. Ik kon me enkel een steenkool briquette veroorloven voor een hele dag. De lucht in de kamer was koud. Het papieren raam was gescheurd en koude wind kwam naar binnen. In de kamer, had ik inkt om de uitleg van de moeilijke Bijbelgedeeltes op te schrijven, die de Heer mij gaf. De kamer was zo koud dat de inkt waar ik mee schreef bevroren was. Ik moest het smelten vooraleer ik kon schrijven. Omdat ik geen fatsoenlijk deken had, sliep ik heel oncomfortabel met slechts een leger deken. Ik zou 's morgens vroeg opstaan en naar de kerk gaan om de ochtendbidstond bij te wonen. Na het ontbijt, ging ik terug naar de berg en bad de hele dag.

Uitleg van moeilijke Bijbelgedeeltes bevat vele betekenissen

Soms brak ik het ijs, en waste mezelf met koud water, en dan ging ik bidden en de bijbel lezen gedurende de hele dag. Om 7 uur 's avonds, woonden de mensen de avondsessie bij, dus het was heel stil. Dan, ging ik naar de gebedskamer en streed in gebed en zweet. De Here legde mij de Bijbelverzen uit, die ik gedurende de dag gebeden had. Hij legde mij de eerste Bijbelgedeeltes uit die het moeilijkst voor mij waren om te begrijpen, en het was zoeter dan honing. Vooral, deze verzen bevatten de ondoorgrondelijke en eindeloze wil van God. Laat ons een gedeelte bekijken van de moeilijke gedeeltes die God aan mij heeft uitgelegd. In Johannes hoofdstuk 2, ging Jezus naar de bruiloft in Kana en maakte wijn uit water. Gewoonlijk, tijdens een bruiloft feest drinken mensen en worden ze overmoedig. Iemand kan zich afvragen waarom Jezus, die kwam om de mensheid te redden, maar zo'n bruiloft ging en zijn eerste teken toonde van Zijn bediening.

De bruiloft stelt de eindtijd voor wanneer mensen eten, drinken en zonde de overhand krijgt. Dit eerste teken van Jezus, symboliseerde een voorschaduw van het begin en einde van Jezus bediening. Jezus werd uitgenodigd op de bruiloft te Kana, en dat betekent wanneer wereldse mensen Jezus uitnodigen, het was om Hem te kruisigen. Hij stond hen toe om Hem te kruisigen, en uiteindelijk werd Hij gekruisigd. Het water symboliseert, water van eeuwig leven (Johannes 4: 14), en dit water is het woord van God wat eeuwig leven geeft. Het woord is Jezus Christus, die naar deze aarde kwam in een menselijk lichaam. Wijn staat voor het kostbare bloed van Jezus. Het symboliseert dat Jezus, het woord dat naar de aarde kwam in een menslijk lichaam, aan een kruis zou hangen en Zijn kostbare bloed zou geven in de toekomst. Jezus die naar deze aarde nederdaalde, die vol van zonde was, zou Zijn heilige lichaam opgeven aan het kruis en al Zijn bloed en water laten vloeien. Dit vers toont ons deze liefde van de Heer.

Water veranderen in wijn betekent dat het bloed van Jezus wat zou vloeien aan het kruis, het bloed zou worden wat eeuwig leven geeft. De wijn die Jezus maakte op het bruiloft was pure druivensap zonder enige substantie die mensen dronken kon maken. Alsook, mensen die de wijn proefden gemaakt van water, en zeiden dat het lekkere wijn was. Het symboliseert dat mensen gelukkig zullen worden wanneer hun zonden gereinigd zijn door het drinken van het bloed van Jezus en hoop krijgen op het hemelse koninkrijk.

Als laatste zegt het, *"Dit heeft Jezus gedaan als begin van Zijn tekenen te Kana, Galilea en Hij heeft Zijn heerlijkheid geopenbaard, en Zijn discipelen geloofden in Hem."* Hier, om 'Zijn heerlijkheid te openbaren,' is verwant met de vier evangeliën, die vermelden dat Jezus het kruis zou nemen, maar op de derde dag na Zijn begrafenis, zou Hij de autoriteit van de dood verbreken en opstaan om Zijn glorie te laten zien. Daarom, bevat dit kleine gedeelte vele uitleggingen.

De discipelen waren overal verspreid toen Jezus gekruisigd werd, en zelfs wanneer mensen die de verrezen Heer gezien hadden, vertelden dat Jezus was opgestaan, geloofden ze het niet. Enkel nadat ze zelf de verrezen Heer ontmoet hadden, geloofden ze het. De discipelen geloofden in Jezus, niet toen ze het eerste teken zagen in de bediening van Jezus, maar ze geloofden toen de Heer Zijn heerlijkheid openbaarde toen Hij gekruisigd werd, de autoriteit van de dood verbrak en verrees. Door dit eerste teken wat Jezus aan ons toonde, zijn we nu in staat om te begrijpen dat het niet alleen bedoeld was om te helpen op de bruiloft in deze fysieke wereld.

De 'Boodschap van het kruis,' het geheim wat verborgen is van voor het begin der tijden

Toen ik Gods genade en liefde begon te begrijpen terwijl ik de vier evangeliën las, die schrijven over de bediening van Jezus, kon ik niet aan een stuk door lezen omdat ik een loopneus had en vele tranen huilde. Ik begon te huilen vanaf de scène dat Jezus voor Pilatus stond. Wanneer ik las over Jezus die geslagen werd met de zweep, dragende een doornen kroon op Zijn hoofd, en dat Hij gekruisigd werd, huilde ik veel en voor een lange tijd. Ik kon niet stoppen met huilen, en ik moest de Bijbel sluiten.

Ook al probeerde ik mezelf te beheersen, nam het vele dagen om de vier evangeliën te lezen. Vele jaren nadat ik de kerk opende, wanneer ik de Bijbel las, dan huilde ik. Ook, was ik bijna niet in staat om het Heilige avondmaal te nemen omdat ik zo'n drang voelde om te huilen. Maar daarna, kon ik mijn tranen beheersen, toen ik volledig begreep wat een dankbaar iets het is en wat een zegen het voor ons is dat Jezus de weg van het kruis nam en dat dat de weg was voor onze redding. Ik kon nu de Bijbel lezen en deelnemen aan het Heilige avondmaal met vreugde en dankzegging. Toen ik de 'boodschap van het kruis' ontving, welke de Here mij onderwees door inspiratie, begreep ik dieper de liefde van God.

Het was in 1983, terwijl ik aan het bidden was op de Kwangju gebedsberg, dat de Heer mij ook de uitleg gaf van de 'Boodschap van het kruis.' Het legde mij uit waarom Jezus onze enige Redder is, waarom we gered kunnen worden wanneer we geloven dat Hij de redder is, en waarom God de boom plaatste van kennis van goed en kwaad, en waarom God ons, de mensheid koestert hier op deze aarde. Hij verklaarde mij deze 'Boodschap van het kruis' welke een geheim was van voor het begin der tijden. Hij toonde en legde mij ook uit de geestelijke omgeving opgeschreven in het boek Genesis.

God liet mij ook ten volle begrijpen en opnemen in diepte de betekenis en de wegen voor ons om deel te nemen aan de Goddelijke natuur door de 'Negen vruchten van de Heilige Geest,' 'de Zaligspreking' en 'Geestelijke liefde.'

Hoe kan ik de kudde voeden met het geestelijke woord?

Wanneer ik voor een langere periode op dezelfde plaats

was om te bidden, verspreidde dat nieuws zich en kwamen de mensen om gebed van mij te ontvangen. Omdat er meer en meer mensen mij kenden, moest ik verhuizen naar een andere plaats. Om gemeenschap te hebben met God in gebed, net zoals de Apostel Johannes had opgetekend in het boek Openbaringen op het eiland Patmos, had ik ook een eenzame plaats nodig, weg van de alledaagse dingen.

Dus, ik ging naar een plaats in Kangwon Do, en Jochiwon. Terwijl ik bad gedurende hete zomerdagen zonder een elektrische ventilator, was ik bezweet, maar ik voelde me niet oncomfortabel of klaagde niet.

Ik had twee vragen: "Hoe kan ik de kudde de wil van God juist leren begrijpen en hen voorzien van geestelijke boodschappen, zodat ik hen geestelijk kan voeden om perfect geloof te hebben?" en "Hoe kan ik meer bidden en de kracht van God ontvangen die de profeten en apostelen voortbrachten zodat ik in staat zal zijn om wereldzending te volbrengen en de grote kerk te bouwen?" Omdat ik zo gefocust was om deze doelen te vervullen, had ik geen tijd meer om aan andere dingen te denken.

In Mei 1984, het was een paar dagen voor mijn verjaardag. Senior Diacones Geumsun Vin, die tegenwoordig de leider is van de Great United Women's Mission Group, bracht een huis ter sprake die van een van haar verwanten was in Kangwon Do, en ik bad daar gedurende enige tijd. Het was een plaats waar ik naar toe moest met een roeiboot.

Op vrijdag, moest ik terug komen naar Seoul en de boodschappen preken in de vrijdag nachtdienst en de Zondagdiensten, maar God bewoog mijn hart om daar te blijven en te vasten voor 3 dagen. Na een 3 daags vasten, onderwees God mij de diepte van het geestelijke rijk en over het Koninkrijk van de hemel in grote details. Ik had mijn verjaardag kunnen doorbrengen in vreugde met mijn gezinsleden, maar liever nog, was het een kostbaar en vreugdvol iets om een groot geschenk te ontvangen van God na het vasten en bidden. De inhoud over het koninkrijk van de hemel dat de Here mij onderwees was als een veelomvattende boodschap. Het bracht vele gelijke verzen in de Bijbel samen. Later, heb ik deze boodschap voor vele jaren gebracht in de zondagsdiensten, en het is uitgegeven in twee boeken.

Zelfs de buren op de marktplaats zeiden " Ga naar de Manmin kerk"

Er was een marktplaats naast onze kerk. Omdat de kerk gelegen was aan de rand van de markt, moesten vele mensen over de markt wandelen als ze van de bus stapten om naar de kerk te gaan. Dus, de verkopers op de markt, zagen vaak mensen die kinderen bij zich hadden die in een levensbedreigende conditie waren, zoals na een verkeersongeval.

Vandaag de dag, worden er veel rolstoelen gezien, maar dat was niet echt bekend in die tijd in Korea. Wanneer de verkopers de spoed patiënten zagen, zeiden ze, "Ze zijn onderweg om de voorganger van de Manmin Kerk te ontmoeten." Wanneer diezelfde mensen gezond terugkwamen binnen een of twee dagen en dingen kochten op de markt, waren de verkopers verrast.

"Was jij niet degene die gisteren gebracht werd op een

brancard?"

"Ja, dat ben ik."

"Hoe komt het dan dat je kan nu zo kan wandelen?"

"Ik werd gisteren genezen door gebed."

Omdat de verkopers deze soort dingen vaak zagen, erkenden ze dat God levend is. Maar wanneer we het evangelie preekten tegen hen, zeiden ze dat ze wisten dat God leefde, maar dat ze te druk bezig waren met hun levensonderhoud en de kerk niet konden bijwonen. Ook al werden ze geen deel van de kerk, wanneer ze iemand zagen die ziek was, gaven ze die persoon het advies om naar de Manmin kerk te gaan.

De Here werkte met ons

Verhuizen naar de tweede kerk

Ongeveer een jaar na de openingsdienst, was er geen plaats meer voor nog meer mensen. Wanneer we aanbiddingdiensten hadden, waren de gebedsplaatsen, de gangpaden en zelfs de woonkamer gevuld met mensen. Er was absoluut gen plaats meer. Dus begonnen we te bidden om te verhuizen naar een grotere plaats.

We hadden een plaats nodig van tenminste 6500 m^2, maar het geloof van de kerkleden was niet groot genoeg. Toen ik opnieuw begon te bidden voor een nieuw kerkgebouw, werd Gods woord gegeven. *"Ga en bouw een tijdelijke verblijfplaats op een openstaande plaats. Het zal instorten, dus, bouw het opnieuw. Dan zal het opnieuw instorten. Daarna, zal Mijn voorziening geopenbaard worden."*

In September 1984, was er een openstaand stuk op het

dak van een één verdiepingswinkel, vlakbij de markt. God zei ons om een tijdelijke structuur daar neer te plaatsen, maar Hij stond mij niet toe om de leden te vertellen dat het zou falen. Natuurlijk, wettelijk was het niet toegestaan om een permanent gebouw te bouwen op het dak. Ik legde hen uit dat het de wil van God was om daar een tijdelijk gebouw te bouwen en liet hen beginnen aan de bouw. De eigenaar van het gebouw ging akkoord, en hij zei dat hij naar de plaatselijke overheidskantoor zou gaan en de toestemming zou krijgen die nodig was om een tijdelijk gebouw te bouwen.

Menselijk gezien was het iets moeilijks om te aanvaarden, om een tijdelijk gebouw te bouwen op het dak van een gebouw en het te gebruiken als een kerk. Maar, omdat het een woord van God was, gehoorzaamde ik. Ik wist ook dat het gebouw zou instorten wanneer het gebouwd was. Nadat de leden de cementstenen hadden geplaatst, de burgerlijke werkers van het overheidskantoor kwamen en gooiden het neer. Toen we het gebouw opnieuw bouwden, gooiden ze het opnieuw neer. Tijdens dit proces, waren er enkele leden die begonnen te klagen, maar de meeste werkers keken op naar God die alle dingen doet medewerken ten goede en baden ernstig met eenheid van hart. Zelfs de verkopers op de markt waren zich bewust van Gods werken die gebeurden door de Manmin kerk. Terwijl onze leden door deze moeilijke situatie heengingen, werd de passie voor een nieuw kerkgebouw groter en dieper en onze harten werden één gemaakt. Zoals dit, was God al bezig met het voorbereiden van een nieuw gebouw.

Tot die tijd, was er geen gebouw die onze kerk kon gebruiken. Maar op een nabijgelegen locatie was er een gebouw van 6500 m^2 wat volledig klaar was en wat we konden gebruiken. God zei ons om naar dat gebouw te verhuizen. We hadden ongeveer 300 leden op dat moment, en de hoeveelheid van de offers was zelfs nog niet voldoende voor zendingsdoeleinden. De meeste leden waren niet zo rijk, dus het was niet gemakkelijk om een paar miljoen won bij elkaar te krijgen. Dus, als ik de leden vanaf het begin had voorgesteld om naar een gebouw te verhuizen met een grote van 6500 m^2, hadden ze veel kunnen klagen. Alleen maar om de plaats te huren, hadden we 40 miljoen won (40,000 US dollars) nodig. We hadden dan nog eens 20 miljoen won nodig om het om te bouwen tot een kerk. Het was iets wat heel moeilijk was om voort te brengen met het geloof van onze leden. Maar, terwijl de leden door een tijd van beproeving gingen, werd hun verlangen naar een grotere kerk steeds groter, en terwijl ze samen baden met een hart vol van passie en waren ze verenigd in denken en kracht. Het leek wel dat we het bedrag zo bij elkaar hadden om te verhuizen naar onze kerk. Uiteindelijk, op 31 December, 1984, huurden we het gebouw in Dae-Bahng Dong, Dong-jak Gu, en hadden we daar onze eerste samenkomst. God liet het geloof van de leden toenemen door deze beproeving.

Kerk organisaties oprichten

De grote van de kerk nam snel toe, terwijl God nieuwe leden zond. Het geloof van de leden nam ook sterk toe vanwege de wonderbaarlijke werken van God die met ons waren door de wonderen en tekenen die voortdurend plaats vonden in ons midden. Sommigen kwamen alleen maar naar de kerk om genezing te ontvangen, maar er waren ook velen die kwamen omdat ze dorstig en zoekende waren naar het levende woord.

In Oktober 1983, werd de Manmin Prayer Center opgericht. God leidde mijn vrouw, Boknim Lee, om iedere dag genezingsdiensten te leiden om de patiënten geestelijk en lichamelijk te genezen. Hij wees haar haar plicht toe als de president van het gebedscentrum. Ze leidde elke dag genezingssamenkomsten, en concentreerde zich op nazorg, het verzorgen van de bezoeken aan leden en gebeden. In januari 1984, werd de 'Prayer Devotee's Mission,' opgericht met de plicht om te bidden voor het koninkrijk en de gerechtigheid van God. Prayer devotees bad niet alleen, maar ze woonden ook de genezingsdiensten bij en hielpen de patiënten met hun gebeden.

In Maart 1984, werd de Manmin Kindergarten geopend, de zending voor kinderen. Binnen enkele jaren na de opening van de kerk nam de vorm en structuur van de organisatie van de kerk een vaste vorm aan.

In Oktober 1985, terwijl mijn vrouw haar plicht vervulde als president van het gebedscentrum. Begon ze ook nacht bidstonden met enkele mensen, Deze gebedssamenkomsten werden het begin van de Daniel Prayer Meeting van vandaag waarbij duizenden leden samenkomen en iedere nacht bidden. President Boknim Lee concentreerde zich op bidden en vasten. Ze zocht niet haar eigen persoonlijke geluk voor het gezin, maar ze leefde voor andere zielen. God werkte met een duidelijke stem van de Heilige Geest en zegende haar door het tonen van vele wonderbaarlijke werken. Ze leid nog steeds de Daniel Prayer Meeting iedere dag. Vele leden ervaren Gods kracht en ontvangen antwoord die gegeven wordt in hun gebedstijd en aanbidding in de kerk. Door deze Daniel gebedssamenkomsten, zijn de zielen van de kerkleden voorspoedig. Het is de drijfveer van kerkopwekking.

Degene die verlangden naar het levende woord kwamen en luisterden naar de geestelijke boodschappen, en ze ontvingen vrede en rust. Degene die een antwoord ontvingen en een oplossing voor hun problemen, bleven in de kerk, en de kerk kwam tot standvastigheid.

Medisch Student met een hersentumor

Sooyeol Cho, werd geboren in een Christelijk gezin. Hij ontwikkelde een ziekte genaamd, 'neuskeelfibroom.' De bloedvaten in de neus bundelden zich samen en vormden een tumor. Later, ontwikkelde het zich in een hersentumor.

In die tijd, was een van Sooyeol Cho's familieleden de vice-directeur van het Seoul Nationale Universiteits ziekenhuis. Hij onderging een grote operatie van 8 uur. Maar zelfs na de operatie had hij nog steeds een blokkade in zijn neus. Maar terwijl hij college volgde, werd hij bevriend met de wereld, en zijn symptomen werden erger. Drie maanden na de operatie, was zijn neus geblokkeerd en waren er opnieuw vele neusbloedingen. Hij ging naar het ziekenhuis en de dokter zei dat het teruggekomen was.

Voor zijn vorige operatie had de dokter gezegd dat er een hoge kans bestond dat de tumor zich zou uitzaaien in de hersenen, en de wortel van de tumor was al reeds in de hersenen, en nu had hij hersentumor. In December 1984, realiseerde hij zich dat hij niet genezen kon worden door de medische wetenschap. Hij kwam te weten over onze kerk en schreef zich in samen met zijn gezinsleden.

In Januari 1985, ontving hij genade tijdens de

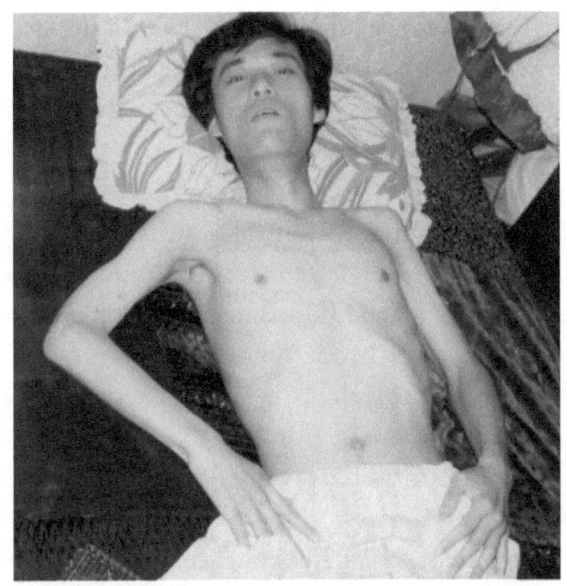

Sooyeol Cho lijdt aan longontsteking

Hij is vandaag een gezonde voorganger

opwekkingssamenkomst, en werd genezen. In die tijd, stelden de dokters een andere operatie voor, en hij dacht nog steeds dat hij genezen kon worden door de medische behandeling.

Maar in 1986, terwijl hij meer dan 10 keer een grote hoeveelheid bloed verloor, realiseerde hij zich volledig dat hij alleen maar kon leven door genade. Gedurende twee episodes had hij overvloedige rectale bloedingen die hem uitputten.

Terwijl ik aan het bidden was in Jochiwon gedurende de weekdagen, op een dag, in mijn gebed, voelde ik een onuitsprekelijke grote last in mijn hart, en ik realiseerde dat Sooyeol Cho in een buitengewone kritieke toestand was. Ik bad tot God met tranen.

Op dat moment, een diacones die veel bad in onze kerk, ontving een visioen, en ze zei dat ze me zag en dat ik Jezus vast hield aan de rand van zijn kleed en vroeg voor het leven van deze jonge man. Zelfs daarna, iedere keer wanneer de jonge man in een levensbedreigende situatie was, liet de Heilige Geest het mij weten, en hij ging door deze kritieke situaties terwijl hij gebed ontving. Sinds die tijd, kreeg Sooyeol Cho geestelijk geloof, en tot die mate, werd hij ook beter.

Wanneer hij niet bad of niet volledig vervuld was met de Heilige Geest, werd het gezwel in zijn neus groter en blokkeerde zijn keel, of er kwam zoiets als een tong in zijn mond, of het gezwel kwam uit zijn neusgaten. Op die momenten, wanneer hij zich bekeerde en gebed ontving van mij, was hij rein. Door dit proces leerde de jonge man de vleselijke gedachten kennen en het kwaad in hem, en hij begon te vasten, denkende, "Als ik sterf, dan sterf ik."

Hij deed zijn uiterste best om zichzelf te veranderen. Uiteindelijk werd hij een volkomen gezond persoon. Nu, dient hij de kerk als een van de assistent-voorgangers. Hij heeft een gelukkig gezin met zijn vrouw en een zoon.

Een lichaam verstijfd door een koolmonoxide vergiftiging

In Februari 1985, op een zaterdag namiddag, was ik aan het bidden in mijn kamer. Buiten, was er een grote opschudding van mensen en ik hoorde iemand roepen dat er iemand dood was. Toen ik buiten kwam na het gebed, was er een zuster uit onze kerk die bezweken was door een koolmonoxide vergiftiging.

Ze was thuis gekomen van de vrijdag nachtdienst, maakte een steenkool aan, en ging slapen.

Maar na 2 uur 's middags op zaterdag, werd ze gevonden met een gasvergiftiging. Toen ze gevonden werd, had ze het gas al voor vele uren ingeademd, dus haar lichaam was al verlamd en er waren blaasjes in haar mond. Een van haar buren, vond haar en bracht haar naar mijn woonplaats, maar het leek erop alsof ze al dood was. Ze was buiten bewustzijn, en haar lichaam was reeds heel stijf en koud.

Ik legde mijn handen op haar en bad, "In de naam van Jezus Christus, beveel ik elk koolmonoxide gas, om weg te gaan! Ga weg door haar beiden ogen, beide neusgaten, door haar mond en van elke cel van haar lichaam!" Op dat moment eindigde ik mijn gebed en nam mijn hand van haar, en de zuster kreeg opnieuw warmte in haar lichaam, en ze opende langzaam haar ogen. Toen begon haar stijve lichaam los te komen. Mensen om haar heen begonnen haar lichaam voor enkele minuten te masseren, en haar lichaamsbeweging werd hersteld. Ze ging rechtop zitten en haar gezondheid herstelde zich volledig zonder nawerkingen.

Als ze naar het ziekenhuis was gebracht, nadat ze gevonden was, was er maar een kleine kans op herstel geweest. Zelfs al zou ze leven, zou ze levenslang traumatisch geleden hebben en verzwakte hersenbeschadiging hebben opgelopen. Maar de Almachtige God die zelfs de doden opwekt, toonde Zijn kracht, ze was volledig normaal binnen twee minuten. Zij is Minsun Lee, die later getrouwd is met Pastor Jeon-hwan Cha van onze kerk.

"Ga alstublieft naar Shindaebang Dong."

Soms bad ik ook voor hen die niet meer ademden. In juni 1985, gebeurde er iets met de 2-jarige dochter, Seung-ah, van diaken Seok-hee Cho's. Haar moeder was worst aan het bakken, en haar dochter kwam naar haar toe en stak haar hand uit. Dus gaf haar moeder haar een klein stukje worst. Maar spoedig merkte ze dat haar dochter niet meer in de kamer was. Dus ging ze naar een ander kamer, en daar lag Seung-ah te sterven met bobbels in haar mond, proberende om lucht te krijgen, en haar huidskleur was al blauw.

Het gebeurde slechts in een paar minuten, en ze was zo verbaasd. Ze droeg haar snel op haar rug en nam een taxi. Omdat ze gehoord en gezien had dat de ongeneselijke ziektes genezen werden en de doden terug tot leven kwamen in onze kerk, toonde ze haar geloof aan God. Ze zei tegen de taxichauffeur om naar Shindaebang Dong te rijden. Hij gaf als antwoord dat er hier ook vele ziekenhuizen waren, waarom wilde ze dan naar zo'n verre plaats gaan?

"Nee, er is een hele bekwame dokter in Shindaebang."

Ik was in huis toen ze aankwam, dus ik kon voor haar bidden, Ik hoorde dat het jonge kind al niet meer ademde en haar lichaam was al koud van in de taxi te zijn. Ik bad ernstig tot God om de geest terug te brengen van het dode kind. Zodra het gebed voorbij was, werd het kind wakker en haar ademhaling herstelde zich volledig. Sinds die tijd, is ze goed op gegroeid zonder nawerkingen. Op dit moment studeert ze aan de Kyung-hee Universiteit, en dienen haar ouders als voorgangers in de Jinjoomun Manmin kerk in Sacheon, in de provincie Kyeong-nam.

Derdegraads brandwonde genezen door Gods kracht

Op zaterdag 6 April, 1986, Senior diacones Eun-deuk Kim, die toen 62 jaar oud was, had een ongeval toen ze aan het werken was in de keuken van de kerk. Er stond een hele grote pot op het gasfornuis in de keuken, en ze waren water aan het koken om noodles te maken.

Toen ze uitgleed, nam ze per ongeluk het handvat van het gasfornuis, met als resultaat dat het kokende water uit de grote pot stroomde. Het water viel op haar borst, buik, armen en benen en liet ernstige brandwonden na. Gelukkig was ze niet verbrand in haar gezicht en hoofd.

Toen ik het nieuws hoorde, ging ik naar de keuken. Ik bad voor haar terwijl ze op de grond lag. De brandwonden waren zo ernstig dat haar huid gekookt was en het bleef aan haar kleren plakken. Ze had nog steeds een zwak bewustzijn. De hitte was ondraaglijk voor haar, maar toen ik bad, zei ze dat ze de hitte voelde weggaan van haar lichaam. De hitte ging weg van haar linker borst naar de rechter borst en ging naar beneden en uit haar lichaam door haar rechter voet.

Ondanks dat de hitte weg was, leken de verbrandde delen op geroosterd vlees, en daar waar de kleren aan de huid hadden gekleefd, was het vlees afgescheurd. Het was gewoon ellendig. Als ze in deze situatie naar het ziekenhuis was gegaan, was haar leven niet zeker geweest. Ook al zou ze in leven blijven, zou het vele jaren duren om huid te implanteren. Zelfs met vele operaties, zou ze zoveel nawerkingen hebben en littekens. Ze werd naar mijn woonplaats gebracht, en ik bad iedere dag een keer voor haar. Ze nam zelfs geen enkele medicijn of injectie,

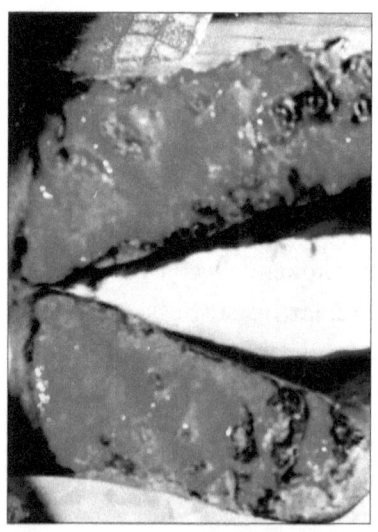

Genezen van 3de graad brandwonden

maar door Gods werk herstelde ze heel snel.

De volledig gekookte en dode cellen werden korstjes zoals een berkenboom, en spoedig vielen de korstjes eraf en kwam er nieuwe huid. Er kwam nieuwe huid op de delen die verbrand waren, en er werden nieuwe bloedvaten gevormd. De dode huid, werd opgewekt. De leden die haar bezochten zagen hoe dit volledige proces plaats nam.

Senior Diacones Eun-deuk Kim was 3 maanden na het ongeval volledig genezen.

Ze werd volledig normaal. Vanaf 2007, is ze 82 jaar, en leidt een toegewijd ijverig christelijk leven.

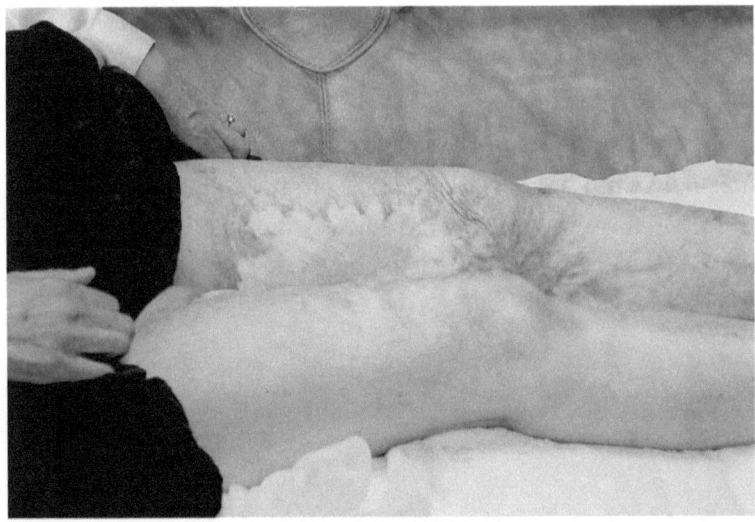

Volledig genezen en de ontwikkeling van nieuwe huid na gebed

IJverige werken

"De Heer (Jezus) dan werd, nadat Hij tot hen gesproken had, opgenomen in de hemel en heeft Zich gezet aan de rechterhand Gods. Doch zij gingen heen en predikten overal, terwijl de Here medewerkte en het woord bevestigde door de tekenen, die er op volgden" (Marus 16:19-20).

Toen de discipelen uitgingen om te prediken, werkte de Here met hen mede. Op dezelfde wijze, leek het dat ik mijn handen op de patiënten legde, maar in feite, waren het de met bloed-bevlekte handen van de Heer die op hen werden gelegd. Degene die de gave hadden om visioenen of geestelijke dingen te zien, getuigenden dat wanneer ik bad, de Here samen met mij Zijn hand legde op de zieke delen van de patiënten.

Ik bad voor de zieken tijdens iedere aanbiddingssamenkomst, en vele mensen zien een grote massa vuur uit mijn armen komen. Dit vuur, welke het vuur van de Heilige Geest is, gaat naar ieder lid, overeenkomstig aan zijn geloof en brand de ziekte weg. Wanneer ik mijn handen op hen legde, bad ik ernstig voor hen met heel mijn hart en met geloof om hen te genezen en hun problemen op te lossen, en God beantwoordde deze gebeden door de ijverige werken van de Heilige Geest.

De inspiratie van de Heilige Geest vertelt toekomstige dingen

Aangesteld als een voorganger

In Mei 1986, vier jaar nadat ik de kerk opende, werd ik aangesteld als een voorganger. We hielden een Church Entrusting dienst in juni. Op die dag, gaven de kerkleden mij een grote gouden sleutel als een symbool van hun vertrouwen en liefde. Dit betekende dat de volledige autoriteit wat betreft de kerk, aan mij gegeven werd als de voorganger en dat ze mij zouden vertrouwen en gehoorzamen. Ik heb nog steeds dit geschenk wat de kerkleden met oprechtheid gegeven hebben, als een schat.

Na de aanstelling, leidde de Here mij ertoe om aan Hem een 21-daagse Daniël vasten te offeren. Ik probeerde met God te spreken door vasten en bidden op mijn gebedsplaats in Jochiwon. Toen, begon de Heer mij het boek Openbaringen uit te leggen, waarin de dingen staan op geschreven van wat er zal geschieden in het laatste der dagen.

Vanaf de zondagochtend dienst op 20 juli, 1986, begon ik de serie met de lectuur van Openbaringen. Deze series gingen zo verder voor ongeveer 4 jaar tot 20 December 1989. Degene die maar een kleine beetje wisten over de geestelijke wereld, omdat ze er naar verlangden om meer te weten over de geestelijke wereld, luisterden naar de boodschappen met grote vreugde.

Vrijdag nachtdienst, met mensen vanuit het hele land

Nadat we verhuisd waren naar een nieuw gebouw en een opwekkingsdienst hadden, was al spoedig de hele kerk opnieuw gevuld met mensen. Omdat de snelheid van de opwekking zo snel was, hadden we geen tijd om een kerkgebouw te bouwen.

In 1987, huurden we een gebouw in Shindaebang Dong, Dongjak Gu, en verhuisden naar daar. Dat was ons derde kerkgebouw. En 3 maanden nadat we de opwekkings herinneringssamenkomst van de verhuizing naar het nieuwe gebouw, was de kerk opnieuw helemaal gevuld. Het aantal geregistreerde leden in die tijd was meer dan 3,000. We gebruikten beide, de tweede en derde verdieping als kerk, maar we konden nog steeds niet iedereen onderbrengen, er was gewoon onvoldoende ruimte. Sommige mensen die kwamen, moesten gewoon terug gaan.

Tegen juni 1989, waren we gegroeid in een mega grote kerk met 6,000 geregistreerde leden. Sedert de opening van de kerk, wilde ik mij alleen maar concentreren op het woord van God en gebed om de door God-gegeven plicht volledig te vervullen. Dus, ik liet de zorg over de leden over aan de assistent-voorgangers. In de dagen van de eerste gemeente, omdat de apostelen zoveel werk hadden terwijl de kerken groeiden, kozen ze zeven diakenen uit om het werk in de kerk te doen. De apostelen concentreerden zich enkel op het woord van God en gebed (Handelingen 6:3-4). Op dezelfde wijze, raakte ik niet betrokken met de financiën van de kerk, en we hadden iedere afdeling die voor ander werk stond.

We hielden één tot twee keer per jaar een voorgangers' conferentie om de voorgangers te bemoedigen en hen krachtige bedienaren te maken. Ik wilde oprecht krachtige voorgangers hebben, die geliefd konden worden door God en de kerkleden, meer dan mijzelf, dus ik deed mijn best om zoveel mogelijk assistent-voorgangers op te voeden.

De vrijdag nachtsamenkomst, was bekend in het gehele land, als zijnde vol van de Heilige Geest, en vele mensen, ongeacht hun denominatie kwamen. Hoe goed is het niet dat ze gevuld worden met de Heilige Geest gedurende de nacht en dan terugkeren naar hun kerken om daar te dienen op Zondag! Beginnende met de vrijdag nachtdienst op 12 december 1986, begon ik lessen te geven over het boek Job, die de Here had uitgelegd aan mij. De series eindigden de vrijdag nachtdienst op 11 december 1992.

Het waren geestelijke boodschappen welke verschillend waren van andere uitleggingen over het boek Job. Het was een kostbare boodschap die het hart analyseerde van een mens, genaamd Job. Het werd gegeven, zodat wij het kwade en de onwaarheid van ons hart konden ontdekken. Ook vanaf 1989, begon de Heer mij te onderwijzen in detail over de 'Geest, ziel en lichaam' van de mens. Daarna onderwees Hij mij over de verschillende 'dimensies'. Wanneer ik de mensen deze dingen onderwees, werden hun geestelijke ogen geopend, en ik kon duidelijk de veranderingen in hen zien. Naar mate hun geloof toenam, moest ik hen nieuwe dingen onderwijzen. Dus, moest ik doorgaan met het gaan naar de diepere niveaus van de geestelijke wereld.

Verander zelfs nog een persoon meer in tarwe

Op een dag terwijl ik aan het bidden was, zei de Heer, met klaagzangen,

"Mijn dienstknecht, publiceer heel snel de boeken met de boodschappen die Ik u heb onderwezen. Vandaag, zijn er maar weinig mensen die echt geloof hebben en die gered kunnen worden. Ze zeggen dat ze geloven, maar ze doen wetteloosheid. Ze kruisigen Mij opnieuw. Ze geloven niet, maar ze begrijpen hun geloof niet."

Jezus zei, *"Wanneer de Zoon des mensen komt, zal hij dan het geloof vinden op aarde?"* (Lucas 18:8). Vandaag, krijgen zonde en wetteloosheid zoveel de overhand, dat het moeilijk is om mensen te vinden die het ware, geestelijke geloof hebben, wat God wil.

Wanneer boeren oogsten, verzamelen ze alleen maar het graan, en het kaf zal alleen maar verbrand worden door het vuur. Gelijkerwijze, wil God liever een enkel tarwe graan, dan een grote hoeveelheid kaf. Hij verzameld alleen maar het graan in Zijn koninkrijk (Matteüs 3: 12). Hij wil dat we ijverig bidden, handelen overeenkomstig Zijn woord om de verlangens van het vlees verwerpen en het hart van God bereiken, welke de gehele geest is (1 Tessalonissenzen 5:23).

Toen de kerkleden de lessen leerden over 'geest, ziel en lichaam' en de 'dimensies,' begonnen ze hun fundamenten te begrijpen en probeerden de zonde te verwerpen. Als niemand ons verteld over de zonde, velen weten graag niets of heel weinig over de zonde. Wanneer mensen zich niet bewust zijn over de compromis met de wereld, is het vermoedelijk dat ze uiteindelijk kaf-gelovige zullen worden die niet gered kunnen worden. Daarom moeten voorgangers de gelovigen heel goed onderwijzen wat zonden zijn.

Alleen vertrouwen op God voor boodschappen

Toen Jezus zijn discipelen uitzond, zei Hij, *"Wanneer zij u overleveren, maakt u dan niet bezorgd, hoe of wat gij spreken zult; want het zal u in die ure gegeven worden wat gij spreken moet; want gij zijt het niet, die spreekt, doch het is de Geest uws Vaders, die in u spreekt"* (Matteüs 10:19-20). In het jaar dat ik de kerk opende, was ik een ouderejaars in het seminaar. Ik moest mijn huiswerk doen, aanwezig zijn op school. Ik moest ook meer dan 10 boodschappen voorbereiden per week voor de ochtend gebedsdiensten, vrijdag nachtdienst, en zondag ochtend- en avonddienst. Ik moest ook de leden bezoeken en nazorg doen, en ik moest persoonlijk voor de zieken bidden, en ik was altijd veel te druk.

Ik had zelfs geen tijd om de preek op papier te schrijven, maar wanneer ik bad, gaf God mij de titel en schriftgedeelte om te lezen. Wanneer ik er voor bad, gaf God mij Zijn inspiratie gedurende de boodschap. Wanneer ik op het podium stond, stroomde Gods woord door mijn gedachten.

Vandaag, worden de aanbiddingdiensten live uitgezonden doorheen het land en in andere landen via de satelliet of internet, dus bereid ik de aantekeningen van te voren voor. Maar vanaf het begin van de kerk totdat de uitzendingen begonnen, preekte ik zonder enige aantekening of notitie.

Ik ben maar een onwaardige dienstknecht

Op een dag in April, 1987, omdat ik niet genoeg kon bidden door gebrek aan tijd, ontving ik geen inspiratie gedurende de preek. En ik voelde zelfs dat de boodschap niet vloeide. Na de preek, had ik berouw voor God, dat ik de preek niet meer had voorbereid met meer gebed.

Iedere keer wanneer ik zo'n situatie had, voelde ik heel sterk dat ik niet in staat was om maar iets te doen, en dat ik niets ben als God niet met mij is. Als God mij verlaat, zou ik niet in staat zijn om een boodschap te brengen, er zouden geen genezingen plaatsvinden, ook al zou ik bidden, en de Heilige Geest zou niet werken wanneer ik preekte, zodat de kerkleden zouden veranderen. Ook al heb ik geprobeerd om sommige dingen voort te brengen, ben ik slechts een onwaardige dienstknecht voor God. Daarom, ook al heb ik grote kracht van boven ontvangen en ben gebruikt als een instrument van God, kan ik nooit arrogant daarover zijn.

In April 1987, werd mijn getuigenis autobiografie gepubliceerd *Eeuwig leven proeven voor de dood*. Dit boek werd keer op keer heruitgegeven en werd een best-seller. Nu op dit moment, is het al vertaald in vele verschillende talen en is verspreid in vele landen wereldwijd. Door dit boek, zijn grote aantallen mensen tot geloof gekomen in de levende God, de God van genezingen, de God die gebeden beantwoord, en de God van liefde.

Soojung Maeng, die toen in Duitsland woonde, ontving dit boek van een bekende voorganger in Duitsland en las het. Ze had een hele goede indruk over het boek. Toen ze naar Korea kwam, kwam ze naar ons kerk om een aanbiddingsdienst bij te wonen en uiteindelijk, werd ze een lid. Ze ervaarde dat haar leven veranderd was door het levende woord. Ze was vervuld met passie om het evangelie te verkondigen, en nu op dit moment, is ze een zendelinge in Washington D.C., die zichzelf toewijd aan het verspreiden van het evangelie.

"Dit is AM 837 Khz Christian Broadcasting System. Vandaag, in dit 'you are with me,' zullen we jullie het verhaal vertellen van Rev. Jaerock Lee van Manmin Joong-ang Church. Van 1 Juni tot en met 30 Juni in het programma genaamd 'You Are With Me' van de CBS radio, werd mijn getuigenis gemaakt in een toneelserie en uitgezonden. Gedurende een maand, werd het tweemaal daags uitgezonden, in de ochtend en avond. Door dit programma, ontvingen vele mensen in het hele land Gods genade en herinnerden mijn naam. Sommige mensen zeiden dat ze tot geloof in God kwamen.

Op 18 Augustus, verscheen ik in een programma genaamd 'Renew Me' op CBS, en gaf mijn getuigenis. In die tijd, vroeg de productieleider om niet te vermelden dat God mij genezen had. Hij zei dat er enkele bezwaren zouden zijn wanneer we over wonderen zouden spreken. Ik kon daar niet mee akkoord gaan, dus ik glimlachte alleen maar naar hem. Tenslotte, terwijl we de uitzendingen opnamen, vertelde ik mijn hele verhaal en het proces van Gods genezing in mij. En zelfs na de vastgestelde datum dat het zou worden uitgezonden, was mijn verhaal nog steeds niet uitgezonden, dus ik vroeg ernaar aan de uitzendmaatschappij. Ze stonden op het punt om de videoband te vernietigen, maar we waren amper in staat, om de videoband te vinden met de hulp van iemand anders, en het werd uitgezonden gedurende één uur. Ik voelde dat het goed was als ze alles zouden uitzenden zoals de waarheid was.

Profetieën door de inspiratie van de Heilige

God geeft ons de gaven van de Heilige Geest tot ons welzijn (1 Korintiërs 12:7). 1 Korintiërs 14:1-5 zegt, *"Jaagt de liefde na, en streeft naar de gaven des Geestes, doch vooral naar het profeteren. Want wie dan in een tong spreekt, spreekt niet tot mensen, maar tot God, want niemand verstaat het; door de Geest spreekt hij geheimenissen. Maar wie profeteert, spreekt voor de mensen stichtend, vermanend en bemoedigend. Wie in een tong spreekt, sticht zichzelf, maar wie profeteert, sticht de gemeente. Ik wilde wel, dat gij allen in tongen spraakt, maar liever nog, dat gij profeteerdet. Wie profeteert is meer dan wie in tongen spreekt, tenzij hij het ook uitlegt, zodat de gemeente ook stichting ontvangt."*

De Apostel Paulus wilde dat alle kinderen van God de gave van spreken in tongen ontvingen, en hij spoorde de gelovigen aan om vooral de gave van profetie te ontvangen. Soms vertelde ik de kerkleden door de inspiratie van de Heilige Geest wat er zou gebeuren, voor de stichting en om meer geloof in hen te planten. Wanneer ik bad in de ochtendbidstond, bad ik, stuur ons een bepaald aantal aanwezigen volgende week. In die tijd, nam het aantal kerkleden snel toe.

"Er zullen 50 mensen aanwezig in de dienst van volgende week."

De volgende zondag, telden onze leden het aantal aanwezigen. Het waren precies 50 mensen.

"Volgende week zullen er 65 aanwezigen zijn."

Elke week nam het aantal aanwezigen toe, en ik profeteerde iedere zondag. De volgende zondag, telden de leden het aantal aanwezigen, en ze waren altijd verbaasd.

Maar toen we de 80 mensen hadden bereikt, nam het aantal niet meer toe, gedurende verschillende weken. Toen ik ervoor bad, realiseerde ik me dat de vijand duivel het tegen werkte om te voorkomen dat we over de 100 aanwezigen zouden gaan. Ik vastte en bad met de leden en dreef de vijand duivel weg, en vanaf die week begon het aantal weer toe te nemen, en op de oprichtingsdag, op 10 Oktober, waren er meer dan 100 mensen.

Tijdens sommige speciale gelegenheden, liet God mij van te voren het bedrag van de offerande zien. Nadat we de kerk hadden geopend, hadden we ongeveer 6 miljoen won (6,000 US dollar) per week. Omdat we altijd gericht waren op de wereldzending, moesten we veel meer uitgeven dan er binnen kwam. We waren altijd in nood, en onze kerk was in geen goede financiële conditie. Ik begon ervoor te bidden tot God. Terwijl ik er ernstig voor bad, werkte de Here op een bijzondere wijze om deze moeilijke situatie op te lossen. Door een duidelijke ingeving van de Geest, liet God mij het exacte bedrag van het offer weten.

"Volgende week zal het bedrag van het offer 33 miljoen won (33,000 US dollars) zijn."

Ik ontving het antwoord, en ik vertelde de werkers die over de kerkfinanciën gingen, het precieze bedrag, om zo een zaad van geloof in hen te planten. Maar ze toonden geen bijzondere reactie, waarschijnlijk omdat ze niet in staat waren om mij te geloven. Ze leken twijfelachtig te bedenken hoe het offer 5 keer kon vermeerderen in een week.

Maar tijdens de middag van de volgende zondag, telden de werkers van het financiële comité het offer, en ze deelden me mee dat het gedrag precies 33 miljoen won was. Sinds die tijd, bad ik iedere keer tot God wanneer we financiële moeilijkheden hadden, en ieder keer zegende God ons, vele keren, zodat we deze moeilijkheden overwonnen door de genade van God. Vooral, wanneer Hij ons vele keren meer gaf dan we nodig hadden, liet Hij het mij weten, en ik vertelde het van te voren aan het financiële comité. Ik kon zien dat hun geloof groeide nadat ze vele keren door zo'n ervaringen zijn gegaan.

Hij vertelde mij over de toekomstige dingen in Korea en de wereld

Ik riep het altijd uit in gebed en leefde in de volheid van

de Heilige Geest. En de Here liet van tijd tot tijd weten over de dingen die komende waren, en ook grote en verborgen dingen. De Here gaf Petrus een visioen om hem dingen uit de toekomst te vertellen (Handelingen hoofdstuk 10), en Stefanus zag de glorie van God en de Here staande aan de rechterzijde van God. Op gelijke wijze, kan de kracht van God alles voortbrengen. Of het nu het Oude Testament is of het Nieuwe Testament , of vandaag, Hij werkt op dezelfde wijze.

Amos hoofdstuk 3 vers 7 zegt, *"Voorzeker, de Here doet geen ding, of Hij openbaart Zijn raad aan Zijn knechten, de profeten."* Zoals gezegd, wanneer ik bad, liet God mij van te voren weten over de situatie van onze kerkleden, ons land, en de wereld.

Terwijl ik deelnam aan het seminaar op 26 Oktober 1979, had ik een ongemakkelijk gevoel wat 's ochtends begon. Ik bad erover. Toen, liet de Heer mij zien dat een grote ster in ons land zou vallen. Hij liet mij weten dat President Park Chung Hee zou sterven. Ik zei mijn vrouw dat er een grote ramp zou gebeuren en ging toen naar de seminaar klas. Mijn hart was bezwaard. Ik huilde de hele dag tranen. De volgende ochtend, hoorden we het nieuws dat President, Park Chung Hee, de vorige nacht gestorven was.

Tenzij Hij Zijn geheime raad openbaart aan Zijn dienstknechten, de profeten

God liet mij van te voren zien hoe de situaties in de wereld zouden verlopen, en soms, liet Hij mij iets weten over hele belangrijke figuren. In 1984, openbaarde God aan mij dat I.P. Gandhi, die de vrouwelijke eerste minister was van India, zou sterven. God liet het mij een paar maanden voor ze stierf weten, en ik deelde het met mijn kerkleden. In oktober dat jaar, las ik in de krant een artikel dat ze was omgekomen door enkele Sjeiks.

In datzelfde jaar, liet God mij weten dat de president Reagan en de Eerste minister Thatcher opnieuw verkozen zouden worden. Hij legde mij ook uit waarom zij opnieuw verkozen zouden worden. Margaret Thatcher had de kordaatheid als een man, en ook met haar nederigheid en zachtmoedigheid, probeerde ze onberispelijk te zijn voor God. Ze plaatse haar denken niet op rijkdom en autoriteit, en diende haar mensen met liefde. God legde mij uit dat deze twee mensen geliefd waren door de mensen omdat ze van het land hielden en dienden en de mensen liefhadden.

In 1985, stierf de generale secretaris van de Communistische partij van de Sovjet Unie, K.U. Chernenko. Maar enkele maanden daarvoor in 1984, toonde God het mij in een visioen. Om geloof te planten in onze leden, vertelde ik hen wat ik gezien had. Verscheidene maanden daarna, waren er krantenartikels over zijn ziekte en uiteindelijk stierf hij.

De verklaring van 6/29 en het proces van democratisering

29 June, 1987, Mr. Taewoo Roh, de president van de Democratic Justice Party verstrekte de 6/29 Verklaring. Na de Algemene Verkiezingen op 12 februari 1985, bekritiseerde de tegenpartij het gebrek aan betrouwbaarheid van President Doohwan Chun, die verkozen was door een indirecte verkiezing, en ze vroegen voor een directe presidentsverkiezing.

Tegen deze bewegingen in, op 13 april 1987, verstrekte President Doohwan Chun, de 'Bescherming van de grondwet' om alle discussies te stoppen over de verandering van de grondwet en om de regering over te dragen overeenkomstig de huidig wet. Op 10 juni, hield hij de Democratic Justice Party conventie en verkoos Taewoo Roh als de presidentiële kandidaat van de partij, in een poging om de militaire regering te vergroten. In deze situatie, stierf er een jonge college student genaamd, Jongcheol Park, na marteling door de politie. Vanaf 10 juni begonnen er grote demonstraties in het hele land. Op 26 juni, waren er meer dan een miljoen mensen in 37 steden aan het demonstreren tot laat in de nacht. Omdat er onvoldoende politieagenten waren om de demonstraties te controleren, overwoog de regering om de militaire kracht te gebruiken. Maar uiteindelijk wonnen de gematigden. Ze besloten om de eis van de mensen te aanvaarden voor een directe verkiezing, en dit was de 6/29 Verklaring.

Op 15 Juni, 1987, leidde ik een opwekkingssamenkomst in de Cheil Kerk van Bupyeong. Op 18 Juni, gaf God mij plotseling een ingeving en visioen. Hij legde mij uit dat de 6/29 Verklaring zou worden verstrekt en de inhoud ervan. Hij liet mij weten dat er een grote verandering zou komen in het land door de sterke inspiratie van de Heilige Geest, ik begreep dat de dingen snel zouden voortbewegen.

De volgende dag, op 19 Juni, vertelde ik het mijn kerkleden alleen in het kort, en ik had de afkortingen geprint op de wekelijkse mededelingen van de aankomende zondag. De regering was er in het geheim over aan het discussiëren, en het was iets heel moeilijks om voor te stellen als een gewone burger.

Van te voren het proces printen op de wekelijkse mededelingen voor 21 Juni 1987

Overwegende de politieke situatie van een dictatoriale regering in die tijd, had ik de afkortingen op de achterzijde van de wekelijkse mededelingen geprint. We hebben nog steeds deze wekelijkse mededeling. De afkortingen waren, in Hangul, Koreaanse letters, "Min, Gey, Yak, Sei, Dae, Gye, Chong, Mo, Roh, Hu, Dae." En ik legde de details van de afkortingen uit op zondag 5 juli, tijdens de zondag samenkomst.

Het betekent, "President (Dae) Chun verstrekte de 'Bescherming van de grondwet' om de presidentiële kandidaat (Hu) Taewoo Roh (Roh) te ondersteunen. Maar als een man wordt geschoten (Chong) in zijn hoofd (Mo), zouden alle plannen (Gye) van de 'bescherming van de grondwet' falen. De invloed (Sei) van de president (Dae) Cheon werd verzwakt (Yak) door de tegenstand van de mensen, en om de eis van de mensen te aanvaarden, zou hij de 6/29 Verklaring verstrekken. Er zal een meningsuiting zijn (Gey) van de grondwet om een directe verkiezing te hebben, en dat zal het begin zijn van de democratisering (Min)."

Voor uw informatie, de 8 voorzieningen van de 6/29 verklaring zijn als volgt:

1. Vredevolle overhandiging van de regering in Februari 1988 door de grondwettelijke meningsuiting.

2. Eerlijke en juiste verkiezing beheert door meningsuiting van presidentiële verkiezingswet

3. Gratie en rechtsherstel van Mr. Daejung Kim

4. Respecteren van menselijke waardigheid en vooruitgang in de menselijke rechten

5. Vrijheid van spreken

6. Plaatselijk zelfbestuur, vrijheid van colleges en zelfbestuur van onderwijs

7. Handelingen van verschillende partijen garanderen

8. Resolute handelingen van sociaal recht

Het resultaat van de presidentiele verkiezingen

In December 1987, voor de 13de presidentiele verkiezing, bad ik ervoor. "God, wat is Uw wil? Wie is de meest geschikte president overeenkomstig Uw wil? En wie zal eigenlijk de president worden?"

God liet me weten dat de kandidaat Taewoo Roh de president zou worden in deze verkiezingen. Toen toonde God mij de kandidaat Youngsam Kim in een bloemenwagen gaan in het Blauwe Huis, het presidentiele paleis, na Mr. Roh, en de kandidaat Daejung Kim ging het Blauwe Huis binnen in een bloemen wagen.

God legde mij ook uit dat wanneer Youngsam Kim en Daejung Kim verenigd waren, kandidaat Youngsam Kim, eerst de president zou worden, en dan zou Daejung Kim de president worden. Terwijl de Here mij dit visioen liet zien, legde de Here mij uit dat het Gods wil was dat deze twee kandidaten zich zouden verenigen, maar omdat ze zich niet zouden verenigen voor de verkiezingen, zou kandidaat Taewoo Roh de president worden.

God liet mij ook weten dat kandidaat Roh meer stemmen zou winnen dat verwacht was, de tweede zou kandidaat Youngsam Kim, en de derde zou kandidaat Daejung Kim zijn, en de vierde, kandidaat Jongpil Kim zou maar weinig stemmen hebben. Hij liet mij ook weten tot in detail hoe de kandidaten Youngsam Kim en Daejung Kim zich konden verenigen en wanneer dat gebeurde, zou kandidaat Youngsam Kim eerst de president worden.

Ik schreef een brief met deze inhoud en ik liet het een van mijn kerkleden overhandigen aan de Youngsam Kim in zijn woonplaats in Sangdo Dong. Dat kerklid ging naar de woonplaats van de kandidaat Youngsam Kim, maar hij ging naar Busan voor een campagne speech, dus gaf hij de brief aan zijn vrouw. Zij las de brief terplekke en zei dat ze het zou overhandigen aan haar man. We hebben nog steeds een kopie van die brief in de kerk. Na dit alles, omdat deze twee kandidaten niet samengingen met elkaar, werd Taewoo Roh verkozen tot president.

Hoofdstuk 6

Groei van de kerk en testen

Verlies van het recht om te mogen spreken en de gebroken voorzitters hamer

Eigenlijk, was de denominatie bij welke mijn kerk behoorde de Union of the Korea Holiness Church. Sinds de opening van de kerk, deed ik mijn best om samen te werken met de denominatie, en mijn kerk groeide voortdurend.

Na de vereniging met een andere denominatie

Maar op 13 December, 1988, werkten onze denominatie en the Korea Holiness Church in Anyang samen, en we waren verenigd met de Anyang denominatie. Het was toen Pastor Taekgoo Sohn, mijn seminaar professor, de president was van de Union of the Korea Holiness Church en door zijn voorstel dat de kerken verenigd werden. Op dat moment, hadden we een zichtbare groei. Toen onze vijfde dochter kerk bevestigd werd in Suwon, maakte de Generale Vergadering van de denominatie een bezwaar tegen de naam van onze dochter kerk. Ze zeiden dat het een probleem was om de naam 'Manmin' te geven aan onze dochter kerk, we moesten de naam veranderen in "Suwon Deokwoo Kerk."

In December 1989, ontving ik een officiële brief van de Generale Vergadering dat er een onderzoek plaats zou vinden, dus moest ik om 11 uur aanwezig zijn. Op 18 December, kwam ik om 10.30 uur aan in de vergaderzaal, maar er was geen verschil te merken tot de middag. Het was pas na de middag dat ik geroepen werd en naar een vergaderzaal ging. Daar waren zes voorgangers aanwezig die lid waren van de Generale Vergadering. Zodra ze mij zagen, begonnen ze onmiddellijk vragen aan mij te stellen. Ik dacht dat we zouden beginnen met gebed of met aanbidding, omdat het een samenkomst voor voorgangers was. Ik was teleurgesteld omdat het niet zo was. Ze vuurden vragen en aanklachten af -

"Ik heb u horen zeggen dat Jezus zou terug komen na 3 tot 4 jaar, en is dat waar?"

"Ik heb nooit zoiets gezegd."
"Je bent aan het liegen! Je bent een liegende voorganger."

Ik werd sprakeloos door deze vragen. Ze zeiden mij dat ik niets moest uitleggen, het enige wat ik moest doen was antwoorden met 'Ja' of 'Neen.'

"Je kan goed liegen, en daarom bedrieg je duizenden schapen. Denk je dat wij niet zoveel kerkleden kunnen hebben door leugens te vertellen?" "Ze zeggen dat jij openbaringen ontvangt. Dus, heb je een ander woord dan de 66 boeken die in de Bijbel staan?"

"Dat is nooit gebeurd."

"Leugenaar! Jij houdt kerkleden tegen om te gaan werken en je zegt tegen studenten om niet te studeren!"

"Ik heb dat nooit gedaan."

"Je danst een heksendans op het altaar?"

"Ik heb nog nooit zoiets gedaan."

De zinloze vragen gingen zo verder. Al deze vragen kwamen voort vanuit misverstanden. Ze gaven mij geen tijd om enige aanklacht te weerleggen. Een zekere voorganger, ik zal hem 'Pastor S' noemen, die mij ondervroeg, gaf mij negen clausules die van tevoren waren voorbereid. Ik wist niet eens dat deze zinloze vragen een deel waren van het onderzoek om tot een oordeel te leiden. Deze negen clausules waren naar mijn kerk gestuurd. Ze zeiden dat wanneer ik deze negen clausules niet zou corrigeren, dat ze het oordeel van het examenteam zouden uitvoeren. De clausules waren inclusief: verbod op verkoop van mijn getuigenis boek, Eeuwig leven proeven voor de dood; Verbod op verkoop van cassettes van mijn preken, verbod op het gebruik van de naam 'Manmin' wanneer we dochter kerken oprichten; en een verbod op heilig dansen (dansen tijdens de aanbidding). Al deze dingen waren niet aanvaardbaar voor mij.

Betreffende die 'officiële brief,' voegde ik er een antwoord bij met uitleg tot in detail. Ik voegde er aan toe dat ik een brief had geschreven omdat ik niets kon vinden wat tegen het Woord van God was, en als er iets niet juist was, heb ik gevraagd om het me te laten weten. Na verscheidene maanden, zond de Generale raad mij een antwoord zeggende dat ze hadden besloten om mijn antwoord te verwerpen zonder een reden te geven waarom.

Verlies van recht om te mogen spreken

De Generale Raad van denominaties werd gehouden gedurende twee dagen, van 30 April tot en met 1 Mei. Ik was lid van de board van de vertegenwoordigers van de Raad, en ik woonde het bij. Er waren twee andere leden van mijn board, die oudsten waren in mijn kerk. Maar we konden geen stoel vinden met mijn naam erop. Ik realiseerde mij dat er een plan was om mij in de kerkelijke ban te plaatsen. Ik probeerde om hier en daar naar mijn naam te zoeken, maar kon het niet vinden. Mijn naam was ook niet op de lijst van de boardleden. Geen stoel hebben, betekent ook geen recht van spreken. Maar, omdat ik hen de waarheid wilde laten weten, hield ik de raad in de gaten van een stoel op de achterste rij.

Toen de Generale Raad begon te spreken op 1 Mei, werd mij naam genoemd. Pastor 'S', het hoofd van het onderzoekscomité, begon dingen uit te spreken die mij veroordeelden. Ze ontzegden mij het recht van spreken voor de raad, en dan, overeenkomstig hun van te voren samengestelde agenda, gingen ze verder met hun vergadering. Alle gesproken inhoud over mij was niet waar, zoals:

"Pastor Jaerock Lee zei dat hij wist op welke datum Jezus' terugkomst is. Het is geschreven op die en die pagina in zijn getuigenisboek."

Ik had nooit gezegd dat ik wist op welke datum de Heer zou terugkomen. Ik weet de werkelijke datum niet, en natuurlijk, was er zoiets niet geschreven in mijn getuigenisboek, maar omdat de toehoorders op dat moment niet in de gelegenheid waren om mijn boek te lezen, geloofden ze maar wat hun voorgesteld werd en moesten ze deelnemen aan de verkiezing. "Omdat Pastor Jaerock Lee het zo verkeerd heeft, laten we hem uit de kerk bannen. Hef je hand omhoog als je akkoord gaat."

In de vergadering van de verkiezingen om mij uit de kerk te bannen, hadden bijna alle 300 boardleden hun plaats verlaten, en er bleven ongeveer 90 leden over. Onder hen, hieven ongeveer 30 mensen hun hand omhoog, en zij waren degenen die het van te voren al eens waren met elkaar. Onze mensen telden het aantal mensen die hun handen hadden opgeheven. Het waren 30 mensen, maar de voorzitter riep om, "Achtenveertig mensen hebben hun hand opgeheven, wat meer dan de helft is, het is voorbij." Hij sloeg de hamer en ik was uit de kerk gebannen terwijl slechts 30 van de 300 board leden akkoord gingen.

De gebroken voorzittershamer

Maar toen de voorzitter de hamer sloeg, brak de nek van de hamer af en viel op de grond. Duidelijk was het iets ongewoons. Enkel door te zien dat de nek van de hamer afbrak, konden we voelen dat het geen juist oordeel was in Gods ogen. Ik, als slachtoffer, werd niet toegestaan om een woord te spreken. Op dat moment, kreeg de Oudste Boaz Jungho Lee amper het recht om te spreken, zeggende, "Alles wat tot nu toe hier is gesproken is niet waar. Hoe kan je hem oordelen, zonder hem ook maar een keer te horen? Hij is hier nu aanwezig, dus zouden we niet naar hem luisteren?"

"Dan, zullen we hem het recht geven om te spreken. Ga terug naar uw zitplaats."

Hoe dan ook, de voorzitter gaf mij geen kans om mij te verdedigen, ondanks zijn belofte. Zelfs nadat de oudste Lee terug was op zijn plaats, kreeg ik geen enkele kans om te spreken, en hij begon te argumenteren met een luidde stem,

"Voorzitter, ik ben teruggegaan naar mijn plaats alleen maar omdat u zei dat u Pastor Jaerock Lee het recht tot spreken zou geven, maar waarom geef je hem niet het recht?"

De voorzitter negeerde gewoon het bezwaar van de Oudste Lee. Alles was zo snel voorbij. Alleen maar om een kans te krijgen om te spreken, had ik daar van 's morgens vroeg, gedurende 7 uur gezeten, verdragende zoveel verachting, maar ik kreeg tot het einde toe niet de gelegenheid om ook maar iets te zeggen. Zelfs een ter dood veroordeelde geven ze nog een kans om zichzelf te verdedigen. Zelfs in een dictatoriale staat of in een gerechtelijk onderzoek bij de communistische partij, zouden ze luisteren naar de verdachte. Maar, ik had geen enkel kans tot spreken gekregen, ondanks dat ik onterecht begraven werd in de denominatie.

Proces wat de Bijbel onderwijst

De Bijbel leert ons dat er tenminste twee getuigen moeten zijn als een oudste wordt aangeklaagd (1 Timoteüs 5:19). En betreffende een dienstknecht van God, een voorganger, hadden ze mij een kans moeten geven om mijzelf te verdedigen, maar ze maakten me volledig monddood, en veroordeelden mij van een kant. Om het nog erger te maken, hun aanklachten waren niet waar, maar waren enkel verzinsels.

Toen David werd vervolgd door Koning Saul, die jaloers op hem was, had David een keer de gelegenheid om koning Saul te doden, maar hij doodde hem niet. Hij zei, *"De Here beware mij ervoor, dat ik aan mijn heer aan de gezalfde des Heren, dit zou doen, dat ik mijn hand aan hem zou slaan; want hij is de gezalfde des Heren."* Ondanks dat Saul verlaten was door God, eens was hij Gods gezalfde geweest. Alleen God kan afrekenen met Zijn dienstknechten die door hem gezalfd zijn, maar ze hebben mij gewoon uit de kerk gebannen met hun eigen wil.

Ik kon het vermijden door één keer 'Ja' te zeggen

Sommige voorgangers die in de vergadering waren vonden het erg voor mij en gaven mij hun advies zeggende, "Pastor, omdat je kerk zoveel groeit, ben je een voorwerp van jaloezie geworden. Waarom zeg je niet één keer 'Ja' tegen wat de andere senior pastors u zeggen?

Zeg alleen maar één keer 'Ja'! Als ze zeggen dat cola, cider is, zeg 'Amen,' en als ze zeggen dat cider, cola is, zeg dan ook 'Amen.'" Ik maakte geen compromis met de ongerechtigheid, maar volgde enkel het juiste pad. Ik herinnerde mij Daniël, toen hij in de leeuwenkuil werd geworpen en zelfs dan maakte hij geen compromis met de ongerechtigheid. Toen dacht ik aan de tijd toen Daniëls drie vrienden geen compromis maakten ook al werden ze in een vurige oven geworpen. Toen ik daar over nadacht, vertrouwde ik niet op de wereld maar enkel op God.

Terwijl dit nieuws zich verspreidde in onze kerk, gingen honderden leden naar de twee voorgangers die de leiding hadden over mijn kerkuitbanning om te protesteren. Ook, vele andere voorgangers die de waarheid kenden belden die voorgangers op en protesteerden. Toen, vroeg de president van de denominatie mij om hem te ontmoeten. " Ik zal de dingen die gebeurt zijn onopgemerkt voorbij laten gaan. Zeg mij alleen maar één ding," zei hij, "Dan zal ik uw naam herstellen en zullen we terugkeren naar de oorspronkelijk relatie die we hadden voordat dit alles gebeurde. Zeg mij alleen maar dat je 'Ja' zal zeggen tegen de negen clausules en hen erkent." Maar ik kon niet erkennen dat wat niet de waarheid was. Hoe kon ik nu een compromis sluiten met iets wat niet de waarheid was, uit angst om uit de kerk gebannen te worden? Ik was de hele week zo droevig en bezorgd en ik verloor vier kilogram. Als ik dacht aan de twee voorgangers die mij eenzijdig hadden veroordeeld, kon ik het niet helpen om het spijtig te vinden en ik had ook te doen met hen. Een van de voorgangers, ik zal hem 'Pastor K' noemen, die ook een van de presidenten was van de denominatie, zei dikwijls, "Manmin Joong-ang Kerk is geen Bijbelse ketter."

Ik publiceerde een boek genaamd, De hemel zal gerechtigheid verklaren en zond het naar de kerken, zonder te letten op de denominatie, door heel Korea. Terwijl ik bad, nadat dit alles was gebeurd, sprak God deze woorden tot mij,

"Je had ervoor kunnen kiezen om zelf weg te gaan bij de denominatie en dus niet door de oneer te hoeven gaan van uit de kerk gebannen te worden. Maar dit heb je niet gedaan, omdat je de denominatie niet wilde verraden vanuit jou kant. Dat is het soort van dienstknechten of kinderen die Ik wil. Je hebt de juiste weg gekozen, en spoedig zal je het hoofd worden van een kerkvergadering."

God leidde ons om een nieuwe denominatie op te richten zodat we zinloos geredeneer konden vermijden en konden werken voor het Koninkrijk van God met al onze energie. 1 juli, 1991, werd de Generale Raad van de United Holiness Church of Korea opgericht, en ik werd verkozen tot de president. Nadat we door een grote toets waren gegaan, kon ik voelen dat God een grotere kracht aan mij schonk.

Opwekkingssamenkomsten leiden door het hele land

Sinds ik een aangestelde voorganger was in 1986, werd ik in vele plaatsen door het land uitgenodigd om te komen spreken voor opwekkingssamenkomsten. Sinds 1987, sprak ik iedere maand voor interkerkelijke denominatie opwekkingen inclusief in de steden van Pohang en Daegu. Ik sprak meestal over uitroepen in gebed tot God en waarom Jezus onze enige Redder is. Welke beiden de onderwerpen bestrijken in de *'Boodschap van het kruis.'*

Op de tweede en derde dag van de opwekkingen, ontvingen voorgangers genade van het woord wat gepreekt werd doordat ze de geestelijke betekenis van het woord van God begrepen, en in tegenstelling tot het begin van de opwekking, bedankten ze mij met een nederige houding.

Senior Diacones Boonhan Cho genezen van gordelroos

In Maart 1990, ging ik op uitnodiging van een kerk in Daegu. Ik was ook in de gelegenheid om Senior Diacones Boonhan Cho te bezoeken bij haar thuis. Ze was 77 jaar oud in die tijd en ze leed heel erg aan gordelroos. Op dat moment, werkte haar kleinzoon Diaken Joonha Hwang als een medische officier in het leger in de stad Jinhae, terwijl hij zijn graad van doktor in de geneeskunde had behaald aan de Universiteit van Korea. Diaken Joonha Hwang had oprecht geloof, en hij nam verschillende keren verlof om voor zijn grootmoeder te zorgen. Ze heeft ook onze kerk bezocht voor enige tijd, verlangende naar het levende woord van God. Senior Diacones Boonhan Cho had ook steenpuisten op haar huid en die barstten open, het veroorzaakte hevige artritis als een bijwerking. Virussen raakten haar inwendige zenuwen aan en het veroorzaakte zoveel pijn dat ze het dag en nacht uitschreeuwde. Ze kon zich helemaal niet meer bewegen en ze lag altijd. Haar ledematen trokken zich samen, en ze had grote moeilijkheden om te eten en te slapen. Ze was vel over been. Ze hoopte enkel dat ze snel zou sterven. Natuurlijk was het lijden van haar familieleden die haar verzorgden net zo groot.

Ik legde mijn handen op haar en bad voor haar, en zodra het gebed voorbij was, schreeuwde ze plotseling, "De demoon is weg!" en ze hief haar rechter hand omhoog. Omdat ze leed aan gordelroos aan de rechterzijde van haar nek en de rechterschouder was het zelfs nog moeilijker om haar rechter arm te bewegen. Maar spoedig zat ze rechtop, en ze voelde dat de duivel die de ziekte veroorzaakte, haar verlaten had. Ze was volledig genezen.

Inclusief haar schoonzoon, die een professor was aan de Kyoungbook Nationale Universiteit van Daegu, en haar kinderen wilden voor haar zorgen, maar ze kwam naar Seoel, huurde een klein huis dichtbij de kerk, en leidde voor geruime tijd een gezond christelijk leven in de volheid van de Heilige Geest.

Ondanks verstoring tegen de Daegu Verenigde Opwekking

Op 4 Mei, 1990, werd ik uitgenodigd om te spreken in een samenkomst in het Jooam Berg gebedscentrum in de stad Daegu. Het werd gehouden bij Kyeong Sang Province Mission Union. Er waren zoveel mensen aanwezig dat ze zelfs overal zaten, zelfs op het podium. Nog steeds kon niet iedereen binnen. Dus, we namen de ruiten eruit voor degene die buiten de samenkomst bijwoonden. Door Gods genade namen ook vele voorgangers deel, en vele genezingen vonden plaats.

De organisator van die samenkomst, omdat het heel succesvol was, ging een grotere samenkomst houden het volgende jaar. Ze huurden het gymnasium van Daegu. Vele zendingsorganisaties ondersteunden deze samenkomst met hun gebeden. De denominatie die mij had veroordeeld, probeerde deze samenkomst te verstoren.

Een week voor de samenkomst van de Vrijdag Avonddienst, kwam Gods woord tot mij. Het was om alle leden van de kerk te vragen om aanstaande zondag, voor een dag te vasten, om de synagoge van Satan weg te drijven. Tot op dat moment was ik mij niet bewust van wat er gaande was in Daegu. Op zaterdag ontving ik een verslag van de werkers van de kerk die Daegu bezocht hadden en vond uit wat er gaande was.

De denominatie die mij had veroordeeld zond een officiële brief naar de voorzitter van het organisatie comité, de pers en andere verwante organisaties zeggende dat ik veroordeeld was als een ketter en uit de kerk gebannen was, in de poging om de samenkomst te ontwrichten. De Vergadering van de denominatie "J" van de voorgangers die de samenkomsten ondersteunden zonden officiële brieven naar al hun kerken en schreven, "Omdat Rev. Jaerock Lee een ketter is, zullen we iedereen die deze samenkomst ondersteund ook als ketter aanschouwen." Vanwege dit, waren vele van de ondersteunende organisaties en voorgangers die voor deze samenkomst baden niet meer in de gelegenheid om te helpen. Er gingen vele valse geruchten rond, inclusief het gerucht dat de samenkomst was afgelast.

Op 18 Maart, 1991, zonder een kans te hebben om te spreken wat betreft onze kerkpositie en de waarheid, begon de samenkomst. Die ondersteunende organisaties die de brieven geloofden die verzonden waren, keerden ons de rug toe. Maar ondanks de druk van de vergadering van de denominatie, namen er toch nog veel voorgangers deel in het voorbrengen van de samenkomst. Wat een dankbaar iets was dat! Doordat God het hart van onze kerkleden had bewogen, gingen ze naar Daegu en bereidden de samenkomst voor. Plotseling werd het in onze kerk gehouden, maar er waren vele toehoorders, en het werd volbracht door Gods genade.

De vijand duivel probeerde om de samenkomst te annuleren en bracht grote tegenstand, maar omdat God al het denken en de plannen van de mensen kende, stond Hij ons toe om van tevoren te bidden en te vasten. Het einde werkte ten goede voor alles.

"*Wat moeten wij hier verder over zeggen? Als God voor ons is, wie kan dan tegen ons zijn? Zal Hij, die zijn eigen Zoon niet heeft gespaard, maar hem omwille van ons allen heeft prijsgegeven, ons met hem niet alles schenken? Wie zal Gods uitverkorenen aanklagen? God zelf spreekt hen vrij. Wie zal hen veroordelen? Christus Jezus, die gestorven is, meer nog, die is opgewekt en aan de rechterhand van God zit, pleit voor ons. Wat zal ons scheiden van de liefde van Christus? Tegenspoed, ellende of vervolging, honger of armoede, gevaar of het zwaard? Er staat geschreven: 'Om u worden wij dag na dag gedood en afgevoerd als schapen voor de slacht.' Maar wij zegevieren in dit alles glansrijk dankzij hem die ons heeft liefgehad*" *(Romeinen 8:31-37).*

Verhuizen naar een nieuwe kerk door geloof

In Maart 1987, konden we het groeiend aantal kerkleden niet meer onderbrengen in ons kerkgebouw, en we baden dat we een nieuwe en grotere plaats mochten krijgen. In Shindaebang 2 Dong, waar onze kerk begon, was er een nieuw gebouw gebouwd, en wij huurden de tweede en derde verdieping.

Van 13 tot 17 April, hadden we een opwekkingssamenkomst ter herdenking van de verhuizing naar een nieuw gebouw. De titel was "Niet een ieder die zegt tot Mij 'Here', 'Here' zal binnengaan," En ik preekte over genade, de Heilige Geest, Geloof en eeuwig leven. Drie maanden na de opwekkingssamenkomst, was het kerkgebouw van bijna 1,400 m2 gevuld met mensen!

Toen we het uitriepen in gebed

Zoals vandaag, waren de kerkleden iedere dag gedurende 3 uur aan het bidden in de Daniel Nachtbidstond. We plaatsten styrofoam (blauwe isolatieplaten) in de raamkozijnen zodat er geen geluid naar buiten kon gaan, maar omdat het gebouw zelf niet geluidsdicht was, konden we er niets aan doen dat er toch nog geluid naar buiten ging. Gelukkig, was er voor de kerk alleen maar een marktplaats, en niet een woonwijk.

Eens, tijdens een woonwijk vergadering van dat gebied, was er een persoon die een punt aanbracht in de vergadering over geluid komende van onze kerk. Maar de vrouw van een lid van de vergadering zei, "Ze sluiten zelfs de ramen in de zomer, en ze plaatsen zelf styrofoam in de raamkozijnen. Het geluid van gebed klinkt voor mij als een slaapliedje." Ze spraken er verder niet meer over. Een andere keer, was er een burger die klaagde bij het politiebureau. De politie die de klacht behandelde zei, "Jij slaapt, en deze mensen bidden voor deze natie zonder enige slaap. Wat is het probleem met u?" De persoon die klaagde kon niets meer zeggen.

Een crisis overwinnen door Gods genade

God wilde niet dat wij daar bleven, voldaan met hoe de dingen op dat moment gingen, stond Hij een test toe die ons zou bewegen naar een grotere plaats. In april 1988, was niet alleen het heiligdom, maar ook de kantoren, de trappen en zelfs de gangpaden vol met mensen tijdens de aanbiddingsdiensten. In die tijd, op de benedenverdieping van hetzelfde gebouw, waren er supermarkten. Maar omdat de verkoop niet zo goed was, sloten ze een voor een. We hadden een contract om de benedenverdieping ook te kopen, maar plotseling kwamen de winkeliers en de buurtbewoners er tegenop. Ze verspreidden een vals gerucht zeggende dat onze kerk probeerde om alle winkeliers weg te krijgen van die plaats.

Deze mensen deden shamanische rituelen voor de kerkdeuren op zondag, en ze bespeelden heel luid de traditionele Koreaanse drums. Zelfs wanneer we de politie belden, kwam de politie pas kijken wanneer alles voorbij was. Het gemeentebestuur zat hier achter. In die tijd, Mr. 'S', die lid was van de verzetspartij, bezocht verscheidene keren onze kerk en had kameraadschappelijke omgang met mij. Hij ontving gebed door mij voor de verkiezing, en werd ook verkozen. De kandidaat dan van de meerderheidspartij die de verkiezingen verloren, dachten omdat onze kerk de verzetspartij ondersteunde, het moeilijk voor hem zou zijn om de volgende verkiezingen te winnen. Dus gebruikte hij een beetje invloed in de regio overheid en de politiebureaus om onze kerk weg te werken. Het was pas na lange tijd dat ik de situatie die zich afspeelde kon begrijpen. De kerkleden zeiden dat ze het niet langer konden verdragen en wilden naar het kantoor gaan van de regio regering om te protesteren. Ze wilden ook wettelijke actie ondernemen, maar ik heb hen afgeraden om deze dingen te doen. Ik heb hen alleen overtuigd met het woord van God wat ons verteld om het goede terug te geven voor kwade.

De kerkleden gehoorzaamden mijn woord. Ze verdroegen de tegenstand van de lokale bevolking en probeerden hen te dienen. Maar naar gelang de tijd vorderde, werden de vervolgingen alleen maar erger. Het lokale "Dong" (plaatsvervangende stadsdistrict) kantoor, Districtsoverheidskantoor, de lokale stadsdistrict volksvertegenwoordiger, de president van de vrouwen vereniging, en zelfs de ouderen van de bevolking werden daar gebracht om de aanbiddingsdiensten te verstoren, en de brandweer kwam iedere dag om ons gebouw te controleren om ons een moeilijke tijd te geven.

Ik knielde voor God om te bidden. En op een dag, hoorde ik dat zij die ons probeerden weg te jagen uit onze kerk ons wilden ontmoeten. Toen ik de vergaderzaal binnenkwam van het plaatsvervangende lokale kantoor, waren er meer dan 10 vertegenwoordigers van de verschillende sectors van dat gebied.

"Voorganger, redt ons! We lijden zoveel. We voelen alsof we in de hel gevallen zijn." We willen deze plaats ook verlaten, maar we hebben geen plaats die groot genoeg is, en we hebben ook geen geld." "Pastor, hoeveel heb je nodig om je kerkgebouw te verhuizen?"

Ze vertelden mij hun verhaal, en ik kon zien dat God aan het werk was in hen. Onder hen die vooraan in het protest stonden om onze kerk van de plaats weg te jagen, waren er vele die plotseling ziek werden en verschillende ziektes kregen. Geruchten over deze gebeurtenis verspreidden zich zeer snel. Er waren mensen die heel angstig werden toen ze het nieuws hoorden. Degene die actief in de leiding van deze beweging waren tegen ons, voelden alsof ze in de hel waren. Omdat ze die angst niet langer konden verdragen, wilden ze mij graag ontmoeten. Ze gaven ons 300 miljoen won (300,000 US dollars) in die tijd, wat het bedrag was, wat we nodig hadden om te verhuizen naar onze nieuwe kerk. We hadden zelfs niet een paar tien duizenden dollars, en zo, dit was een heel groot bedrag.

Toen Koning Abimelek, Sara nam, denkende dat zij de zuster van Abraham was, verscheen God aan hem in een droom en zei dat Sara de vrouw van Abraham was, en Hij beviel hem om haar terug te zenden. Abimelek zond niet alleen Sara terug, maar hij zond ook koeien, schapen en dienstknechten naar Abraham (Genesis 20). Toen God werkte, overwon Abraham de crisis en werd goed behandeld. Op dezelfde manier was het ook met onze kerk, we overwonnen de crisis ook door Gods interventie.

God voorbereid land lag voor ons

We baden, "God, geef ons overmatig land van ±5,000 m^2." Dichtbij de kerk, was er een gebouw van ± 5,000 m^2, en we baden heel erg voor dit gebouw. Maar op een dag in 1990, zou de luchtmacht academie, die gelegen was in Boramae Park, verhuizen en die plaats zou een park worden. De overheid van de stad Seoul zou het stuk land verkopen aan privé beleggers. Ik realiseerde me dat God een stuk land had voorbereid voor onze kerk in Boramae Park. Er zouden vele voordelen zijn. Dat was de reden waarom God mij leidde naar Shindaebang Dong om een kerk te openen. Toen we baden tot God om naar het Boramae park te gaan, zei de Here tot ons, *"Ik heb jullie het land gegeven, en ga, en neem het in bezit. Je hele gemeente moet geloof laten zien. Nadat jullie het gezegende land hebben overwonnen, zal Ik voor alles zorgen."* Onze kerk nam ook deel aan het bod, maar het was moeilijk om zelfs maar 3,500 m^2 land te kopen met het geloof van onze kerkleden op dat moment. Er waren slechts enkele van de leden die hun geloof lieten zien.

God leidde de mensen van Israël naar het land Kanaän, maar ze konden het land niet binnengaan, vanwege hun ongehoorzaamheid. Alleen hun kinderen konden in het land gaan. Omdat we ons geloof niet konden laten zien zoals we nodig hadden, leidde God ons naar een tweede plaats in Guro Dong. Hij had een gebouw voorbereid in een industrieel gebied, welke ± 8,400 m^2 had.

Herdenkingsdienst voor de nieuwe kerk en voortdurende verstoringen

Het industrie complex in Guro was een plaats die de weg leidde naar Korea's industrialisatie. In die tijd waren er vele fabrieken. Onze 4de kerk, de Guro Dong kerk, was eigenlijk een bedrijf genaamd Shin Ae Electronics. Voordat dit bedrijf failliet ging, ontmoette ik de eigenaar.

Hij zei tot mij, "Senior Pastor, Ik zou graag Manmin Joong-ang Church's kerk willen bouwen op dit stuk grond." Het was voor de eerste keer dat hij mij ontmoette, maar hij zei dat hij de Manmin Joong-ang kerk wilde bouwen op zijn bedrijfsgrond. Ik geloofde hem op zijn woord en geloofde wat hij zei. Ik antwoordde met, 'Amen.' Later ging Shin Ae Electronics failliet, en de eigenaar vluchtte naar de Verenigde Staten. Senior diacones Shin Ae Hyeon werd de CEO (Algemeen directeur) in zijn plaats. Maar, vanwege de grote bedragen van schuld, arbeidsstakingen, arbeiders die om hun onbetaalde salarissen vroegen, had ze een moeilijke tijd. Dus, ze bad dat de grond van het bedrijf gebruikt zou worden voor het koninkrijk van God door een van de bekende voorgangers. In die tijd, ontving ze het antwoord van God die haar zei, *"Geef het land aan Rev. Jaerock Lee, die Ik liefheb."* Na veel zoeken, had ze me eindelijk gevonden. Toen ik haar telefoon ontving, ging ik naar de plaats waar zij opwekkingssamenkomsten hield om haar formeel te groeten. Het was gelegen in Yongsan, Ik had Gods genezing ervaren in haar kerk in 1974. Daarna heb ik haar maar een keer formeel gegroet. We hadden elkaar niet meer ontmoet sinds die tijd, dus ze herinnerde mij helemaal niet meer.

Ze legde mij het hele proces uit, van hoe ze mij had gevonden. God bewoog mijn hart, en we besloten om de bedrijfsgrond te kopen. We hadden 10 miljard won (10 miljoen US dollars) nodig, en om het probleem met de arbeiders onmiddellijk op te lossen hadden we 2 miljard won (2 miljoen US dollars) nodig.

Herdenkingsdienst voor de nieuwe kerk

Op 10 Februari, 1991, verlieten we de kerk van Shindaebang Dong en gingen naar Guro Dong, en we hadden de herdenkingsdienst. We betaalden de schuldeisers en de onbetaalde salarissen. Daarna begonnen we het gebouw te vernieuwen naar een kerkgebouw.

Toen we verhuisden, hadden we maar 300 miljoen won (300,000 US dollars) wat we hadden gekregen voor het oude gebouw. Dus, kijkend naar de realiteit van de situatie, konden we niet eens de stap nemen om zoveel leden te leiden. Maar omdat we zeker waren dat God ons leidde, gingen we verder in geloof. Een jaar nadat we daar waren ingetrokken, bracht de bank het opnieuw in de veiling, maar we hadden het geld niet. De bank zei: "Jullie, de kerk, hebben al vele moeilijke situaties opgelost van het bedrijf die problemen had met de vakbond; en jullie hebben veel geld gespendeerd om het te vernieuwen tot een kerk. Maar wie denk je dat er in dit land zal speculeren?" Ze hadden ons gezegd om het bedrijfsterrein te kopen wanneer de prijs zakte. Maar de realiteit was anders. Een zeker bedrijf kocht dit bedrijfsterrein als een deel van hun plan om in onroerend goed te speculeren. Ze vroegen ons om het gebouw te ontruimen. Natuurlijk, hadden we geen andere plaats om naar toe te gaan, en we konden nergens terecht.

Op 15 Februari, 1992, bracht het bedrijf van het bedrijfsterrein ongeveer 100 executeurs en brachten de eigendommen van de kerk naar buiten. Sommige van de werkers van de kerk werden geslagen omdat ze hen probeerden te stoppen. Natuurlijk, bracht dit bedrijf een criminele rechtzaak tegen ons, zeggende dat we de wet hadden overtreden. Door dit alles, bewoog God het hart van hen die het bedrijfsterrein hadden gekocht, en ze tekenden een nieuw contract met ons. Wij begonnen toen de prijs terug te betalen van het bedrijfsterrein.

Verstoring tegen de Seoul Evangelische campagne

Van 18 tot 21 mei, 1992, werd de 'Seoul Evangelische campagne' gehouden in onze kerk door de '1995 Nation's Re-Unification and Jubilee Crusade Organizing Committee.' Het werd gehouden door de Nation Re-Unification and Evangelism

Movement met de ondersteuning van the *Kukmin Ilbo*, Verre Oosten uitzendmaatschappij, christelijke uitzendsysteem, *The Christian Newspaper*, *The Korea Church Newspaper*, en de aalmoezenier van het politiebureau. De vijand duivel stond opnieuw op om de samenkomst te annuleren.

Maar, er waren enkele bekende voorgangers, inclusief pastor Hyeon Gyoon Shin en Jaechul Hong die zouden spreken. Ze kregen tegenstand om niet te spreken op deze samenkomst. Opnieuw waren daar die mensen die zeiden dat ik een ketter was, en dat ik een geschiedenis had van uit de kerk gebannen te zijn door de denominatie. Als ze in de samenkomsten zouden spreken, zouden ze ongunstige dingen tegemoet zien in de toekomst. Maar die sprekers wisten dat ik een voorganger was die het geloof van het evangelie volgde met een liefde voor de Heer Jezus, en ze onderwierpen zich er niet aan. De samenkomsten werden gehouden met succes door het werk van de Heilige Geest. Ook werd van 14 tot 17 september dat jaar, de 'Seoul Citizen Evangelism United Crusade' gehouden bij ons in de kerk door de Korea Christianity Revival Association, en acht voorgangers, inclusief pastor Jongman Lee spraken in deze samenkomsten.

Verzoening met de Holiness Denominatie (Anyang)

In Februari 1992, the Holiness Christian Church of Korea (Anyang), de denominatie die mij veroordeeld had, begon onze kerk te beoordelen terwijl onze kerk een onafhankelijke denominatie vormde en zeer snel groeide. Voorganger 'Y' die, in die tijd, de president werd van die denominatie had vele keren valse geruchten verspreidt tegen The Christian Council of Korea en de pers. Sinds deze soort van laster maar aanhield, en dat niet alleen, maar ook smaad, en het bracht ook grote schade aan de bediening van de prediking van het evangelie. Uiteindelijk besloten onze kerkvertegenwoordigers om pastor 'Y' een proces aan te doen wegens smaad.

Pastor 'Y' moest een geldboete betalen en werd ook in de gevangenis gezet. Hij werd wanhopig en vroeg ons vele malen om de rechtzaak te annuleren via mijn seminaar professor Pastor Taekgu Sohn. Pastor Taekgu Sohn pleitte ook bij ons om de zaak te annuleren en om te verzoenen, omdat pastor 'Y' zei dat hij niet opnieuw in een kerk associatie wilde betrokken zijn, maar zich alleen maar wilde concentreren op zijn bediening.

Pastor 'Y' was al op leeftijd, en ik voelde medelijden voor hem... Dus, toen ik het verzoek van pastor Taekgu Sohn aanvaardde en de rechtzaak niet liet doorgaan, kwam de advocaat die over deze zaak ging er zeer sterk tegen op. Hij adviseerde, "Je zou de rechtzaak op dit punt niet moeten stoppen. Ik heb hun eerdere acties onderzocht, en als dit probleem niet fundamenteel wordt opgelost, zullen ze opnieuw hetzelfde doen." Ondanks het meningsverschil met de advocaat, tekende ik het document van wederzijdse overeenkomst en liet de rechtzaak niet doorgaan.

Het was 20 April, 1993, toen we elkaar ontmoetten en de overeenkomst ondertekenden. We hebben nog steeds die brief. Pastor 'Y' tekende de geschreven belofte zeggende, "Het spijt me dat ik materiaal heb verspreid en smaad heb veroorzaakt over Rev. Jaerock Lee en Manmin Joong-ang Kerk. Ik zal mijn best doen om mij te onthouden van deze acties in de toekomst, en ik zal mij alleen concentreren op mijn bediening." We hebben de rechtzaak niet laten doorgaan en hebben hem vergeven, maar net zoals de advocaat ons had voorspeld, in plaats van dankbaar te zijn, ging hij verder met het ontwrichtten van de kerk. Hij gaf het excuus zeggende, "Ik heb mij niet verontschuldigd als president van de denominatie, maar enkel op een persoonlijk niveau."

Ketterij overeenkomstig de Bijbel

Vanwege zo'n snelle opwekking, werd ik bekend, maar er waren ook enkele mensen die dachten dat ik een ketter was vanwege de veroordeling van de Holiness Christian Church van Korea. Degene die mij nooit hadden ontmoet, nooit geluisterd hadden naar mijn boodschappen, of in onze kerk geweest waren, oordeelden ons alleen maar door wat ze hoorden van de andere mensen om hen heen. Zelfs in de bijbel, de apostel Paulus die zoveel van Jezus Christus hield en het evangelie verkondigde met zijn hele leven, werd vervolgd en veroordeeld als 'een gek,' 'een echte pest,' en 'een eerste voorstander van de secte der Nazoreeërs.' (Handelingen 24:5).

Op dit punt zouden we moeten bedenken wat de definitie is van ketterij overeenkomstig de Bijbel. In 2 Petrus 2: 1 staat geschreven, *"Toch zijn er ook valse profeten onder het volk geweest, zoals ook onder u valse leraars zullen komen, die verderfelijke ketterijen zullen doen binnensluipen, zelfs de Heerser, die hen gekocht heeft, verloochende en een schielijk verderf over zichzelf brengend."* Hier verwijst 'de Heerser die hen gekocht heeft' naar Jezus Christus. Daarom, voordat Jezus gekruisigd werd, opstond en Zijn plicht als Redder had volbracht, is er geen woord in de bijbel zoals ketterij. Dit is de reden waarom het woord 'ketterij' niet staat in het Oude Testament en in de vier evangeliën, genaamd, Matteüs, Marcus, Lucas en Johannes.

In de vier evangeliën, zelfs de schriftgeleerden, farizeeërs, priesters en hogepriester gebruikten het woord 'ketterij' niet ook al vervolgden ze Jezus. Alleen nadat Jezus was opgestaan en Zijn plicht had volbracht als de Christus, degene die hun 'Heerser die hen gekocht heeft' verloochenden, ontstonden, en alleen in het boek van 2 Petrus, waarschuwt de Bijbel ons voor deze mensen die ketterij doen. De naam van Jezus betekent 'Iemand die Zijn volk zal redden van hun zonde' (Matteüs 1:21), en Christus betekent de 'Gezalfde.' Alleen nadat Jezus gekruisigd was en opstond, had Hij Zijn plicht vervuld als de Christus en werd Hij onze Redder.

Daarom zouden we wanneer we ons gebed beëindigen moeten zeggen, 'In de naam van Jezus Christus bid ik dit,' eerder dan 'In Jezus naam bid ik dit,' Dat zou correcter zijn in de geestelijke betekenis. 1 Johannes 2: 22 zegt *"Wie is de leugenaar dan wie loochent, dat Jezus de Christus is? Dit is de antichrist, die de Vader en de Zoon loochent."* Daarom, om God, de Drie-eenheid (God de Vader, de Zoon Jezus Christus en de Heilige Geest) te verloochen, zou volgens mijn mening ketterij moeten zijn. Daarom is het niet recht voor God om een individu of een kerk die gelooft in God de Vader, en Jezus Christus hebben aangenomen als Redder, onvoorzichtig te oordelen of te veroordelen

Om een kerk te veroordelen waar het werk van de Heilige Geest plaats neemt in de naam van Jezus Christus, is het veroordelen en opstaan tegen de Heilige Geest, en de Bijbel waarschuwt ons dat er geen vergeving is voor deze zonde. De Heilige Geest is één van de Drie eenheid van God, en wanneer mensen zeggen dat deze werken van de Heilige Geest, werken van de duivel zijn, dan zeggen ze eigenlijk dat God de duivel en ketters is, en hoe kunnen deze mensen dan gered zijn?

Vanaf Matteüs 12: 22, genas Jezus één persoon, die blind en doof was vanwege een demoon. Daarna veroordeelden de Farizeeërs Jezus, zeggende, *"Deze drijft de boze geesten slechts uit door Beëlzebul, de overste der geesten."*

Jezus antwoordde, *"Alle zonde en lastering zal de mensen vergeven worden, maar de lastering van de Geest zal niet vergeven worden. Spreekt iemand een woord tegen de Zoon des mensen, het zal hem vergeven worden; maar spreekt iemand tegen de Heilige Geest, het zal hem niet vergeven worden, noch in deze eeuw, noch in de toekomende"* (Matteüs 12:31-32).

Toen de farizeeërs het werk van de Heilige Geest veroordeelden, die gemanifesteerd werd in Jezus, door Gods kracht, was het om het werk van de Heilige Geest te lasteren. Dat was zo'n grove zonde, dat het niet vergeven kon worden, en ze konden niet gered worden.

De toets van doodbloeden

In Juni 1992, ging ik door vele moeilijke kwesties in de kerk waar ik met niemand over kon praten, ik ging vele dagen verder zonder enige rust te krijgen en ik kon voor vele dagen niet slapen. Het niveau van uitputting was boven mijn controle uitgestegen. Vooral een paar assistent-voorgangers en werkers, stopten met bidden en ze bleven ongehoorzaam, en uiteindelijk stond God een beproeving toe. Omdat ik zo'n grote lasten op mezelf nam, was ik al reeds aan de rand van een hersenbloeding. Wanneer de kerkleden ziek waren, kon ik enkel voor hen bidden. Maar wat, als ikzelf een hersenbloeding krijg? God deed zo'n werk dat voordat ik viel door een hersenbloeding, liet Hij een groot bloedvat in mijn neus springen, om me te laten bloeden.

Het was zaterdag 13 Juni, 1992. Omdat ik een huwelijksdienst moest leiden, bereidde ik me voor om te vertrekken. Plotseling kreeg ik een neusbloeding en vroeg ik een andere voorganger om het huwelijk te doen. Bloed vloeide naar beneden door beide neusgaten en mond. In de loop van de namiddag, bloedde ik voor ongeveer anderhalf uur. 's Nachts bloedde ik opnieuw voor meer dan een uur. Ik moest met mijn hoofd naar beneden zitten. Als ik mijn hoofd ophief, zou het bloed onmiddellijk terug gaan naar mijn keel en veroorzaakte dat ik stikte.

Zondag morgen, wilde ik mezelf gaan wassen, en opnieuw begon ik te bloeden, en ik kon niet naar de kerk gaan. Veel bloed kwam door mijn neusgaten en ging naar beneden ook langs mijn nek. Terwijl ik bloedde, vroeg ik mezelf af waar deze grote hoeveelheid bloed vandaan kwam.

Meer dan 100 assistent-voorgangers en werkers in de kerk hoorden het nieuws in de kerk en kwamen naar mijn woonplaats. In 't begin, hielpen sommige mensen mij met het wegvegen van bloed met tissues, en dan met handdoeken, maar omdat het bloed niet stopte, maar voortdurend vloeide, en ze het niet meer konden hanteren met die dingen, had ik een was kom voor me. Maar omdat iedereen wist dat ik door mijn geloof niet wilde steunen op de wereldse methodes, was er niemand die sprak om naar het ziekenhuis te gaan.

Plotseling wilde ik naar hymne liederen luisteren en vroeg het de mensen daar. Iemand kwam en zong hymne liederen. Terwijl ik ernaar luisterde, had ik vrede in mijn hart, en wilde ik heel graag naar de hemel gaan. Langzaam verloor ik al mijn energie en verloor mijn bewustzijn. Maar ik kon voelen dat mijn geest helderder werd en vol werd met de Geest.

Op het kruispunt van de keuze tussen leven en dood

Op dat moment, in een duidelijke inspiratie, liet God mij de precieze geestelijke toestand zien van sommige mensen die daar bijeen waren. Ik waarschuwde die mensen om hun arrogantie weg te doen en de leugen welke God haat, en sprak mijn laatste woorden tot mijn gezinsleden. Later kwam ik te weten dat de gehele gemeente voor mij begon te bidden.

Mijn polsslag stopte, en ik stopte ook met ademen. Op dat moment verloor ik mijn bewustzijn, ik kon voelen dat mijn geest mijn lichaam verliet. Ik hoorde de oudste Boaz Lee en anderen die daar bijeen waren om te bidden, in tranen uitroepen "God laat onze voorganger, alstublieft opnieuw leven!" Ze vertelden me dat toen ze mijn pols aanraakten, er geen polsslag meer was, en toen ze mijn borst aanraakten deze koud was. Op dat moment kwam de Here tot mij.

"Mijn dienstknecht, wil je tot Mij komen, of zal je terug gaan en je taak volbrengen?"

"Heer, ik wil aan Uw zijde zijn."

In die tijd levenden we in een maandelijks huurhuis. Ik had zelfs geen huis en niets gespaard op de bank. En toch, maakte ik me geen zorgen over mijn gezinsleden, maar wilde ik enkel naar de hemel gaan. Toen, liet de Here me twee voorstelling zien. Nadat ik naar de zijde van de Here was gegaan, viel de vijand duivel onze kerk aan. De kerk faalde en vele gelovigen werden als dwalende schapen en ging terug in de wereld, naar de weg ten dood. Sommigen gingen naar de poort van de hemel met vasten en bidden, maar de meeste gemeenteleden verloren hun weg, en gingen naar de wereld en op weg naar de hel. Op dat moment, kwam ik tot mezelf.

"Heer, laat me teruggaan. Ik wil voor U komen met de kerkleden nadat we een grote kerk gebouwd hebben."

Ik bad met het verlangen om te leven. Opdat moment, kwam er licht van boven op mij, en een vreemde kracht kwam op mij. Ik zat in een ogenblik rechtop, en vroeg om water. Later, kwam ik erachter dat het water wat ik had gedronken in bloed was veranderd in mijn lichaam. Ik stond op en ging naar de woonkamer. Enkele mensen die niet in mijn kamer konden komen, waren daar aan het bidden en roepen. Ze waren verrast en toch heel blij. Ik gaf hen allemaal een hand en sprak met hen. Mijn gezicht begon rood te worden. Er was geen enkel teken meer dat ik was doodgebloed. Mijn bewustzijn was nog niet helemaal perfect, ik kan me enkel herinneren wat ik heb gehoord van andere mensen, en ik herinner niet alle details meer.

Sinds die tijd, dronk ik water als ik bloedde. Gewoonlijk, dronk ik eerder frisdrank dan water, maar nu wilde ik veel water drinken. Omdat ik zoveel bloedde, zou ik sterven tenzij er voorziening van bloed was. Maar zoals de Heer water in wijn veranderde, geloofde ik dat het water in bloed veranderd kon worden door de kracht van God, iedere keer als ik water dronk. Omdat ik wist dat zelfs mijn bloeding in Gods voorziening was, wilde ik niet steunen op de medici van deze wereld. Omdat ik volledig geloofde en vertrouwde in de Almachtige God, liet ik alles in Zijn handen.

Ik had geen enkel verlangen om naar het ziekenhuis te gaan, om mijn leven te verlengen. Als God mijn geest wilde nemen, was er geen reden voor mij om te proberen om te leven. Alleen maar als het Gods wil is, zou ik verkiezen om te sterven. Ik ken de Almachtige God meer dan wie maar ook en ik had vele mensen genezen door Gods kracht, en als ik niet genezen kon worden door geloof, hoe kon ik dan de mensen van de kerk onderwijzen om genezing te ontvangen door geloof? Daarom verkies ik liever te sterven dan te vertrouwen in ziekenhuizen. Ik zag de dood aan met vreugde, en nam afscheid van mijn gezinsleden in vrede, maar omdat het niet Gods wil voor mij was om te sterven, liet God mij terug tot leven komen in een ogenblik.

Geslaagd voor de Test van Abraham

Aangezien de bloeding stopte die avond, nam ik het avondeten en ging ik naar mijn gebedsplaats. Maar die nacht bloedde ik opnieuw voor anderhalf uur, en de volgende ochtend bloedde ik opnieuw. Ik kon niet eten noch neerliggen. Wanneer ik neerlag, zou het bloed in mijn hart naar beneden stromen, dus moest ik op mijn zijde zitten, met mijn hoofd naar beneden. Op zondag, was ik nog steeds in mijn gebedsplaats. Ik had een aanbiddingsdienst met de videoband van de preek "God de Genezer" die ik al eerder had gepreekt. Op het moment van 'Bidden voor de zieken' , legde ik mijn handen op mijn hoofd en ontving het gebed, en sinds die tijd stopte de bloeding volledig. Door deze ervaring, realiseerde ik mij opnieuw en was verbaasd dat het gebed voor de zieken zo krachtig was.

Ik berekende de duur van de tijd dat ik had gebloed. Voor 8 dagen, tijdens 30 verschillende gelegenheden, bloedde ik voor 24 uur. Het was voldoende tijd om vaak de volledige hoeveelheid van bloed te verliezen. Wanneer ik bloedde, dronk ik water, en dit water veranderde in bloed, en dit ging zo door gedurende 8 dagen. God testte mij 8 dagen, maar ik klaagde nooit of had geen wrevel zoals Job. Ik was enkel dankbaar. Ondanks dat ik moest sterven, het was om aan de zijde van de Heer te zijn, en ik zou gelukkig leven in de hemel, dus er was geen reden voor mij om droevig te zijn.

Omdat ik meer bloedde wanneer ik neerlag, moest ik de hele tijd met mijn hoofd naar beneden zitten. Ik dacht op vele manieren. God gaf me veel kracht, maar ik leidde de gemeente niet helemaal volkomen in het geloof, ik controleerde de werkers van de kerk niet juist, en ik had de kerk nog niet gebouwd. Ik voelde meer en meer berouw komen voor de Heer terwijl ik bleef denken. Ik besteedde 8 dagen zonder enige slaap, met een hart vol bekering voor God.

Omdat ik mijn leven dankbaar wilde opgeven toen God het vroeg, wekte God mij in 8 dagen weer op. God liet me later weten, dat net zoals Abraham geslaagd was voor de test om zijn enige zoon Izaak te offeren, ik ook geslaagd was voor de toets om mijn leven op te geven. Terwijl ik slaagde voor deze soort toets, werd Gods vertrouwen in mij sterker, en Hij zegende mij door krachtigere werken. Dit voorval bracht ook een verandering in de werkers van de kerk en de leden om opnieuw te ontwaken, en de kerk werd geplaatst op de vaste rots.

Ook al waarschuwde ik gedurende een beperkte tijd voor de dingen der laatste dagen (Eschatologie)

In 1984, nadat onze kerk opende, preekte ik over de tekenen van de eindtijd, van de dingen die ik me realiseerde door de inspiratie van God. Ik verklaarde de relatie tussen Zuid en Noord Korea, over het nummer '666', en de Europese Unie in een staat, en zo verder. Maar de relatie tussen Zuid en Noord Korea was in een slechte situatie, en zelfs kredietkaarten waren niet gewoon, dus sommige leden voelden zich onbekend met enkele dingen die ik zei.

Jezus zei klagend, "Wanneer de Zoon des mensen komt, zal Hij dan nog geloof vinden op aarde?" dus, ik probeerde mijn best te doen om geloof te planten in de gelovigen, om ze echt graan te maken, die de echte waarheid hebben, in deze eindtijd. Maar terwijl ik preekte over de tekenen van de eindtijd, werd ik bekend alsof ik een tijdslimiet plaatste aan het einde van de geschiedenis. Mijn artikels waren in de kranten, tijdsschriften en op de televisie, ik was opnieuw bekend in de wereld.

Sommige artikels die gepubliceerd werden, zeiden dingen die ik helemaal niet had gezegd, en een voorganger 'L' die beperkte tijd eschatologie verklaarde, zei dat ik het zelfde beweerde als hij. De meeste pers schreven gunstige dingen over mij, maar een persoon Mr. 'T' van het maandelijkse tijdschrift veroordeelde mij dat ik gezegd zou hebben te weten op welke dag de Here terug zou komen. Maar omdat alles op de tijd geopenbaard zal worden, nam ik geen enkele wettelijke actie of gaf excuses.

Al mijn boodschappen zijn opgenomen, en ze zijn altijd verkocht aan het publiek. Sinds de opening van de kerk, heb ik mijn gemeente altijd geleerd om waakzaam te zijn in hun christelijke leven zoals de vijf wijze maagden geïllustreerd in Matteüs 25. Hier zijn passages van aangegeven datums van de boodschap van het begin en halverwege 1992 die voorbeelden zijn van mijn onderwijs over deze dingen.

> **"Vandaag, zijn er sommigen van jullie die boeken hebben gelezen of van andere mensen gehoord hebben, en is er iemand van jullie die kan zeggen of geloven dat de Here komt op 10 of 28 oktober? Dat zou je nooit moeten doen! Heb je mij ooit horen spreken over het jaar 1992? Nee, dat heb je niet. Ik heb enkel het woord van God onderwezen, en ik heb je onderwezen om de zonde te verwerpen en te leven in het licht en in gerechtigheid om te lijken op de Here en jezelf te versieren als een mooie bruid voor de Here met tranen en gebeden. Ook al komt de Here morgen, ik**

onderwees je dat je vandaag nog een appelboom moest planten" (Passage van de zondagdienst op 19 Januari 1992, "Wees wakker").

"In Matteüs hoofdstuk 24, vroegen de discipelen aan de Here over Zijn komst en de tekenen van de eindtijd. Jezus onderwees hen over de tekenen rond de tijd dat Jezus zal terug komen. Daarom kennen we de tekenen van het einde der tijden... ziende mensen die beweren oktober 1992, sommige zijn misleid en anderen zeggen dat ze gek zijn. Wat denk jij? Als je God liefhebt en Zijn wil kent, dan zou je eigenlijk niets moeten hebben met deze bewering. Je moet niet luisteren naar zo'n bewering. We kunnen gered zijn door geloof, niet door te weten wanneer, op welke dag of welke maand, de Heer terugkomt. Jezus is onze Redder en Hij bevrijdt ons van onze zonden, dus we kunnen vergeven worden van onze zonden door geloof, Gods kinderen worden, en het hemelse koninkrijk binnengaan. Maar zij zeggen dat we enkel gered zijn wanneer we geloven en verklaren in welke maand en welke dag, en we kunnen niet gered zijn als we dat niet doen. Hoe belachelijk is dat! Het is niet in overeenstemming met de Bijbel" (Passage van de Zondagsdienst op 31 Mei 1992, "Wat zal het teken zijn?").

Hoofdstuk 7

God verruimde de grenzen van de bediening

De deur tot wereld evangelisatie opende

Tijdens de wereld Heilige Geest evangelisatie campagne

In Mei 1992 , was ik uitgenodigd op het jaarlijkse nationale gebedsontbijt dat ook door de president en sleutel politici bezocht werd, en ik ging er heen met ons Nissi Orkest. Het zelfde jaar, op 14 en 15 Augustus, nam ik deel aan voorbereidingen van de "Wereld Heilige Geest campagne 1992" welke op het Yoido Plein gehouden werd. Deze Wereld Heilige Geest Campagne werd gehouden onder de titel "De Wereld voor de Heilige Geest" en was een mega grote samenkomst die in het totaal bezocht werd door meer dan een miljoen mensen.Onze kerk nam deel met een 200 leden tellend koor, het "Nissi Orchestra", en 400 kerk leden welke dienden als vrijwilligers om het verkeer en de veiligheid te leiden in het campagne gebied.

Tijdens de samenkomst, ontmoette ik Pastor Gwangsam

Rah, welke de president was van de Heilige Geest Club van Washington D.C. en de permanente voorzitter van de Heilige Geest Evangelisatie Campagne. Hij was mijn schoolmaat op de middelbare school en deed nu zijn bediening in Washington D.C. Ik had hem niet meer gezien sinds de diploma uitreiking en we ontmoetten elkaar daar als voorgangers.

Hij vertelde mij dat hij zich er over verwonderde van welke kerk de vrijwilligers kwamen, en hij was verbaasd om te ontdekken dat ze van mijn kerk waren. Tijdens zijn samenkomst begon mijn bediening naar het Amerikaanse continent te gaan.

Washington D.C. Verenigde Evangelisatie Campagne.

In 1993 , opende God de deur voor wereld zending. Ik kreeg een uitnodiging om voor de "Verenigde Evangelisatie Campagne van Washington D.C." te spreken, die gehouden werd door de Koreaanse kerk genootschappen in Washington D.C. , van 6 tot 8 Augustus, 1993. Er zijn veel verzoeken geweest om samenkomsten in andere landen te leiden, maar ik ben niet in de gelegenheid geweest om ze te beantwoorden. Maar vanaf de tijd dat het de hoofdstad van de Verenigde Staten was, voelde ik dat er een Goddelijke voorzienigheid was, en besloot ik te gaan.

De organisatoren van de Verenigde Campagne van Washington D.C. zeiden dat zij de samenkomst voorbereidden om waar geloof te planten in de Koreanen daar en hen de veranderingen te laten ervaren in hun levens door het werk van de Heilige Geest. De samenkomst werd gehouden in het gymnasium van de Wheaton High School gesponsord door het verbond van 180 kerken in het Noordoosten inclusief Washington D.C. New York, en Baltimore. Het was gedurende de 3 dagen vol van de Heilige Geest.

Op de eerste dag preekte ik de "Boodschap van het Kruis", de tweede dag "Vleselijk Geloof en Geestelijk Geloof", en op de derde dag," De Zegen van Eeuwig Leven", De bezoekers verlangden nederig naar het woord en ontvingen de boodschap door met een "Amen" te reageren.

De mensen aansporen om in het Licht te verblijven.

Na de campagne in Washington, welke meer dan geweldig was, werd ik weer als spreker en als onbezoldigd voorzitter uitgenodigd voor de "LA Evangelisatie Campagne 1993", welke gehouden werd door de Koreaanse genootschap van Korea stad, om de 20ste "Korea Stad Dag" op 19 September dat zelfde jaar te vieren.

Voor deze campagne, liet God me voorbereiden met veel gebed. Ik bracht speciale tijd door in gebed voor deze samenkomst. Ik ging naar een berg en bad 3 weken, en bereidde me voor, het uitroepende in gebed.

De organisatoren van de "LA Evangelisatie Campagne" vroegen me om een boodschap van troost te brengen, maar dat deed ik niet. Wat ze nodig hadden was niet troost. Zij moesten zich bekeren van het niet hebben van een zuiver Christelijk leven, en zij moesten de "Dag des Here" heiligen en zuiver houden en in het licht leven.

Op 29 April, 1992, was er een bende van Afrikaanse Amerikanen in de regio van LA, en de Koreanen leefden met diepe wonden en een gevoel van slachtoffer. Het werd eerst veroorzaakt door racisme van blank en zwart, maar de bende begon zonder onderscheid te stelen en brand te stichten in de winkels welke eigendom waren van de Koreanen daar. Vele Koreaanse gezinnen hadden zowel materiele als geestelijke schade.

De Bijbel leert ons dat als we door het woord leven, en we veranderen in een oprecht hart en perfect geloof, onze ziel voorspoedig zal zijn, en alle dingen goed zullen gaan met ons en we gezond zullen zijn. Wij kunnen namelijk, als we het woord van God in praktijk brengen, beschermd worden voor allerlei ongelukken of rampen. Ik gebruikte de passage om te lezen uit Handelingen 4: 11-12, met als titel van de boodschap, "Waarom is Jezus onze enige Redder?". Ik preekte de boodschap van het kruis en trachtte geloof in hen te planten. Ik moedigde hen aan om echte Christenen te worden die door Gods woord leven boven wat anders dan ook.

Ik werd ook uitgenodigd in een kerk in Irvine en bracht daar een boodschap. Na alle samenkomsten, bezocht ik op 21 September de LA raadsvergadering van de Stad. De Raadsleden onderbraken hun samenkomst voor een ogenblik en vroegen mij om te bidden, dus bad ik voor zegeningen op hen. Op die dag ontving ik het ereburgerschap voor LA County, en ik vernam dat het de eerste keer voor hen was dat ze dat deden. Ik nam deel aan de "Flower Float Parade", welke het hoogtepunt was van "Los Angeles Koreaanse Festival Dag", en reed op een kar. Het gebed welke ik uitsprak en de tocht op een kar, werden uitgezonden door de radio en tv netwerken zoals KTAN, KATV, KTV, en in de kranten, The Hankook, The Joong-ang, afgedrukt, en het was de gelegenheid dat ik bekend werd in die regio. Alles was de genade van God.

Activiteiten van uitgezonden preken.

Vanaf Maart 1990, werden mijn predikingen uitgezonden in een programma dat "Faraway Land, Good News", genoemd werd, van "Far Eastern Broadcasting Compagny." Het werd uitgezonden in China en sommige delen van Rusland. Van toen af aan ontving ik bedank brieven van vele Koreaanse Chinezen en sommigen van hen bezochten onze kerk.

Van af Augustus dat jaar, werden mijn predikingen ook uitgezonden in het gebied van Washington D.C. door de Koreaanse radio. Vanaf December 1992 werden ze uitgezonden door "This Gospel" van Busan Christian Broadcasting System, in November 1993 via de "Iri Christian Broadcasting System", en in Februari 1994 begon de Cheongju Christian Broadcasting System mijn predikingen iedere week uit te zenden.

Ieder jaar, gedurende de gehele tijd van de uitzendingen van mijn predikingen was er vooruitgang en gedurende meer dan 900 minuten prediking werden iedere week uitgezonden. Ik moest iedere preek opnemen en dat was geen eenvoudig karwei. Van 20 tot 22 Maart, 1994 sprak ik een boodschap in een samenkomst voor Koreanen in Washington D.C., en Baltimore, georganiseerd door Washington Christian Radio System (WCRS). Hierna vroeg oudste Yeong Ho Kim de CEO van WCRS om board voorzitter te worden van WCRS, en ik nam zijn voorstel aan.

Veel luisteraars van WCRS gaven een goed respons, en hierdoor was ik zeer bekend in die omgeving. De CEO, oudste Kim, stuurde me de reacties van vele mensen welke zeiden dat de boodschappen echt het Evangelie waren. Hij was erg blij met zo veel en goede reacties van de luisteraars.

Geloof is de zekerheid der dingen die men hoopt

Erkend als Een van de Top 50 Kerken in de Wereld

In Februari 1991, toen we naar een nieuwe plaats van samenkomst in Guro Dong verhuisden, hadden we een twee weekse Speciale Opwekking Samenkomst. Op de laatste dag van de Opwekking, tijdens de vrijdag avond samenkomst kwam het aantal geregistreerde leden boven de 10.000. God stuurde ons vele verschillende mensen met een uitgebreide verscheidenheid van cultuur, sociaal, en economische achtergronden. Na 6 maanden was de plaats van samenkomst vol. Na 3 jaar konden er niet meer mensen in het kerkgebouw.

Op 11 Februari 1993, kondigden Korea's grootste dagblad en Christelijke dagbladen de bekendmaking aan van de 50 top kerken ter wereld door "Christian World Magazine", van de Verenigde Staten, en onze kerk was een van de 50. Het was slechts iets meer dan 20 jaar sinds de opening, en God had onze kerk reeds toegestaan om te groeien tot een kerk wereldwijd. Het was niet ik, maar God die het deed en ik kan alleen God de Vader de glorie en dank geven.

Wat we ook gebeden hebben met hoop

Spreuken 29: 18 zegt, *"Indien de openbaring ontbreekt, verwildert het volk, maar heil hem die de wet bewaart"*. Openbaring is dat wat God ons laat weten door Zijn profeten. Als we geen openbaring hebben, zullen we geen zelfbeheersing hebben, we zullen Gods wet negeren en naar onze eigen wil handelen en zo de weg van destructie opgaan.

Terwijl ik 40 dagen aan het vasten was juist voor de opening van de kerk, gaf God me vele dromen en visioenen. God is in ons aan het werk zowel om te willen en te werken naar Zijn verlangen. Hij gaf me dromen en leidde me. Ik bad veel dat als ik de kerk opende, Hij de kerk, een kerk met een wereld roeping zou laten zijn en een kerk die zeer geliefd zou zijn door God.

Om wereld zending tot stand te brengen moest ik eerst werkers voortbrengen. Ik moest vele leiders opwekken die goed zijn in Gods ogen niet alleen deze welke voor binnenlandse zending maar ook als overzeese zendelingen gezonden kunnen worden. Ik bad om vele zeer goede voorgangers op te wekken. Toen ik het theologische college bezocht, waren de theologische studenten in die tijd vaak bezig de toiletten van de kerk schoon te maken, de wekelijkse bulletins te maken, en allerlei ander werk voor de voorganger en de kerkleden te doen. Maar gewoonlijk kregen ze hier geen enkele lof voor. Als ze iets verkeerd deden, kregen ze een uitbrander van de voorganger en in het slechtste geval werden ze de kerk uitgeschopt. Ik had medelijden om deze seminaar studenten in deze situatie te zien. Nadat ik deze kerk geopend had, steunde ik de theologische studenten van onze kerk in hun schoolgeld en kosten voor levensonderhoud. Ik wilde ze op zo'n manier steunen dat hun hart niet door de wereld in bezit genomen werd, maar dat ze zouden opgroeien als krachtige dienaren. God bewoog mijn hart om vele voorgangers voort te brengen. Maar omdat de financiële toestand van de kerk niet echt goed was, was dat geen eenvoudige zaak voor ons. Soms waren de leden die het toezicht hadden over de kerk financiën aan het klagen. Ik praatte met ze om het te laten begrijpen en probeerde ze in vrede te laten werken.

Dus, om de wereld zending te volbrengen, had ik goede lofprijs groepen nodig, en ik bad er al dromende voor. Toen ik vastte gedurende 40 dagen, zag ik enige lofprijs teams tijdens elke samenkomst. Iedere keer bad ik, "God als ik een kerk open, geef me dan een geweldig lofprijs team". Ik zag er naar uit in geloof. Later bad ik niet alleen voor lofprijs teams maar ook voor een orkest om God de glorie te geven. 1 kronieken 23: 5 zegt, *"En vierduizend zullen de Here prijzen op de instrumenten, die ik voor lofprijzen heb laten maken"*. We kunnen zien dat er vierduizend op de instrumenten speelden in de Tempel van God. Psalm 150 vertelt ons om te lofprijzen met bazuingeschal, met harp en citer, met tamboerijn en reidans, met snarenspel en fluit, met klinkende cimbalen, met schallende cimbalen!

Toen ik bad voor een Orkest, wachtte ik vele jaren voor Gods leiding. God riep professionele muzikanten met verschillende instrumenten. God liet hen opgroeien om het woord des levens te grijpen, en bewoog hun harten om een droom te hebben. Gewoonlijk hebben muzikanten hun eigen speciale karakters, en het was niet gemakkelijk voor hen om op te geven en de bediening te doen en God de glorie te geven. Toch waren er professionele muzikanten die God de glorie wilden geven uit dankbaarheid voor Gods genade en zij vormde het Orkest. Het is het Nissi Orchestra. Op 1 Maart, 1992, hadden we de oprichtingsdienst, en sinds die tijd, zijn ze zeer actief geweest in de kerk gemeenschap. Ze speelden in de Jubileum Campagne die gehouden werd in het Yoido Square en andere concerten welke door kerken georganiseerd werden en ook concerten voor goede doelen binnen en buiten Korea.

Ook gaf God ons prachtige koren. Nu zijn er meer dan 20 lofprijs groepen, en zij geven glorie aan God met hun lofprijs, niet alleen in Korea maar ook in vele andere landen.

Prijs Hem met de tamboerijn en dans.

De droom om wereld zending te volbrengen vanuit het fundament, niet alleen de lofprijs groepen maar ook de dans groepen. Ik overdacht Bijbels wat voor genoegen onze Vader zou hebben, als wij Hem lofprijzen. Ik kreeg het antwoord door wat David schreef. David danste met zoveel vreugde toen de Ark van de Here naar hem terug kwam (2 Samuel 6: 12-23). Maar zijn vrouw Mikal verachtte hem in haar hart en bekritiseerde hem. Toen zei David; *"Voor het aangezicht des Heren, die mij verkoren heeft boven uw vader en boven heel zijn huis om mij aan te stellen tot vorst over het volk des Heren, over Israel, - voor het aangezicht des Heren heb ik gedanst"*. (2 Samuel 6: 21). Mikal die de voor God dansende Koning David had bespot, was vervloekt en werd een onvruchtbare vrouw.

Het is voor ons duidelijk Gods woord meer te gehoorzamen en Hem te behagen dan vrees te hebben voor wat andere mensen zeggen.

Ze doen heksen dansen.

In Maart 1986 werd het "Holy Dance Team" opgericht om God de glorie te geven met een mooie en inspirerende dansuitvoering van lofprijs. Het ging er om de toeschouwers hoop te geven voor de hemel. De naam "Holy Dance Team" werd veranderd in "Arts Mission Team".

Heden ten dage is het heel gewoon in de Christelijke cultuur om te dansen met behulp van ontwikkelde media, maar in die tijd was dat zeer ongebruikelijk. Onze kerk richtte het "Praise Committee" en het "Performing Arts Mission Committee" op. Zij organiseerde allerlei evenementen en leidden ook professionele zangers, dansers en spelers op. Maar toen de kerk zo snel groeide werden er enkele jaloers om, en zij verspreidden valse geruchten en leugens. Hier begon het gerucht "Ze doen heksen dansen in elke lofprijs dienst!". Verschillende keren per jaar bereidden we uitvoeringen voor, voor speciale gelegenheden en Bijbelse feesten, en de teams brachten ze voor de gemeente. Maar enkele valse geruchten werden verspreid door te zeggen dat we bevangen waren door boze geesten en tijdens iedere samenkomst dansten.

Ondanks de valse geruchten werd ons "Holy Dance Team "uitgenodigd voor de "1991 Hallelujah Soviet Union Crusade" van Pastor Hyeon Gyoon Shin. Het was hun eerste internationale optreden, waarbij zij God de glorie gaven met hun dansen. Sinds die tijd kregen zij lof en gunst van vele mensen vanwege hun optredens in Korea en andere landen. Zij doen nog steeds hun bediening God verhogende.

Erkend voor hun talent

Tegenwoordig zijn er veel uitvoerende kunst groepen in de kerk. Zij hebben hun talenten ontwikkeld in God en zijn actief in de bediening. Op 1 Juni 1991, nam een van onze kerk groepen deel aan de "10th National Gospel Music Competition" welke gehouden werd door de Far Eastern Broadcasting Company, en onze groep won de Grand Prize. Op 17 Juni 1995, tijdens de 14e wedstrijd, won "The Sound of Light Chorus" van onze kerk de Grand Prize. The Sound of Light Chorus" bestond toen uit 3 leden en een van hen was mijn derde en jongste dochter, Soojin. God had haar al geroepen als Zijn dienstmaagd toen ze nog maar een kind was, en ze slaagde voor haar theologische cursus en dient nu de kerk als een voorganger.

Op 17 April 1993, was er een Christelijk muziek concert in de "Hwaetbool (Torch) Hall, voor kinderen die het hoofd van het gezin waren, en ons Nissi Orkest was uitgenodigd en speelde daar. In dat zelfde jaar was het Nissi Orkest samen met het "Art Mission Team" en andere lofprijs groepen. Zij traden op in de "Special Worship Service for the Evangelization of the Prosecutors" welke gehouden werd in de conferentie zaal van het kantoor van de hoogste publieke aanklager. Op 6 November 1993, namen de "Crystal Singers" van onze kerk deel aan de "4e National Gospel Music Competition" welke gehouden werd door de "Christian Broadcasting System" en ze wonnen de "Gold Prize".

Samenwerken met bedieningen van kerk associaties

De overgang en groei van 93-94.

Omdat onze kerkleden vele Christelijke evenementen bezochten en er als vrijwilliger mee werkten, wilden verschillende organisaties mij een hoge positie geven. Maar omdat er vele voorgangers waren die boven mij stonden en ook omdat ik wilde helpen achter de schermen, wilde ik de positie die ze me aanboden niet aannemen. Ik weigerde vele malen, maar omdat ik ook dacht dat ze vonden dat ik onbeschaafd was om zo veel verzoeken te weigeren, vroeg ik om een lager niveau en aanvaarde hun voorstel. Tijdens de evenementen, als mijn naam op de stoel was, moest ik daar zitten, maar als de stoelen niet gemerkt waren, zat ik altijd op een stoel aan het einde van de rij. Ik voelde met te verlegen om in het midden te zitten terwijl er vele voorgangers waren die ouder waren. Ik voelde me het meest op mijn gemak op de stoelen aan het einde van

Tijdens de World Holy Spirit Explosion Campagne in 1992

Tijdens de Daegu Evangelization United Campagne

Vervolgers' Evangelisatie Campagne

Concert tijdens de onderwijs en Evangelisatiedienst in de gevangenis

Prediking tijdens de Vasten en Gebedssamenkomst voor de naties en de mensen

Halleluja Seoul Verenigde campagne (in de Manmin Centrale Gemeente)

1995 Jubileum Campagne voor de Hereniging van Zuid en Noord Korea (in Yoido)

de rij. Zelfs nu moet ik meer denken en me concentreren op het woord van God, en bidden dan uiterlijke bezigheden. Hierdoor namen tijdens vele gelegenheden mijn assistent voorgangers of oudste van de kerk deel aan evenementen in mijn plaats. Omdat ik niet omga met een grote groep en niet veel evenementen bezoek, en maar weinig omgang heb met andere voorgangers, kunnen misschien enkele buitenstaanders die mij niet goed kennen, denken dat ik arrogant ben. Maar als er echter een verzoek was om samen te werken in een kerkelijk verband voor een evenement, probeerde ik altijd mijn best te doen om het evenement tot een succes te maken.

Op 21 Juni 1993, leidde ik de speciale gebeden voor de "Whole Country Cycling Campaign and Imjingak Great Crusade for Nation's Re-unification". Nissi Orchestra, ons koor en vrijwilligers werkten ook mee. Van 18 tot 21 Oktober van dat jaar werd de Seoul Area Evangelisation Crusade ter voorbereiding van de "Nation's Re-Unification Jubile Great Crusade" welke in onze kerk gehouden werd. Vier zeer bekend voorgangers in Korea waren de sprekers, en ze legden er de nadruk op dat we het verdeelde land met het evangelie zouden kunnen verenigen. Op 24 November dat jaar, werd ik uitgenodigd als spreker voor de "Prayer Meeting for Nation's Re- Unification" die gehouden werd te Haneolsan Prayer Mountain. Ik predikte de boodschap en bad voor de bezoekers en vele genezingen vonden plaats.

Ik had belangstelling voor Edification's Mission (Opbouw werk) voor hen in de gevangenis en voor hen die juist vrij gekomen waren. Op 28 Februari 1994, werd de 2e "Ministry of National Edification Committe Korean Christian Crusade" gehouden in de "Myung Sung Prebyterian Church" door het "National Edification Committe Christian Assiosiation, met de titel "Woord, liefde, en opbouw". Ik was een van de gezamelijke presidenten van de Associatie, en ik las de Bijbel woorden. De lofprijs groepen van onze kerk en het "Nissi Orchestra" en de dans groepen traden op tijdens de campagne tot glorie van God. Op 24 Maart van dat zelfde jaar, ter herdenking van de 40e verjaardag van de "Christian Broadcasting Systems"'(CBS) werd het 11e "Mission Choir Festival" gehouden in de hoofd hal van het "Sejong Center."

Ons kerk koor en Nissi Orchestra traden in deze samenkomst op. Op 20 Juni 1994 werd de 'Imjingak Great Crusade for Nation's Re-Unification' gehouden door de World Evangelization Central Council, de president toen was Pastor Hyeon Gyoon Shin en ik verzorgde de gebedsleiding daar.

De president Pastor Hyoon Shin predikte met de titel "De weg tot eenheid voor de naties door het Evangelie" alle kerken opwekkende om een eenheid te zijn ondanks de verschillende denominaties. Honderden leden van onze kerk deden als vrijwilligers werk, als koor, lofprijs groep, ordedienst, en verkeersregelaars. Van 20 tot 22 Juni werd de "World Evangelization Central Council's Seoul Area Great Crusade for Nation's Re-Unification" gehouden in onze kerk, met als spreker Pastor Homum Lee. Op 14 Juli 1994, werd de "Seoul Holy Spirit Great Crusade" met Pastor Jongjin Pee als vertegenwoordigend president, gehouden in het Olympisch Gymnasium. Reinhard Bonnke predikte de boodschap en ik deed de dankzegging. Op 5 September van dat zelfde jaar, nam ik deel aan de "Christian Women Leaders" campagne die gehouden werd in het Olympisch Gymnasium door het "Nation's Re-Unification Jubilee Crusade Committee" en nam deel door een verslag te geven over de geschiedenis van de organisatie.

Een bezoek aan het Presidentiële Paleis Cheong Wa Dae en de Jubileum Campagne

Op 29 Juli 1995, toen ik de permanente president was van de "Nation's Re-Unification & Evangelization Movement Association", deed ik een speciaal gebed in de "Fasting Prayer Meeting for the Nations and Peoples." Toen op 12 Augustus 1995, 10 voorgangers, die de leiders waren van "Peaceful Re-Unification Jubilee Crusade" de 50e verjaardag van de Koreaanse Onafhankelijkheidsdag vierden, werden uitgenodigd naar het presidentiële paleis Cheong Wa Dae. Er was me verteld dat we een uur met de president konden praten en voorstellen doen. De dag ervoor bad ik tot God, Hem vragende wat tegen de president te zeggen de volgende dag. Maar er kwam geen antwoord. Ik bad voor deze ontmoeting, maar er kwam geen enkel woord van de Heilige Geest. Het was heel vreemd dat er geen stem kwam door de Heilige Geest.

Op 12 Augustus, om 11 uur 's morgens, hadden we de ontmoeting in het Cheong Wa Dae en ik realiseerde me waarom er geen antwoord op mijn gebed was voor deze ontmoeting. We hadden een ontmoeting met president Youngsam Kim, maar we kregen geen tijd om te spreken of om voorstellen te doen. De president bleef maar praten, en de ontmoeting was voorbij. We baden alleen en gingen terug.

We gingen naar het Yoido plein om de "Peaceful Re-Unification Jubilee Crusade" bij te wonen die om 2 uur begon. Ik kon onze kerkleden het vrijwilligers werk zien doen zoals verkeer regelen, parkeren, ordedienst op het podium, en anderen speelden in het Nissi Orchestra.

Wat is het geheim van kerk groei?

Hoop en visie van voorganger Hyeon Gyoon Shin

Op 5 December 1994, was ik uitgenodigd naar het "Opwekking Training Centrum" van de "Nationale Evangelisatie Beweging Vereniging" en bracht een boodschap, en op 8 December werd de 4500e speciale open uitzending van het programma "Vernieuw ons" van CBS uitgezonden, ter gelegenheid van de 40e verjaardag van CBS, welke in onze kerk gehouden werd. Ik bracht een boodschap met de titel "Ware Stem" het omroep station aansporend om een taak zoals van een profeet te volbrengen om gerechtigheid en vrede te brengen door de uitzending van de boodschappen. Pastor Hyeon Gyoon Shin hield van onze kerk. Nu is hij overleden, maar is naar word gezegd, de grootvader van de opwekking predikers, een grote ster in de Koreaanse Christenwereld gedurende meer dan 40 jaar. Hij hield veel van mij en onze kerk. Hij liet hoop en visie zien voor de Koreaanse kerken met zijn boodschappen, met de nadruk op de Heilige Geest, en de Koreaanse eenwording, en een geweldig gevoel voor humor. Hij werd door velen geliefd onafhankelijk van de denominatie. Sedert dat hij wist dat ik een slachtoffer was van Gezagsmisbruik door de autoriteiten van denominaties, bezocht hij onze kerk op de jaarlijkse dienst in Oktober 1992, en deed de Zegening. Sedert dien kwam hij voor verschillende evenementen en samenkomsten en bemoedigde ons met krachtige boodschappen.

Wat is het geheim van kerkgroei?

Veel voorgangers, niet alleen in Korea, maar ook van andere landen, zijn zeer onder de indruk en aangeraakt door stralende en gracieuze gelaatsuitstraling van de kerkleden, en gewoonlijk vroegen ze naar het geheim van kerkgroei. Ik vroeg vaak, "Voorganger, ik zie geen speciale organisatie of training in uw kerk, en wat is uw geheim van kerkgroei? Hoe kunnen de kerkleden het vrijwilligers werk zo genadevol doen". Ik leer niet echt iets bijzonders. Ze doen de dingen zelf door de genade van God.

Er kunnen verschillende meningen zijn wat betreft kerkgroei. Sommige voorgangers zeggen, "God geeft ons slechts zoveel leden" of "Deze grote is genoeg voor mijn kerk." De Bijbel zegt dat de eerste kerken, waar God verheugd over was, in aantal die gered werden toenam van dag tot dag. Omdat het Gods wil is dat iedereen redding ontvangt (1 Timotheüs 2: 4), in de eerste kerken die Gods wil deden nam het aantal gelovigen iedere dag toe (Handelingen 2: 47). Als ik hoorde dat er een kerk groeide was ik erg blij. Omdat iedere kerk gegrondvest is door het bloed van de Here, bad ik voor die kerk en voorganger.

Op 23 Februari 1995 hield de Korean Pastors' Prayer Fellowship de 149e Nationale Voorgangers Conferentie in onze kerk. Ongeveer 1.000 voorgangers waren aanwezig. Ik predikte over het geheim van kerkgroei. Ook in 1996, in de Hawaï voorgangers conferentie en in de Argentijnse voorgangers conferentie, predikte ik over enkele van de basis elementen van kerkgroei.

Aller eerst moeten de voorganger en de kerk liefde van God ontvangen

Spreuken 8: 17 zegt, *"Ik heb lief wie mij liefhebben, wie mij ijverig zoeken, zullen mij vinden"*. God liefhebben is, 1 Johannes 5: 3 zegt, *"Dat wij zijn geboden bewaren"* Jezus zei ook, *"Hij die Mijn geboden heeft en ze bewaart, die is het die Mij lief heeft. En die Mij lief heeft, zal Mijn Vader liefhebben, en Ik zal hem lief hebben en Mijzelf aan hem openbaren."* (Johannes 14:21)

Ten tweede moeten we bidden

Om een succesvolle bediening te hebben, moeten we Gods kracht naar beneden brengen door gebed. Aartsvaders van geloof die Gods wil deden waren allemaal gebedstrijders. De apostelen in de eerste kerken zeiden, "maar wij zullen ons voortdurend bezighouden met gebed en het brengen van het woord". Ze lieten al het administratieve werk van de kerk over aan de diakenen, en zij concentreerde zich alleen op het woord van God en gebed. Als we bidden, moeten we het uitroepen met al onze kracht en wil (Jeremia 33: 3). In Genesis 3: 17 zei God tegen Adam, die gezondigd had, *"Al zwoegend zult gij daarvan eten zolang gij leeft."* Net zoals een mens alleen kan oogsten als hij zwoegt en werkt al zwetende, zelfs in de geest, kunnen we alleen antwoord ontvangen als we bidden met heel ons hart en zweet op ons voorhoofd. Tegenwoordig komen duizenden kerkleden naar de kerk en bidden iedere avond. Het zelfde gebeurt in de plaatselijke afdelingen van de kerken, en individuele huizen wereldwijd.

Ten derde, moeten we geestelijk geloof hebben

Het geloof hier verwijst naar het geloof van boven waarmede we zeker in ons hart kunnen geloven. Het is het geloof om iets voort te brengen uit niets, en het is het geloof waardoor niets onmogelijk is. We kunnen niet het soort geloof hebben door alleen de Bijbel te kennen, of door alleen maar allang een Christen te zijn. Het kan alleen maar door God gegeven zijn van boven die het woord van God uitoefenen . De Bijbel zegt dat geloof zonder werken dood is. Alleen als we bidden met dit soort geestelijk geloof kunnen we antwoord op ons gebed verwachten zoals Matteüs 21: 22 zegt, *"En al wat gij in het gebed gelovig vragen zult, zult gij ontvangen."* We zullen dan ook het antwoord op de kerkgroei ontvangen.

Ten vierde, we moeten de stem horen en de leiding van de Heilige Geest ontvangen

De Heilige Geest woont in de harten van die kinderen van God die gered zijn, en de Heilige Geest leidt ons naar de wil van God. Als we de stem horen en leiding van de Heilige Geest duidelijk ontvangen, zijn we in staat duidelijk de weg te zien voor kerkgroei. Om de stem van de Heilige Geest te horen, moet de voorganger aller eerst vechten tegen de zonde wat betreft de bloedstorting en alle kwade natuur van het hart. Dit is de weg waardoor hij al de vleselijke gedachten omlaag kan halen en het geestelijke raamwerk tegen het geestelijke huis van God. Zelfs al stemt het woord van God niet overeen met iets dat wij denken en geloven, moeten we Gods woord kunnen gehoorzamen.

Ten vijfde, we moeten een voorbeeld nemen aan de eerste kerken.

In het boek Handelingen getuigen de eerste kerken van het kruis. Zij brachten het woord in praktijk en openbaarden vele tekenen en wonderen. Omdat er vele krachtige werken van God plaatsvonden door de apostelen, kwamen er vele mensen die het evangelie aan namen omdat ze deze wonderen zagen, en de kerk groeide erg snel.

Binnenlandse en buitenlandse zendingen in scale

Het begin van zending in Afrika

In Januari 1994 bezocht Pastor Charles Macom van de Tanzania Pentecostal Church onze kerk. Hij werd geraakt door de boodschap, en toen hij terug ging naar zijn land, sprak hij over mij. Van 4 tot 6 Juli 1994 sprak ik in de "African Church Leaders Conference" welke gehouden werd door de "Pentecostal Church Association of Tanzania", in Dar Es Salaam, de hoofdstad van Tanzania. Mijn hart brak toen ik zoveel mensen zag in Afrika, die leden aan armoede en vele kwalen inclusief AIDS, temeer daar ik wist dat iedereen vrij gezet kan worden van allerlei vloeken en een gezond leven zowel geestelijk als lichamelijk kan leiden als hij volgens het woord van God leeft.

Gedurende deze conferentie liet God ons vele wonderen zien. Toen ons team in Tanzania aan kwam, zeiden de lokale voorgangers, "Pastor, het is erg raar, In deze tijd hebben we geen regen gehad, maar het heeft geregend net voor u kwam, en nu, het weer is helder en zonder stof. We zien dat God de weersomstandigheden ook controleert." Vanaf de dag dat ons team op het vliegveld aankwam, totdat we dat land verlieten, waar we ook heengingen, bedekte God ons met wolken gedurende de hete zonnige dagen, en gaf ons regen in de nacht, zodat we aangenaam weer hadden. Om voor de kerkleiders waar geloof te hebben, preekte ik de boodschap van het kruis. Ze begrepen het woord van God en ik voelde er leven in, en ze reageerde op hun unieke manier van muziek, klappen en dansen. Ik kon hun kinderlijke onschuldige houding zien. Vele van hen beleden dat hun geloof vernieuwd was en ze verwierven vertrouwen en geloof als voorgangers.

Na de conferentie bezochten we de Masai stam in Tanzania. Het opperhoofd en vele stam leden verwelkomden ons. Ze bieden het bloed van een koe aan als ze speciale gasten hebben. Maar omdat ze weten dat bloed drinken verboden is door God, en wij zouden het niet drinken, boden ze ons cola aan.

Om geloof in hen te planten gaf ik mijn eigen getuigenis

In het dorp van de Masai stam

van de ontmoeting met God. Het werd opeenvolgend vertaald in het Engels, Swahilien de Masai taal. Rev. Dr. Myongho Cheong vertaalde in het Engels. Voor hij in de bediening kwam was hij professor in de Engelse Literatuur aan de Hoseo University. Later, kreeg hij een drang voor zending in Afrika en vestigde een missie centrum in Nairoby, Kenia. Tegenwoordig predikt Rev. Dr. Myongho Cheong het Vijfvoudige Heilige Evangelie aan 54 Afrikaanse landen om de Afrikaanse zielen op te wekken.

Japan, een onvruchtbaar land voor het evangelie

Ongeveer ter zelfde tijd begon de poort voor het Evangelie in Japan open te gaan. Van de 5e tot de 8e November werd de "Goshien Revival Mission Rally" gehouden in het Goshien baseball stadion, welke het grootste baseball stadion van Japan was, en het "Art Mission Team" van onze kerk gaven zo'n gracieuze uitvoering in de Koreaans - Japanse dienst. Het "Art Mission Team" was uitgenodigd door Pastor Hyeon Gyoon Shin om op te treden tijdens de "China Crusade & Baekdu Mountain Re-Unification Prayer meeting" in Juli van dat zelfde jaar.

Omstreeks Juli 1994 werd Pastor Seung Gil Ryu als zendeling naar Japan gezonden en dat was het begin van onze zending in Japan. Van 22 tot 23 November 1994, hadden we campagnes in "Ganae Cultural Center" Ida, Japan met meer dan 1.000 bezoekers, onder de titel "Stort het vuur van de Heilige Geest uit". Het werd gehouden in de Ida Church (Onder leiding van Yoshikawa Noboru) en gesteund door verschillende kerken in Ida. Ik bracht een boodschap met de titel "Het bewijs van de geschiedenis van de opstanding" en spoorde de bezoekers aan de zekerheid te hebben van de opstandingkracht van Jezus en een Christelijk leven te leiden met de hoop van de opstanding. Op de tweede dag predikte ik hoe de levende God te ontmoeten. Na de boodschap, bad ik voor de zieken en vele tekenen vonden geweldig plaats door het vurige werk van de Heilige Geest. Ik kon alleen God maar danken. Pastor Yoshikawa Noboru die de leiding had van deze campagne zei; "Vele Japanse gelovigen werden aangeraakt door de diepe geestelijke boodschappen van Rev. Dr. Jaerock Lee, en dat is zeer ongebruikelijk in Japan. Vele Japanse gelovigen denken dat genezingen alleen plaats vonden in de tijd van Jezus. Velen werden genezen en hadden een ontmoeting met God terwijl ze naar de, met Goddelijke autoriteit vervulde boodschappen van Rev. Dr. Jaerock Lee luisterden."

Ik herinner me nog een patiënt die tijdens deze campagne genezen werd. Zijn naam is Yoshizawa Motohisa. Hij had een operatie aan zijn rug gehad terwijl hij werkte als drukker. Maar door na verschijnselen, kon hij slecht lopen, en hij bezocht de campagne met veel pijn. Op de eerste dag kreeg hij wat geloof door te luisteren naar de boodschap. De volgende dag kwam hij naar mijn hotel voor gebed. Ik bad ernstig voor hem, en toen hij na dat gebed wegging, was zijn pijn weg en zijn kromme rug was recht.

Onvruchtbare echtparen kregen antwoord op gebed

In Februari 1991 hadden we een herdenking opwekking samenkomst vanwege de verhuizing naar een nieuw heiligdom, met als titel "Wanneer je ziel voorspoedig is". Ik gaf 15 boodschappen in 2 weken, en ik leidde ook de speciale samenkomsten voor de zieken.

In 1993 begonnen we twee weekse speciale opwekking diensten. De eerste, twee wekelijkse opwekking dienst, werd in Mei gehouden, met de titel "Zonde, gerechtigheid en oordeel" (Johannes 16: 8). Door twee maal per dag naar de boodschappen te luisteren, een in de morgen en een in de avond, over wat zonde is, gerechtigheid en oordeel, realiseerden de bezoekers zich wat voor muren van zonden zij hadden voor God. Ze zagen terug op zichzelf en bekeerden zich met lopende neuzen en stromende tranen over hun gezicht. Ze haalden de muren van zonden voor God neer en ervoeren een enorme werking van genezing.

Zij wisten niet eens wat geloof was, maar toen ze naar iedere boodschap luisterden, begonnen ze de Heilige Geest te ervaren, begrepen het woord en baden en probeerden volgens het woord van God te leven. Vele mensen kwamen van vele kerken uit heel het land ongeacht hun denominatie. De gelovigen die genade ontvingen en genezen werden tijdens de opwekking, werden gevuld met de Heilige Geest en dienden hun respectievelijke kerken met meer ijver. Mensen werden genezen van baarmoeder- en maagkanker door het Vuur van de Heilige Geest. Er waren vele getuigenissen inclusief van hen wier gehoor hersteld werd en hun gehoorapparaten weggooiden, en van hen die hun gezichtsvermogen terug kregen en hun brillen weggooiden en van hen die onvruchtbaar waren en zwanger werden.

Er waren in het bijzonder echtparen die al meer dan vijf jaar geen baby konden krijgen en velen van hen ontvingen de zegen om zwanger te worden. Omdat vele onvruchtbare echtparen mij vroegen om voor hen te bidden tijdens de avond bijeenkomst van 5 Mei 1993, tijdens de opwekkingsdienst, toen ik voor de zieken bad, bad ik dat "Zij die onvruchtbaar zijn de zegen van zwangerschap zouden ontvangen." Toen de opwekking dienst voorbij was, hoorde ik dat vele echtparen het volgende jaar de geboorte hadden van hun kinderen. Juist nu zijn er vele kinderen die in die tijd geboren waren en over gegaan waren naar de "Manmin" kleuterschool tijdens dat zelfde jaar.

Hoe een natuurlijk veranderd leven te leven maar

We hadden voor de tweede keer een Twee Wekelijks Speciale Opwekking Samenkomst in Mei 1994, met de titel "Ik zal het doen" (Johannes 14: 13). Ook in deze samenkomst vonden sterke werken van de Heilige Geest plaats. Vele van de bezoekers van deze samenkomsten ervoeren een Goddelijke genezing. Ik zou graag over Joanna Park willen praten die in het ziekenhuis lag na een ernstig verkeersongeval.

Joanna Park was betrokken bij een ketting botsing met vier auto's op weg van haar werk naar huis op 27 Mei 1993. Ze raakte in coma en werd naar het ziekenhuis gebracht. Haar kaak was gescheurd en het gewricht van haar kin was gebroken. Haar darmen waren beschadigd. Ze was uiterlijk zichtbaar overdekt met wonden over haar gehele lichaam. Door het niet meer op z'n plaats zitten van haar dijbeen, het bekken en de heupgewrichten waren deze verpletterd en gezwollen. Haar rechter been was ook verdoofd, en ze kon haar tenen niet bewegen evenals haar enkel. Omdat de zenuwen van haar kuitbeen verlamd waren, werd een been 5 cm korter dan het andere. De dokters zeiden dat ze haar verdere leven met deze handicap zou moeten leven.

Joanna Park moest de rest van haar leven met een handicap leven
Joanna Park werd volledig genezen en wandelt samen met
Rev. Jaerock Lee tijdens een genezingssamenkomst
Joanna Park dient nu met een gezond lichaam als een zendeling

Op 10 Mei 1994 kreeg Joanna
Park openlijk het advies van het
ziekenhuis om de twee weekse
Speciale Opwekking Samenkomst
te bezoeken. Ze kwam op krukken,
maar toen ik voor de hele gemeente
bad voor het altaar, vond de
herstellende genezing plaats. Haar
kromme benen werden recht. Ze
was niet in staat geweest te gapen
of haar mond te openen, maar ze
had geen pijn met de vele malen
gapen. Toen ik persoonlijk met

haar bad, voelde ze het vuur van de Heilige Geest, en ze begon zelf te lopen, zonder krukken. De kerkleden die dit wonder zagen waren zo verheugd dat ze God de glorie gaven en een applaus. Twee weken later werd ze onderzocht in het Hanyang Universiteit ziekenhuis. Haar rechter been was 5 cm langer geworden, en de twee benen waren nu even lang.

Eens was er een baby die geen kans scheen te hebben om te overleven, ze herkreeg haar leven. Diacones Soonim Kim beviel voortijdig, het kind woog slechts 1,2 kg. De baby werd in een couveuse gelegd, maar de bloedaders bij het hart waren gebroken en ze had een

hersenbloeding en kon niet zien. De dokters zeiden dat de hersenbloedingen niet te behandelen waren. Dus zou ze haar gezichtsvermogen helemaal verliezen zonder operatie, maar zelfs met een succesvolle operatie zou ze maar het gezichtsvermogen hebben van een derde van een gewoon persoon.

Op 7 Mei 1994 vroegen de dokters de ouders om de baby mee naar huis te nemen, omdat ze verder niets konden doen. Gelukkig was er omstreeks die tijd een opwekking dienst. Diacones Soonim Kim bracht de baby naar de kerk. De toestand van de baby was zeer ernstig. Na veel lijden van de medicijnen en injecties woog ze nog maar een kilo. Er leek geen hoop om te overleven. Haar vader had haar reeds opgegeven.

Op 8 Mei, toen ik ernstig voor de baby begon te bidden, begon God te werken. De pupillen, die tot dan toe troebel waren, kregen de donkere kleur, en ze kreeg het normale gezichtsvermogen. Ze kreeg zelfs de kracht om uit de babyfles te drinken. Vanaf dat moment nam ze steeds meer voedsel en begon gezond op te groeien. Haar naam is "Hanna" en nu is ze een lagere school leerling die geweldig opgroeit in de Here.

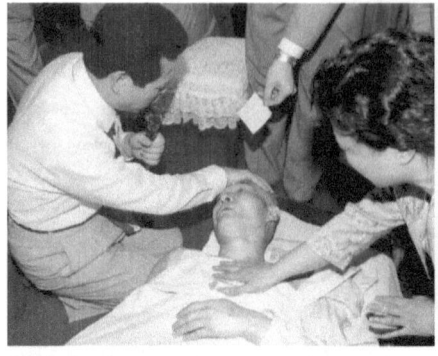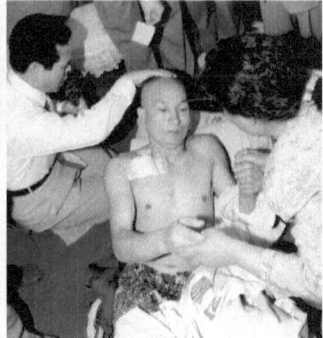

Een patiënt met hersenberoerte stond op na gebed

Iemand met een hersenberoerte

In 1995, werd voor de 3e keer de twee wekelijkse Speciale Opwekking Samenkomst gehouden met de titel "De Rechtvaardige zal Leven uit Geloof." Op de laatste dag van de Opwekking, terwijl er speciaal voor de zieken werd gebeden, was er een opschudding bij de ingang van het kerk gebouw, en werd er iemand binnen gebracht op een brancard. Het leek er op alsof hij door een ambulance gebracht was. Hij was in een kritieke toestand. Later kwam ik er achter dat het oudste Moonki Kim was, die getroffen was door een hersenberoerte. Er was een bloedader in zijn hersenen gesprongen.

Zijn vrouw was een voorganger. Ze ging voor in een pas geopende kerk, en ze kwam af en toe naar onze kerk om naar het woord van God te luisteren. Toen deze man naar het ziekenhuis gebracht werd zeiden de dokters dat hij maar een kleine kans had om te overleven. Dus omdat deze voorganger

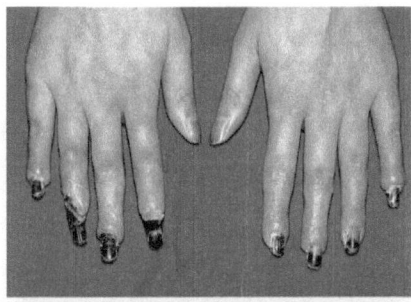

Sang-yi Lee werd genezen van haar
verterende vingers

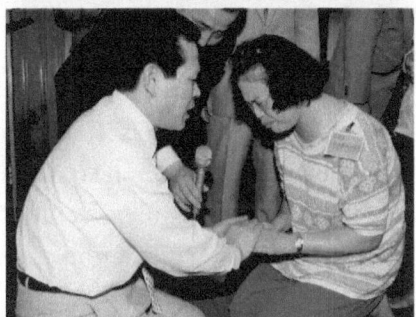

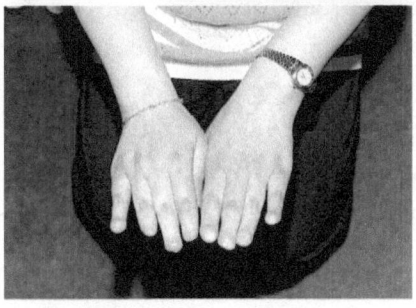

w i s t d a t d e z e
opwekking, bracht ze
haar man naar de kerk
in een ambulance om
genezing door geloof te
ontvangen

Ik bad met deze
patiënt die niet bij
bewustzijn was, en zodra
ik het gebed beëindigd
had, zat hij rechtop. Het
leek wel een film. Al
degenen die dit gezien
hadden begonnen te
klappen om God de
glorie te geven.

Genezing ontvangen net voor de handen geamputeerd zouden worden

In deze samenkomst was er een Diacones Sang-yi Lee, die
acht vingers had die aan het rotten waren, maar ze ontving
genezing en kreeg normale vingers terug na gebed. In de winter

van 1985 leed ze aan bevriezing verschijnselen. Ze kreeg vele soorten geneesmiddelen inclusief acupunctuur. Niets werkte er. Ook had ze jicht over heel haar lijf. In 1990 toen ze in Seoul was, werd ze ertoe geleid en bezocht ze enige tijd onze kerk, maar toen ging ze terug naar haar geboorte stad. Toen ze daar terug kwam bleef ze weg van God en was ze lui in haar geloofsleven.

In 1993 begon haar lichaam te krimpen en werd haar nek stijf. Er werd een diagnose gesteld van reumatische jicht over haar hele lichaam, en de symptomen verergerden even als haar toestand. Ze werd opgenomen in het Korea Universiteit Hospitaal Guro, maar twee maanden later begonnen haar acht vingers te rotten, maar niet de duimen. Haar handen werden zwart tot aan haar polsen. Niet alleen haar nagels maar ook de botjes van haar vingers vergingen. De dokters zeiden dat haar handen geamputeerd moesten worden tot aan de pols om de verrotting te stoppen om te voorkomen dat het in haar armen zou komen, en er werd een datum afgesproken. Vanwege de pijn moest Diacones Sang-yi Lee heel veel pijnstillers nemen. In Mei 1994, precies de dag voor de operatie, bezocht ze de twee wekelijkse Speciale Opwekking Samenkomst. Uiteindelijk ontving ze gebed van mij, en ze bevestigde dat, op dat ogenblik, haar handen heet werden, en haar ondragelijke pijn was verdwenen. Van die tijd af, verbeterde haar toestand veel, en de dokters zeiden dat ze geen operatie meer nodig had, en dat ze naar huis kon.

Het verval stopte, en de verrotte delen, welkeer uitzagen als de bast van een oude boom, viel er af en nieuw vlees begon te groeien. Zelfs haar nagels herstelden zich. Het volgende jaar, in Mei 1995, bezocht ze de twee wekelijkse Speciale Opwekking Samenkomst opnieuw. In de speciale gebed samenkomst

De val van de Sampoong Department Winkel

voor de zieken op de tweede dag van de opwekking, ontving ze weer gebed van mij. Na het gebed voelde ze zich erg licht over haar gehele lichaam, en de pijn van de reumatische jicht was verdwenen. Ze was schoon en compleet, niet alleen haar vingers die verrot zouden moeten zijn, maar haar gehele lichaam was vrij van aandoeningen en pijn.

Beschermt tijdens het instorten van de "Sampoong Department Store"

In onze kerk hebben we een afdeling die "Light and Salt Mission" heet, die is voor hen die in de restaurants en verzorgingszaken werken. Sinds de oprichting in Oktober 1985, heeft de groep aanbidding diensten en samenkomsten op verschillende plaatsen. Ze evangeliseren binnen de distributie en restaurant industrie. Omdat "Light and Salt Mission" leden op zondag werken , bezoeken ze de samenkomst na hun werk om 9 uur en 11 uur 's avonds op zondag.

Op 29 Juni, 1995 omstreeks 6 uur 's avonds was er een grote ramp. Het was het instorten van de "Sampoong Department Store". Ongeveer tien van onze kerkleden werkten daar en God voorzag op verschillende manieren voor hen om te ontsnappen. Tijdens deze moeilijke toestand konden we het wonder ervaren dat ze allemaal gered werden.

Zuster Jinsook Hong, die aan het werk was in de "Sampoong Department Store", was ingesloten door betonnen pilaren op het derde souterrain samen met haar collega's, en werd wonderbaar gered. Ze werkte in de snackbar voor werknemers op sub niveau in het souterrain. Toen haar werkuur voorbij was, ging ze naar de eerste hulppost om even te rusten. Het gebouw stortte in toen ze daar was en ze zat gevangen samen met de verpleegster in de hulppost. Toen het gebouw instortte werd de verpleegster gewond aan haar hoofd en de beentjes van haar voet werden gebroken. Omdat ze geen hand voor ogen konden zien in de complete duisternis, konden ze niets bedenken om er uit te komen. Soms konden ze andere mensen horen schreeuwen, op een afstand, om hulp.

"Jinsook, ik bloed aan mijn hoofd. Toen je het evangelie tegen me predikte, vond ik dat helemaal niet leuk en ik vermeed je juist. Het spijt me. God, het spijt me, ik zal in U geloven van nu af aan! De verpleegster riep het uit en jammerde. Zuster Jinsook Hong bad voor haar en hield haar handen vast en troostte haar met het woord van God. Het cement poeder kwam in haar keel. Zuster Hong bad, "Heer stuur ons redders en niet alleen voor mij, maar ook voor al de mensen, laat het gebouw niet verder instorten en geef ons ook frisse lucht."

God beantwoorde dit gebed. Drie uur nadat ze opgesloten raakten, om ongeveer 9 uur 's avonds, konden ze de zaklantaren zien en iemand zie, "Is hier iemand?" Ze schreeuwden, "Hier" en er kwamen twee reddingwerkers nadat ze de stemmen gehoord hadden. Deze hulppost was gelukkig dicht bij de nood uitgangen, en het trappenhuis was niet ingestort. Toen de reddingwerkers bij het trappenhuis kwamen hoorden ze gebeden en lofprijs. De verpleegster werd naar het ziekenhuis gebracht door een ambulance, maar zuster Jinsook Hong was in het geheel niet gewond. Dit werd de volgende dag gepubliceerd door de grootste kranten, door te zeggen dat de reddingwerkers het geluid van gezang hoorden en zo de mensen vonden.

Wie zou er nu zingen in zo'n spoedeisende, levensbedreigende toestand? Het geluid was het geluid van gebeden en lofprijs, en God bewoog het hart van de reddingwerkers om naar de plaats te gaan waar Zijn mensen opgesloten zaten. Jinsook Hong bezocht altijd de Zondag samenkomsten 's avonds en gaf haar tienden. Als we de dag de Heren gepast houden en onze tienden geven, zal God ons beschermen voor ongelukken en ziekten.

L. A. 1995

De kerk juist voor de laatste dag

Voordat de Zending campagne gehouden werd, van 27 tot 29 April, waren er een serie van verenigde campagnes van meer dan 40 kerken op verschillende plaatsen, en ik had een campagne in de (H) Presbyterian kerk van Voorganger (O)die de voorzitter van het organiserende comité was.

Voordat ik naar Los Angeles ging voorzagen kerkleden me van geld om te gebruiken voor deze zendingsreis. Voor ik vertrok zei ik tegen enkele van onze kerkwerkers "God gaf me een mooi bedrag voor het zending offer deze keer, en ik geloof dat het voor een of ander doel is." De hiervoor genoemde Presbyteriaanse kerk waar ik gedurende 3 dagen een campagne had, was een kleine kerk. De voorganger die al over de 60 was, werkte zelf hard zonder dat iemand hem hielp. Het was een kleine samenkomst waar slechts 100 mensen waren gedurende

Tijdens de L.A. Staatsraad de zegen geven

Het ereburgerschap ontvangen van L.A.

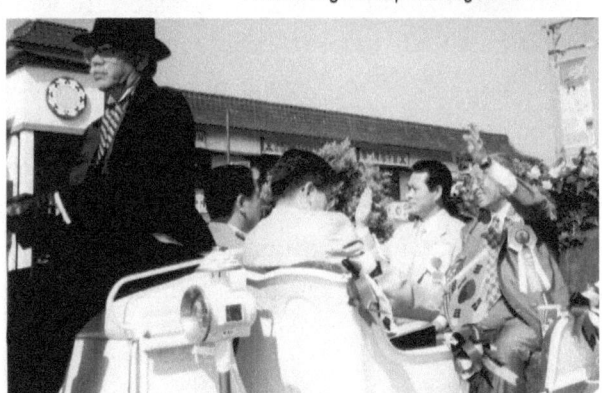

Tijdens de optocht van de "Koreaanse Dag" van L.A.

de 3 dagen, maar ik deed mijn best met de prediking. Vele voorgangers die grotere kerken hadden, zeiden dat ze mij als spreker wilden hebben, en ze maakten hun excuus dat ze me gemist hadden. Ik geloof dat het door God geleid was om gedurende 3 dagen in die kerk de campagne te houden.

Op 29 April tijdens de laatste samenkomst, terwijl de voorganger van de kerk bad voor de kerk, en hij huilde tijdens het gebed, zeggende, "God, los dit financiële probleem van onze kerk op, deze kerk komt in handen van de wereld". Ik had al menig moeilijke situatie meegemaakt, zelfs als spreker in die tijd, maar toen ik dat gebed hoorde werd mijn hart nog ongeruster. God raakte mijn hart aan op dat ogenblik.

"Help deze kerk. Is het nu niet het ogenblik voor een geweldig zendingsoffer? Help deze kerk."

Toen ik deze stem hoorde, zei ik in de boodschap, "Ik weet niet hoeveel schuld deze kerk heeft, maar Gods kerk moet niet lijden door de mensen van deze wereld. Ik wil in een beetje hulp voorzien, dus laten we allemaal, alle leden, hier samenwerken." En beloofde 20.000 dollar in het offer. Ik kon begrijpen dat God me gestuurd had naar die kerk omdat ik de ongemakkelijke toestand kon oplossen. Ik wilde niet gediend worden als een spreker, maar mijn hart was vervuld met bewogenheid om de voorganger te helpen en hem rust in zijn hart te geven. Ik deed mijn best om er voor te zorgen dat de voorganger zich niet onrustig zou voelen en zijn tijd niet verkwist zou worden vanwege mij. Gedurende de campagne leidde het lofprijsteam van mijn kerk de lofprijs. Ook zij probeerden zoveel mogelijk genade en volheid van de Geest te geven aan de leden.

De volgende dag, op Zondag 30 April kwam de voorganger

naar me toe met een nors gezicht zeggende, "Pastor, tot gisteren kwamen er leden van andere kerken die u kennen naar deze samenkomst, maar vandaag, weet ik zeker dat al onze leden weg zijn. Je hoeft niet eens naar de kerk te gaan om het te zien." Ik was verbaasd om te horen wat hij zei en vroeg wat er gebeurd was. Hij vertelde me dat de co- pastor van die kerk gezakt was voor pastors examen, en had erover geklaagd tegen deze voorganger. Hij had zich verzet tegen de kerk, en er waren oudsten van de kerk die tegen deze voorganger opkwamen en ze waren ook verdeeld. De kerk was in wanorde. Bovendien had de kerk financiële problemen vanwege de schulden, en de kerkleden verloren hun kracht om te overwinnen.

Maar toen ik naar de kerk ging zag ik dat de leden de kerk helemaal niet verlaten hadden, maar dat de kerk stampvol zat. Zelfs de koor stoelen waren bezet, en hun gezichten glommen. God kende de toestand in deze kerk, en om hem te redden, stuurde Hij Mij om het woord van God te spreken en de voorganger financieel te helpen.

'95 L.A. Mission Campagne

Op 30 April 1995, werd de "1995 L.A. World Mission Campaign", gehouden in het conventie centrum door het World Evagelization Committee en de Koreaan- Amerikaanse Christelijke Geestelijke Committee, en ik was uitgenodigd als de hoofdspreker. De "World Mission Campaign" werd succesvol gehouden door de genade van God. Een paar dagen later las ik de "American Christian Newspaper" die zei:

Op 30 April waren ongeveer 50 opwekking predikers en

Uitgenodigd als de Ere Voorzitter van de 22ste L.A. Koreaanse Dag en deelname in het Culturele Centrum

meer dan 8.000 bezoekers bij elkaar en hadden een opwekking samenkomst voor de eenheid van vele rassen. Rev. Jaerock Lee, de hoofdspreker sprak met de titel, "Laat ons een zijn," en moedigde de bezoekers aan door te zeggen, "We zijn allen broeders in geloof, onafhankelijk van gebied, ras, en cultuur, en met dit verenigd geloof, laten we daarmee de grondslag leggen voor Wereld Evangelisatie." De stem van de menigte riep het motto van deze campagne uit, "Preek het Evangelie tot het einde der aarde, maak deze stad een stad van Engelen, de overwinning is aan ons." En het klonk door heel de conventie hal.

Ik bezocht ook het gebedsontbijt waar ongeveer 300 leiders van het stadsgebied van Los Angeles bij elkaar waren. Ze stelden de uitvoering van de lofprijs – en dans teams van onze kerk zeer op prijs en sommigen kregen tranen doordat ze aangeraakt werden door hun optreden.

Koreaanse Dag festival

In September 1995, bezocht ik het 22e "Koreaanse Dag Festival" van de Los Angeles Korea stad, als erevoorzitter. Ik sprak een gebed uit voor de grondlegging van een monument, en deed het openingsgebed voor een evenement "Koreaanse Nacht" geheten. Ik nam deel aan de hoogtepunten van het hele evenement, de Festival Parade, met door bloemen versierde wagens. Er waren vier paarden voor een speciale wagen, dat was voor een heel speciale gast. Ik voelde me niet op mijn gemak voor zoveel mensen, zelfs met het zelf bewust zijn van mijn hart, werd ik aangewezen om op deze wagen plaats te nemen.

Andere voertuigen en wagens volgden achter de wagen in de parade.

Er waren enkele verstoringen en verdeeldheid die probeerden mij tegen te houden om dit evenement te bezoeken als erevoorzitter. De "Los Angeles Koreans'Association" had een vergadering over deze kwestie en gaf een ernstige verklaring tegen deze verstoring uit waarin stond dat ieder die schuldig gevonden werd aan het verspreiden van valse geruchten over mij, de erevoorzitter, tegen hen zouden wettelijke acties ondernomen worden. Het werk van Satan werd neergehaald door de mensen die God op een onverwachte plaats gezet had.

-Einde boek 1-
Word vervolgd (boek 2)

De auteur:
Dr. Jaerock Lee

Dr. Jaerock Lee werd geboren in Muan, Provincie Jeonnam, Republiek van Korea, in 1943. In zijn twintiger jaren, leed Dr. Lee aan verschillende ongeneeslijke ziektes gedurende zeven jaar en wachtte op zijn dood zonder enige hoop op herstel. Op een dag in de lente van 1974, echter, werd hij naar een kerk geleid door zijn zuster en toen hij neerknielde om te bidden, genas de levende God hem onmiddellijk van al zijn ziektes.

Vanaf die tijd, ontmoette Dr. Lee de levende God door deze wonderlijke ervaring, hij heeft God lief met zijn hele hart en in oprechtheid, en in 1978 werd hij geroepen om een dienstknecht van God te zijn. Hij bad vurig zodat hij duidelijk de wil van God kon begrijpen en volledig te vervullen en alle woorden van God te gehoorzamen. In 1982, richtte hij de Manmin Kerk op in Seoul, Zuid-Korea, en ontelbare werken van God, inclusief wonderlijke wonderen van genezing en tekenen, hebben plaats gevonden in zijn kerk.

In 1986, werd Dr. Lee aangesteld als een voorganger in de Jaarlijkse Assembly of Jesus' Sungkyul Kerk van Korea, en 4 jaar later in 1990, werden zijn boodschappen uitgezonden in Australië, USA, Rusland, de Filippijnen en nog meer landen door de Far East Broadcasting Company, de Asia Broadcast Station, en de Washington Christian Radio System.

Drie jaar later in 1993, werd de Manmin Centrale kerk uitgekozen tot een van de "werelds top 50 kerken" door het Christian World magazine (US) en hij ontving een Ere doctoraat van Godgeleerdheid van het Christian Faith College, Florida, USA, en in 1996 een Ph. D. in de Bediening van Kingsway Theological Seminary, Iowa, USA.

Sinds 1993, heeft Dr. Lee de leiding genomen in de wereld zending door vele overzeese campagnes in Tanzania, Argentinië, Oeganda, Japan, Pakistan,

Kenia, de Filippijnen, Honduras, India, Rusland, Duitsland, Peru, Democratisch Republiek van Kongo, en New York van de USA, en in 2002 werd hij een "wereldwijde voorganger" genoemd door de grootste Christelijke krant in Korea voor zijn werk in de verschillende overzeese campagnes.

Vanaf Juni 2011, is Manmin Centrale Kerk een gemeente met meer 120,000 leden en 9,000 binnenlandse en buitenlandse dochtergemeentes over de hele wereld, en heeft meer dan 137 zendelingen uitgezonden naar 23 landen, inclusief de Verenigde Staten, Rusland, Duitsland, Canada, Japan, China, Frankrijk, India, Kenia, en veel meer.

Tot op heden, heeft Dr. Lee 63 boeken geschreven, inclusief bestsellers als *Tasting Eternal Life before Death, My Life My Faith I & II , The Message of the Cross, The Measure of Faith, Heaven I & II, Hell, Geest, ziel en lichaam I & II en The Power of God*, en zijn werken zijn vertaald in meer dan 67 talen.

Zijn christelijke woorden verschijnen in *The Hankook Ilbo, The Chosun Ilbo, The JoongAng Daily, The Dong-A Ilbo, The Munhwa Ilbo, The Seoul Shinmun, The Kyunghyang Shinmun, The Hankyoreh Shinmun, The Korea Economic Daily, The Korea Herald, The Shisa News,* and *The Christian Press.*

Dr. Lee is tegenwoordig oprichter en president van een aantal zendingsorganisaties en verenigingen, evenals voorzitter, The United Holiness Church of Jesus Christ; President, Manmin World Mission; Oprichter, Manmin TV; Oprichter en bestuursvoorzitter, Global Christian Network (GCN); Oprichter en Bestuursvoorzitter, The World Christian Doctors Network (WCDN); en Oprichter en Bestuursvoorzitter, Manmin International Seminaar (MIS).

De Hemel I & II

Een gedetailleerde weergave van de prachtige leefomgeving waar de hemelburgers van zullen genieten en een mooie beschrijving van de verschillende niveaus van hemelse koninkrijken.

De Boodschap van het Kruis

Een krachtige boodschap voor alle mensen om degene wakker te maken die geestelijk slapen! In dit boek kan je de reden vinden waarom Jezus de enige Redder is en de ware liefde van God.

De Hel

Een ernstige boodschap voor de gehele mensheid van God, die wenst dat niet een ziel valt in de diepten van de hel! U zal ontdekken de nooit-eerder-geopenbaarde weergave van de Hel

Mijn Leven, Mijn Geloof II

De meest geurende geestelijke geur onttrokken van het leven wat overstroomt van de onmetelijk liefde van God, te midden van de donkere wolken, het koude juk en de diepste wanhoop

De Mate van Geloof

Wat voor soort verblijfplaats, kroon en beloningen zijn er voor u voorbereid in de hemel? Dit boek is voorzien van wijsheid en leiding om uw geloof te meten en te ontwikkelen tot het beste en meest volwassen geloof.